JEN ARNALL-CULLIFORD

MASTERCLASS STRICKEN

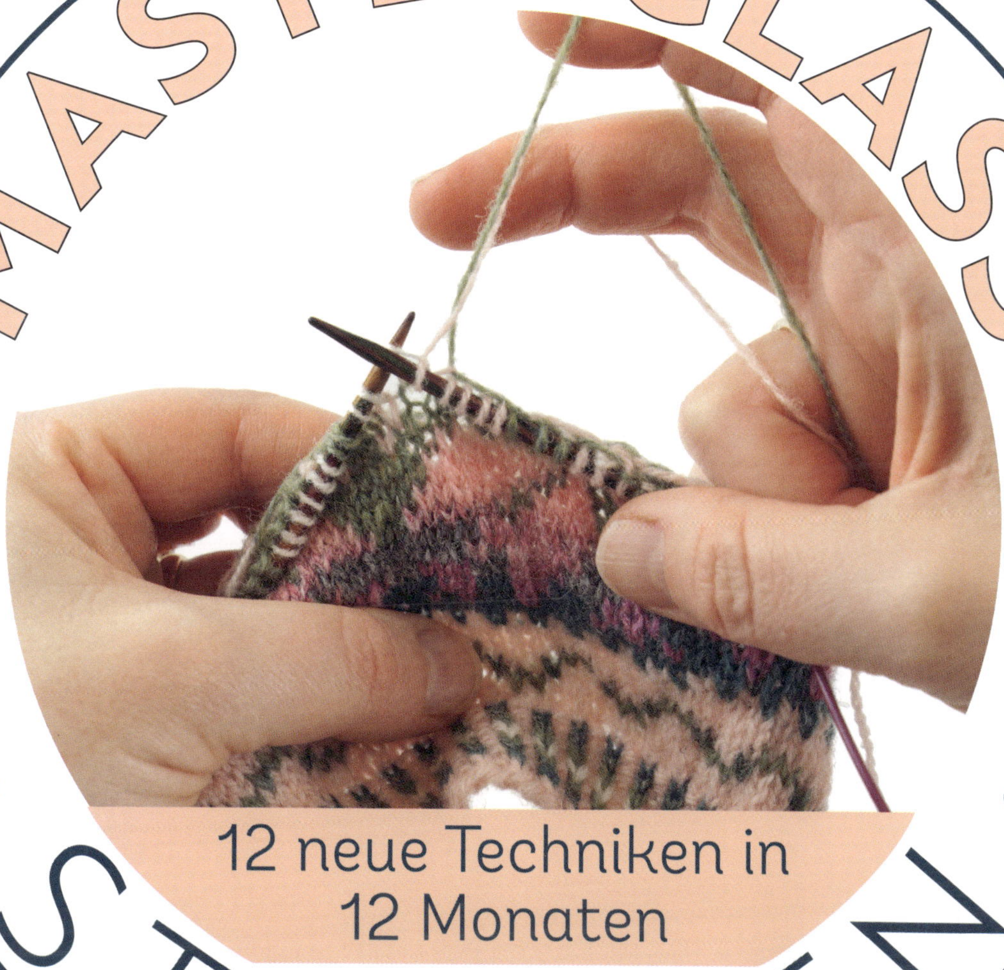

12 neue Techniken in 12 Monaten

DIE FORTSETZUNG

stiebner

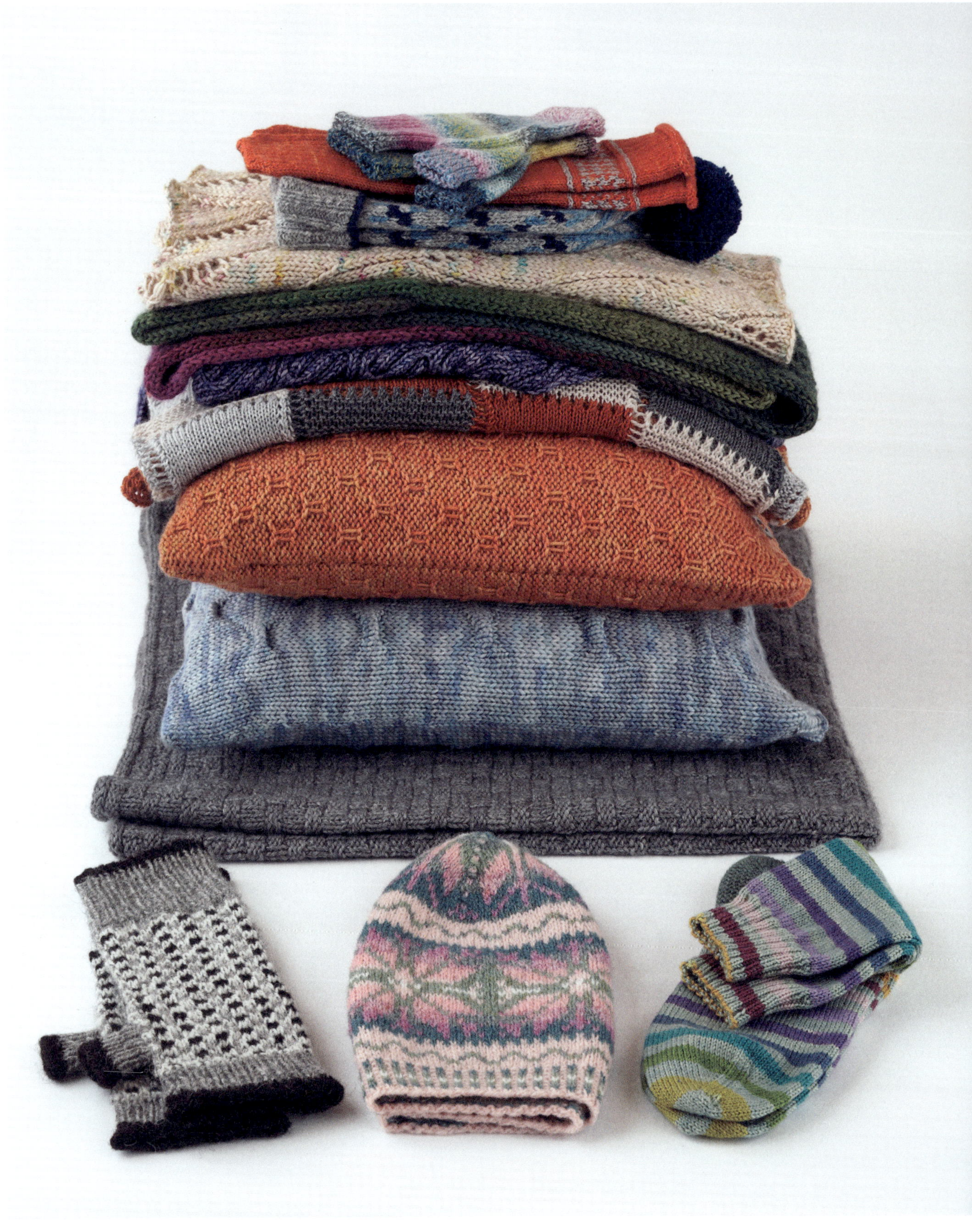

Einleitung

JIM UND JEN ARNALL-CULLIFORD

»Immer weiterstricken, voller Zuversicht und Hoffnung, allen Krisen trotzend ...«

Elizabeth Zimmermann (1910 –1999)
The Opinionated Knitter

Dieses Zitat ist nicht neu, doch es passt genau in unsere Zeit. Die beruhigenden, sich stets wiederholenden Bewegungen beim Stricken waren in den vergangenen zwei Jahren die Rettung für so viele – ganz gleich, ob alte Hasen, Strickneulinge oder jene, die das Stricken wieder entdeckt haben. Darüber hinaus war das Verschenken eines selbstgestrickten Werks eine Möglichkeit, Zuneigung auszudrücken und in Verbindung zu bleiben, als wir keinen Kontakt haben durften.

Für viele von uns ist es eine Notwendigkeit geworden, uns anzupassen oder neue Fertigkeiten zu erwerben, doch wir waren immer davon überzeugt, dass es Freude macht, etwas Neues zu lernen. Und je mehr man hinzulernt, desto mehr wächst auch das Vertrauen in die eigene Lernfähigkeit.

Dieses Buch soll Ihr Selbstvertrauen stärken – nicht nur in puncto Stricken, sondern im Hinblick auf Ihr Potenzial als Lernende. Wir können nicht garantieren, dass Sie keine Fehler machen und nicht wieder von vorn anfangen müssen, doch wir glauben fest daran, dass nach jedem Misserfolg die Freude umso größer ist, wenn Sie das Problem in den Griff bekommen haben. So werden Sie belastbarer, zuversichtlicher und selbstsicherer.

Bei der Planung von *Masterclass Stricken – Die Fortsetzung* haben wir besonders auf unsere Erfahrungen als Chemiker und Lehrer zurückgegriffen. Genau wie die chemischen Elemente die Bausteine aller Materie sind, die uns umgibt, so sind die in *Masterclass Stricken – Die Fortsetzung* behandelten Techniken die Bausteine diesjähriger und zukünftiger Projekte.

Eine unserer Überzeugungen war immer, dass es sich in Gesellschaft am besten lernt. Wir hoffen, dass Sie sich bei der Beschäftigung mit den Tutorials und Projekten in *Masterclass Stricken – Die Fortsetzung* mit anderen über Ihre Erfolgserlebnisse und Schwierigkeiten austauschen, zum Beispiel auf Ravelry. Die Erfahrung hat uns eines gezeigt: Was auch immer Ihr Problem ist, irgendwo auf der Welt wird irgendjemand Rat wissen oder Ihnen Mut machen, so dass Sie wieder in die Spur finden.

Maschen anzuschlagen, ist definitiv ein Akt der Hoffnung: Hoffnung, dass sich das Wollknäuel in ein Modell verwandelt, das jahrelang getragen und geliebt wird. Diese Hoffnung wandelt sich oft in Freude, sowohl am fertigen Werk als auch an der schöpferischen Tätigkeit.

Mit unseren bebilderten Schritt für Schritt-Tutorials und Online-Videos können Sie voller Zuversicht und Hoffnung Maschen anschlagen und etwas Neues lernen, ganz gleich, was die Welt Ihnen um die Ohren haut.

Vorwort

KAY GARDINER & ANN SHAYNE

Wir wissen nicht viel über das Stricken.
Genau das mögen wir so daran.

Auch wenn wir jetzt schon seit einer Weile stricken, sagen wir ständig Sätze wie »Was um alles in der Welt sind Vikkel-Flechtborten?« und »Norwegischer Maschenanschlag für Rippenmuster? Nie gehört!«

Weil wir immer wieder neue, coole Techniken entdecken, bleibt das Stricken für uns absolut faszinierend. Dieses Experimentieren, Ausprobieren und Tüfteln wird nie langweilig.

Und wenn unsere furchtlose Anführerin Jen Arnall-Culliford ist, fühlen wir uns sicher und gut aufgehoben. Vielleicht liegt das an dem speziellen Format, das sie für ihre Tutorials entwickelt hat: die Kombination des schönen Entwurfs einer Top-Designerin mit einer besonderen Technik, die an diesem Modell erlernt wird. Richtig lebendig wird jede Technik in Jens kinderleicht verständlichen und anschaulichen Video-Tutorials. In diesem Buch findet sich alles perfekt zusammengefasst zum Nachschlagen, so dass wir jederzeit darauf zurückgreifen können.

Das ist alles so wunderbar übersichtlich. Dadurch sind wir uns sicher, dass wir mit sämtlichen Tricks fertig werden können, die Jen für uns auf Lager hat.

Im ersten Band von *Masterclass Stricken* werden bereits 12 Techniken vorgestellt. In diesem zweiten Band bringt Jen uns weitere geniale Kunstgriffe bei.

Das erwartet Sie auf den folgenden Seiten:

- Doppelte Blende
- Perfekt Spannen
- Spannfäden einweben
- Stickereien auf Strick
- Vikkel-Flechtborten (Vikkel Braids)
- Beidseitiges Zopfmuster
- Verkürzte Reihen: Krausrechte Ferse
- Mosaikstricken
- Modulares Stricken
- Norwegischer Maschenanschlag für Rippenmuster
- Raffmaschen
- Abketten mit I-Cord (Kordelrand)

Von einigen dieser Techniken haben wir ganz grobe Grundkenntnisse, aber die meisten sind für uns absolutes Neuland. Und das macht es so spannend für uns. Selbst wenn wir denken, mit Spannfäden könnten wir einigermaßen umgehen, hat Jen immer noch Tipps und Tricks auf Lager, um unsere Arbeit noch besser zu machen. Sie ist ganz und gar kein Besserwisser. Sie scheint nur einfach alles zu wissen.

Schon beim ersten Band der Masterclass-Reihe haben wir eines gelernt: Sobald wir uns hinsetzen und diese Techniken ausprobieren, kennen wir uns mit der Strickerei wieder ein bisschen besser aus.

Es ist sehr hilfreich, dass sich die Masterclass-Reihe durch ihren Aufbau perfekt zum Nachschlagen eignet. Auf dieses Buch können Sie jederzeit zurückgreifen, und Jens geniale Video-Tutorials (englischsprachig, A. d. Ü.) können Sie ebenfalls jederzeit anschauen.

Für uns steht schon lange fest, dass diese Buchreihe einem Einzelunterricht bei Jen sehr nahekommt. In einer Welt, in der Strickbegeisterte rund um den Globus verteilt sind, bietet *Masterclass Stricken – Die Fortsetzung* eine wunderbare Gelegenheit, Zeit mit dieser fantastischen Lehrerin zu verbringen.

Sie vermittelt uns so sehr den Glauben daran, dass wir es schaffen können. Dieses Buch ist eine echte Masterclass.

Kay Gardiner und Ann Shayne
Gründerinnen von Modern Daily Knitting
www.moderndailyknitting.com

Inhalt

Frühling

März

TECHNIK **Doppelte Blende**
PROJEKT **Halbhandschuhe Flux**
DESIGN **Martina Behm**

April

TECHNIK **Perfekt Spannen**
PROJEKT **Loopschal Evolve**
DESIGN **Hunter Hammersen**

Mai

TECHNIK **Spannfäden einweben**
PROJEKT **Mütze Variance**
DESIGN **Janette Budge**

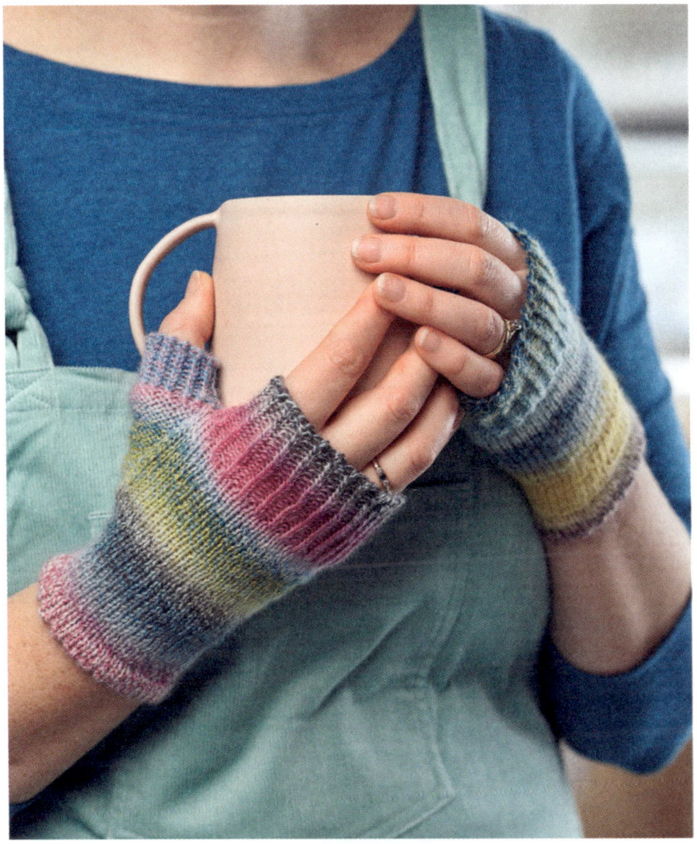
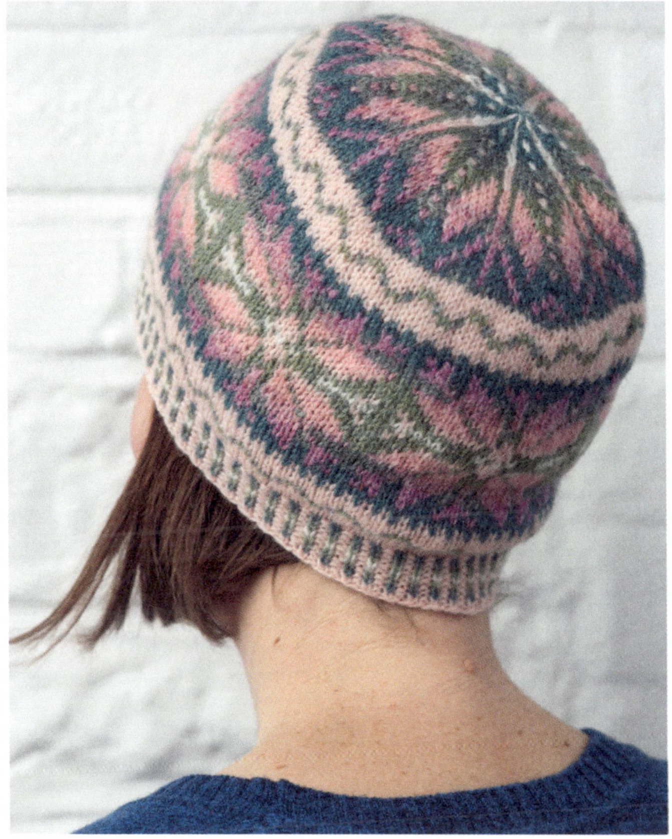
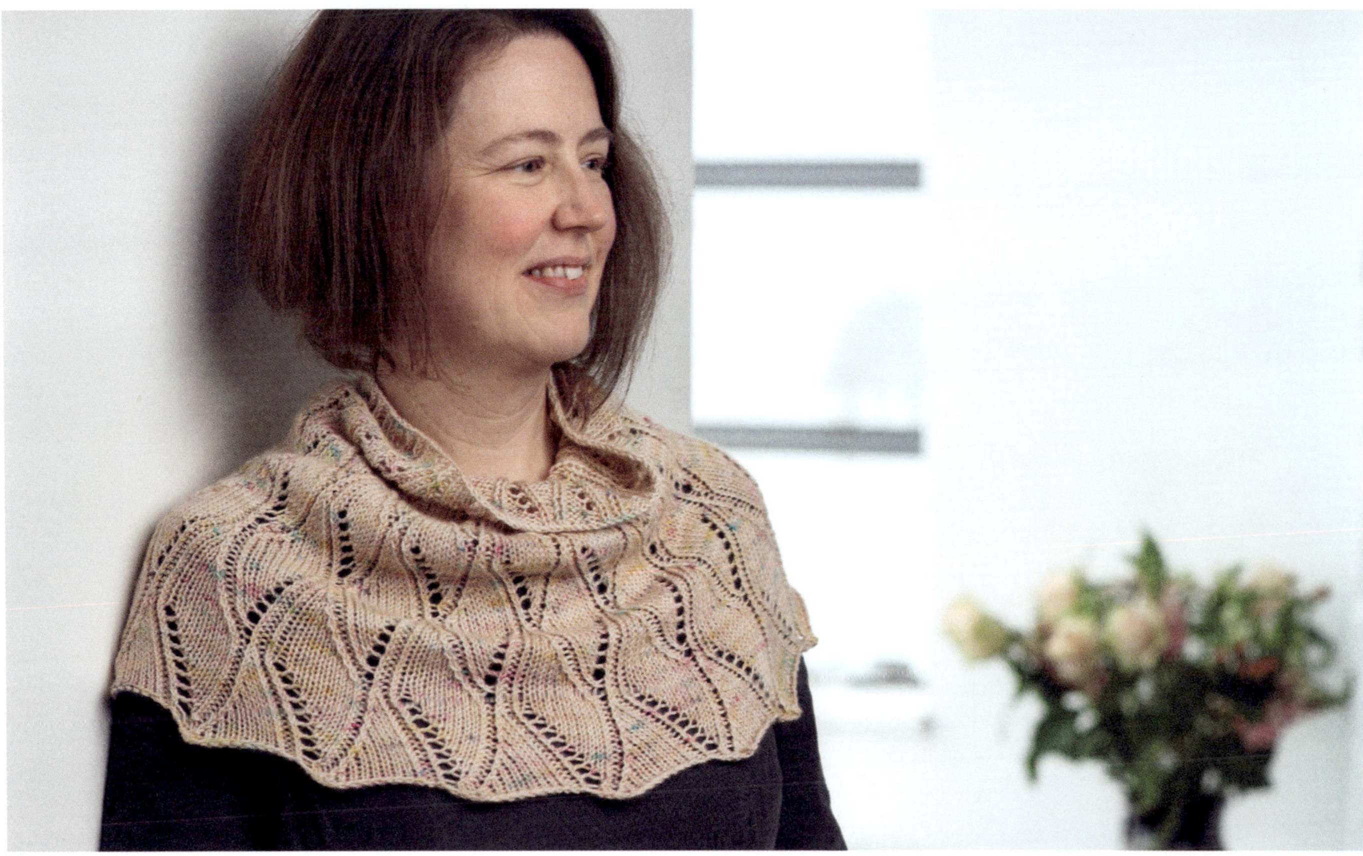

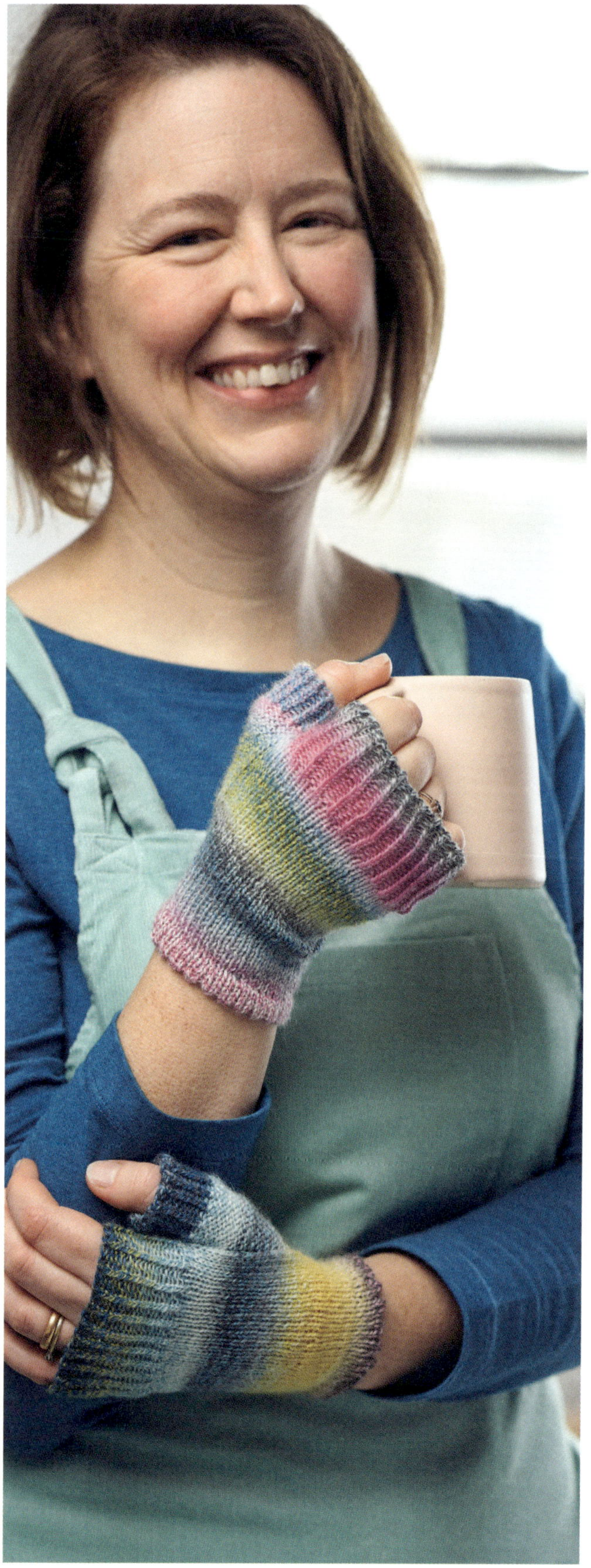

TECHNIK
DOPPELTE BLENDE

Manche Stricktechniken sprechen mich einfach an. Ich meine solche, bei denen ich Minuten, nachdem ich sie kennengelernt habe, zu den Stricknadeln greife und überlege, wo ich sie anwenden könnte. Als ich erfuhr, wie man eine doppelte Blende arbeitet, war genau das meine Reaktion. Wie elegant das aussieht! Angesichts solcher sauberen Techniken fragen Leute, die nicht stricken, ob Sie das Modell, das Sie tragen, wirklich selbst gemacht haben. Und das Beste daran? Es ist überhaupt nicht schwer!

Eine doppelte Blende eignet sich für alles mögliche. In unserem Projekt, Martina Behms Halbhandschuhen Flux, sitzt sie am Handgelenk. Sie können sie auch an der Kante von Socken oder Ärmeln anbringen, am Saum eines Pullovers, oder vielleicht verzieren Sie damit den Rand einer Mütze? Sie werden sehen, wie Sie Projekte ins Auge fassen und damit experimentieren wollen!

Dabei ist es durchaus möglich, die Maschen normal anzuschlagen, die Blende zu stricken, zu falten und die Kante anzunähen. Sie werden jedoch sehen, wie wunderbar es ist, mit einem offenen Maschenanschlag zu arbeiten und diesen nahtlos zu befestigen. Dadurch bekommt das Ganze erst den letzten Schliff.

Dieses Tutorial beschreibt detailliert, wie Sie eine nahtlose doppelte Blende arbeiten, und zeigt Ihnen mehrere Möglichkeiten, um die Kante unterschiedlich zu gestalten.

Eine doppelte Blende besteht aus drei Teilen:

- ❖ einem provisorischen Maschenanschlag, nach dem die Innenseite der Blende auf dünneren Nadeln gestrickt wird
- ❖ einer Wenderunde/-reihe, nach der die Außenseite der Blende auf dickeren Nadeln gestrickt wird
- ❖ und schließlich einer Verbindungsrunde, mit welcher die Blende fertiggestellt wird.

PROVISORISCHER MASCHEN-ANSCHLAG UND INNERE BLENDE

Im Folgenden wird ein gehäkelter provisorischer Anschlag beschrieben, doch Sie können auch eine andere Methode wählen. Dann werden ein paar Runden gestrickt, und zwar auf dünneren Nadeln als denen, die Sie für den Hauptteil des Projekts verwenden. So wird gewährleistet, dass die Innenseite der Blende nach dem Umschlagen und Befestigen schön glatt liegt.

WENDERUNDE UND ÄUSSERE BLENDE

An Martinas Flux-Halbhandschuhen wird zum Wenden eine Picotrunde gearbeitet: Abwechselnd einen Umschlag und 2 M re zus stricken – so entsteht eine hübsche Zackenkante (1). Eine Runde links stricken, um einen markanten Rand zu erhalten (2). Für eine sanft abgerundete Kante die Wenderunde einfach rechts stricken (3).

Nun zu den dickeren Nadeln wechseln und dieselbe Anzahl Reihen stricken wie für die Innenseite der Blende.

VERBINDUNGSRUNDE

Die Verbindungsrunde ist das A und O der doppelten Blende. Um diese Runde zu stricken, die provisorische Kante des Maschenanschlags wieder auftrennen (falls Ihre Methode dies erfordert) und die Maschen ringsum aufnehmen. Dann immer jeweils eine der Maschen des provisorischen Anschlags mit einer der Maschen an der Außenseite der Blende rechts zusammenstricken. So entsteht eine besonders saubere Kante.

Auf den Fotos der folgendes Tutorials wird ein Nadelspiel verwendet. Die Verbindungsrunde wird genauso gearbeitet, wenn Sie mit einer Rundnadel stricken (siehe unser Video-Tutorial zur Doppelten Blende / Folded hem unter www.acTechniks.co.uk/confident-knitting; englischsprachig).

1

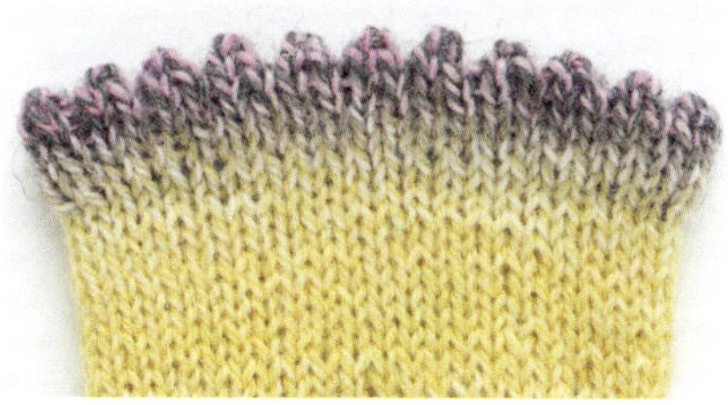

Picotkante: *U, 2 M re zus; ab * fortl. wh.

2

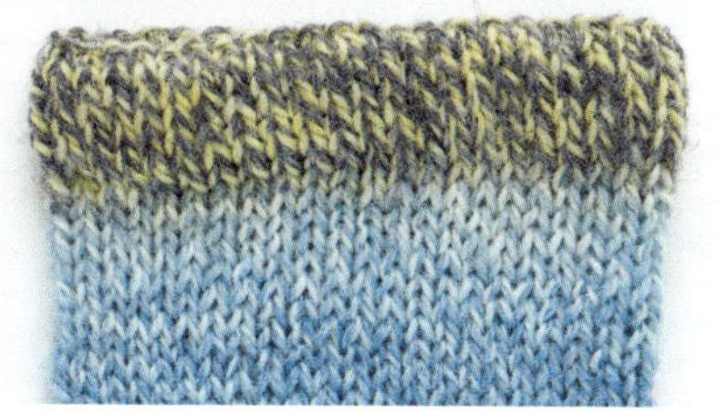

Linkskante: Fortl. li M.

3

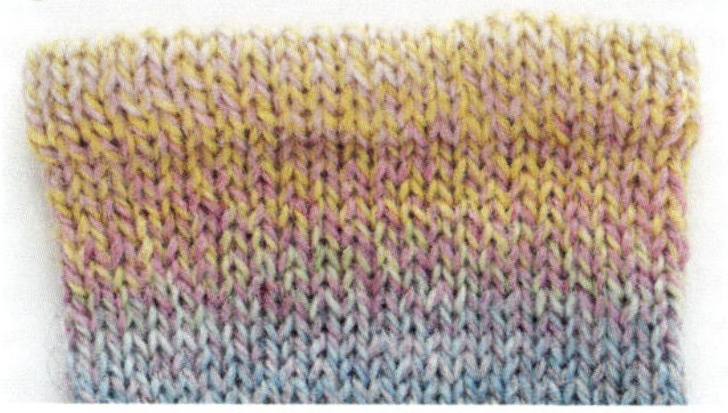

Glatte Kante: Fortl. re M.

AUFGEHÄKELTER PROVISORISCHER MASCHENANSCHLAG

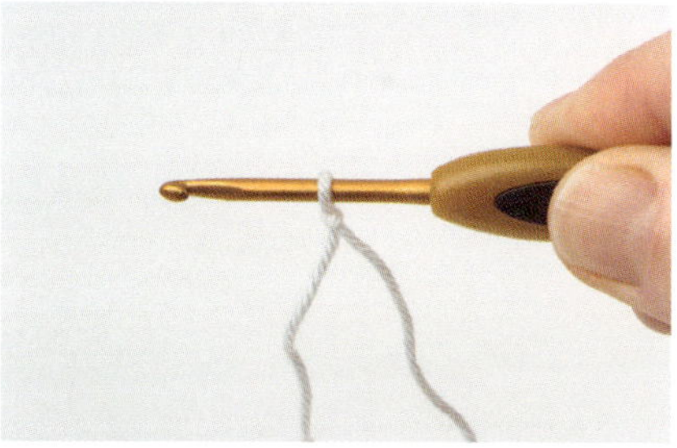

1 Ins Ende eines Garnrests einen Laufknoten machen und auf die Häkelnadel legen.

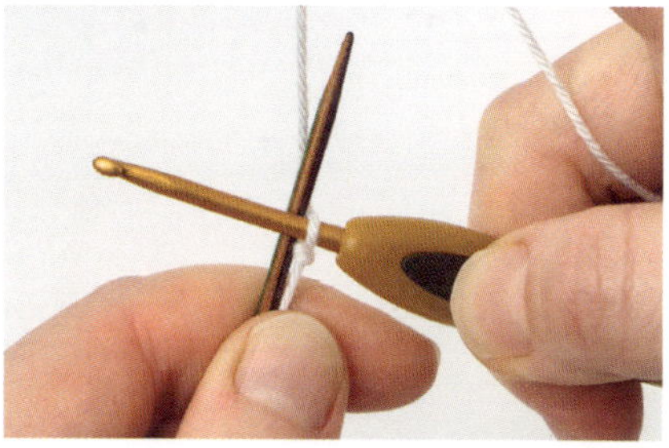

2 Die Häkelnadel über die Stricknadel legen und den Faden unter der Stricknadel herführen.

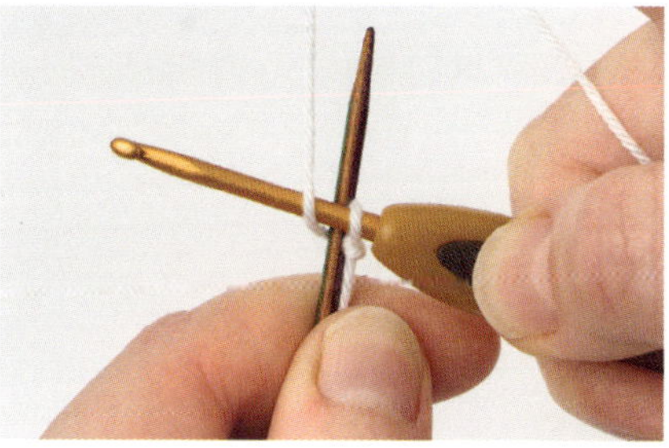

3 Den Faden über die Häkelnadel legen.

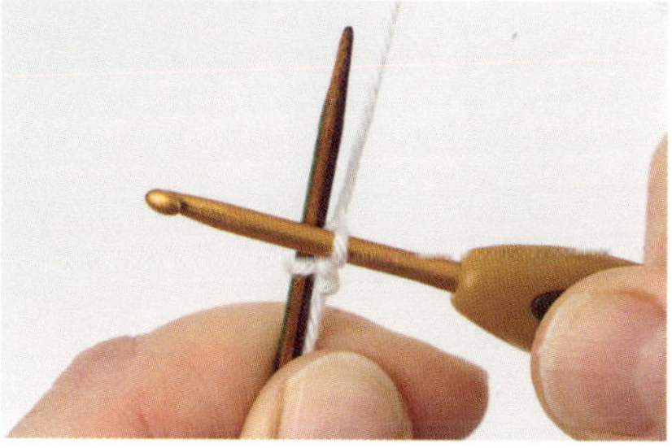

4 Den Faden durch den Laufknoten ziehen. Es liegt nun eine M auf der Stricknadel.

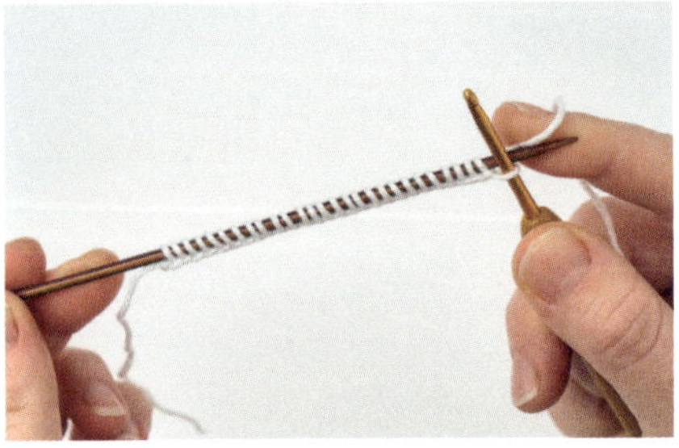

5 Die Schritte 2-4 wiederholen, bis genügend M auf der Stricknadel liegen.

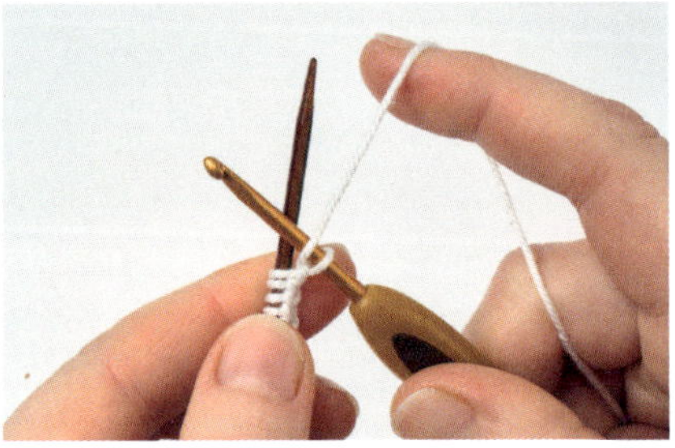

6 Den Faden nur um die Häkelnadel legen und durch die Schlinge auf der Häkelnadel ziehen. So entsteht eine Kettmasche.

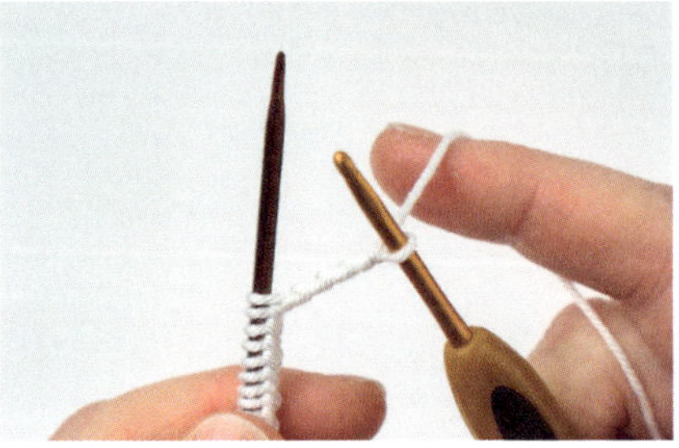

7 Noch vier oder fünf Kettmaschen häkeln, wie in Schritt 6 beschrieben.

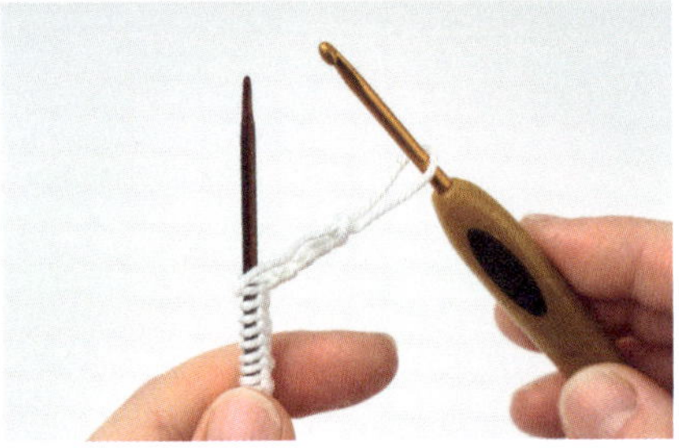

8 Faden abschneiden und durch die letzte M ziehen. Dies markiert das Ende, ab dem später aufgetrennt wird.

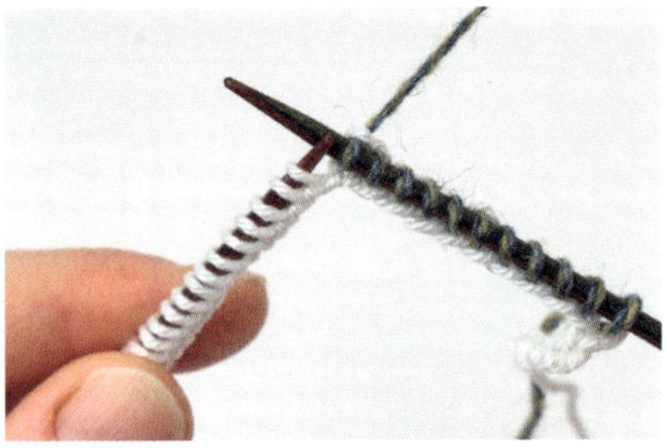

9 Zum Arbeitsgarn wechseln und nach Ihrer Strickanleitung weiterarbeiten.

Für die innere Blende dünnere Stricknadeln verwenden. Die gewählte Wenderunde stricken, dann die Außenseite der Blende mit dickeren Nadeln stricken. Nun die Kante des provisorischen Anschlags auftrennen und die Verbindungsrunde stricken.

AUFTRENNEN DES AUFGEHÄKELTEN PROVISORISCHEN MASCHENANSCHLAGS

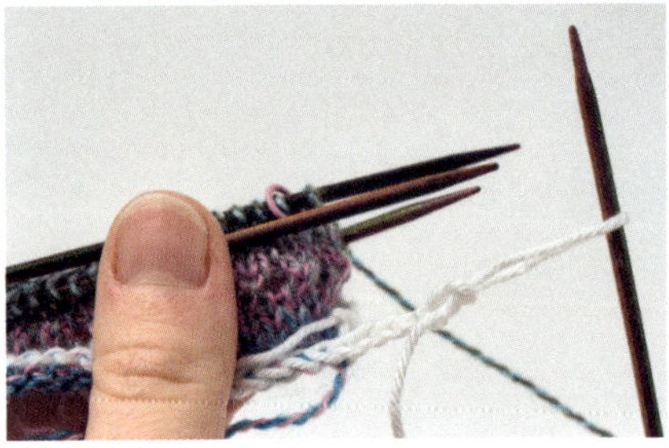

1 Das Ende der losen gehäkelten Maschenkette suchen und den Hilfsfaden aus der letzten Schlaufe ziehen, um sie zu lösen.

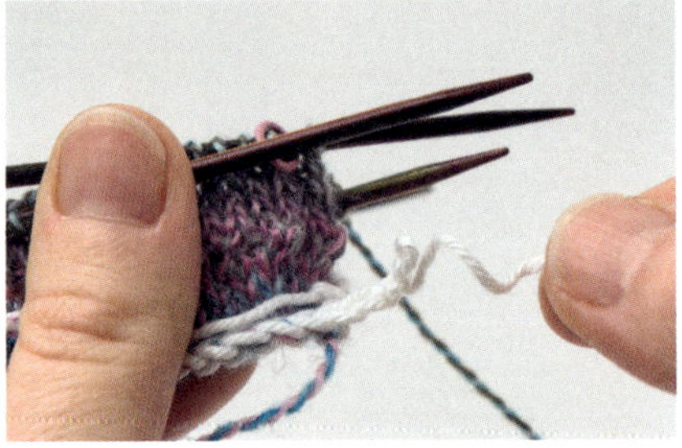

2 Sobald die letzte M gelöst ist (evtl. müssen Sie den Faden dazu noch einmal hindurchziehen), vorsichtig am Fadenende ziehen und die Kettmaschen auftrennen.

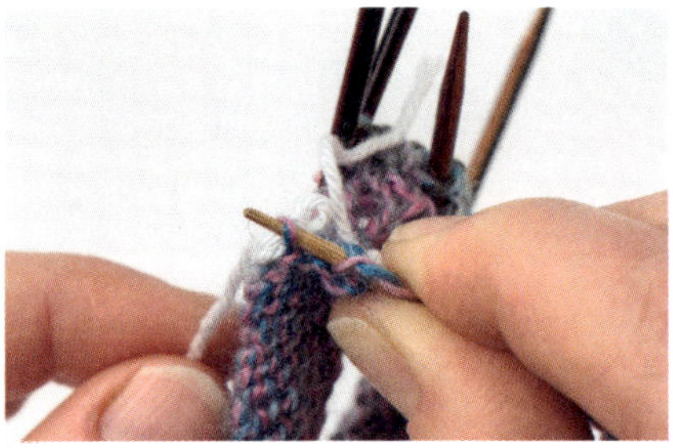

3 Die Stricknadel bereithalten (es kann einfacher sein, wenn diese dünner ist als die, mit der Sie angeschlagen haben) und die erste freigelegte M des Hauptgarns aufnehmen.

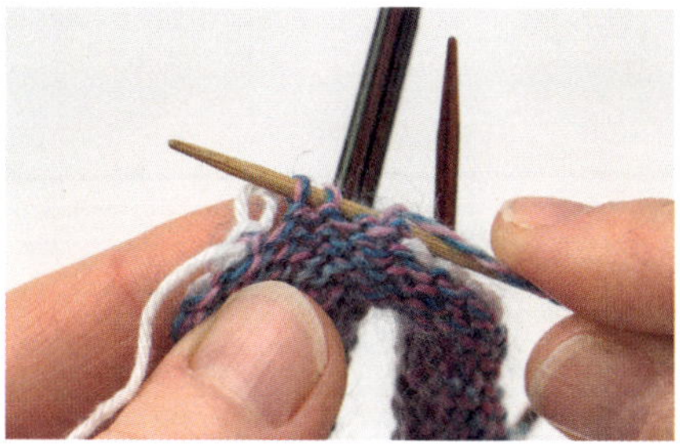

4 Vorsichtig am Hilfsfaden ziehen und die gelösten M aufnehmen. Falls Sie fürchten, eine M fallen zu lassen, können Sie die M auch erst aufnehmen und dann den Hilfsfaden herausziehen.

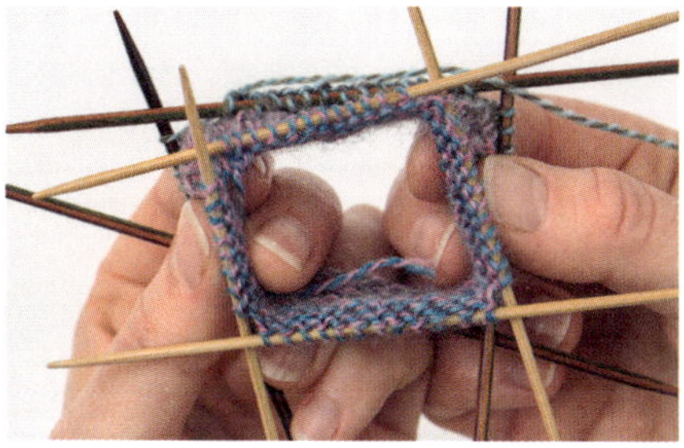

5 Kontrollieren, ob die korrekte Maschenzahl auf den Nadeln liegt. Bei Bedarf noch eine zusätzliche M aus dem Rundenanfang aufnehmen.

VERBINDUNGSRUNDE

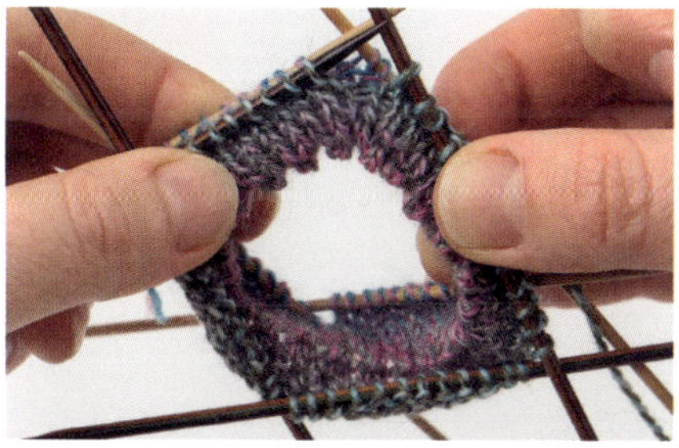

1 Die Arbeit so umschlagen, dass die rechte Seite außen liegt und die Arbeitsnadeln parallel zu den Anschlagsnadeln liegen. Die Arbeitsmaschen sollten sich vor den Anschlagsmaschen befinden. Nun stricken Sie die Arbeits- und die Anschlagsmaschen zusammen.

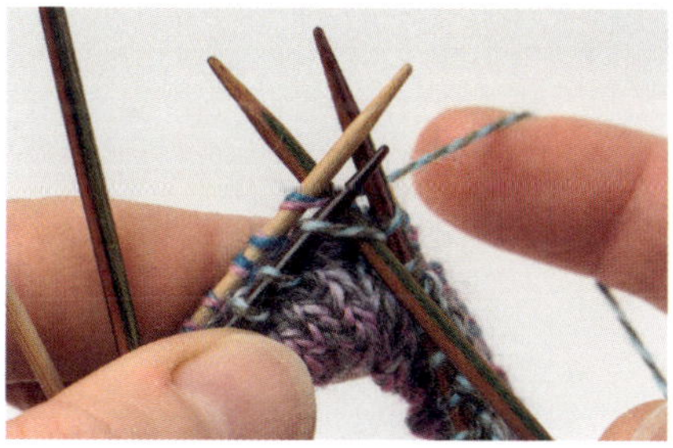

2 Mit der rechten Nadel in die erste Arbeitsmasche auf der vorderen Nadel einstechen, dann in die erste Anschlagsmasche auf der hinteren Nadel.

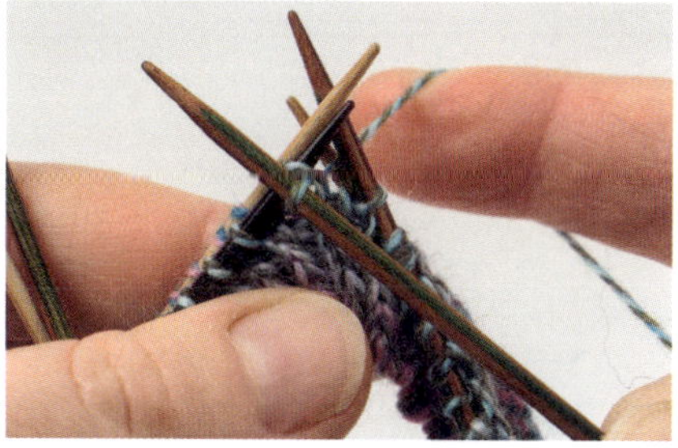

3 Diese beiden M rechts zusammenstricken. Die Schritte 4-7 zeigen diesen Vorgang im Detail.

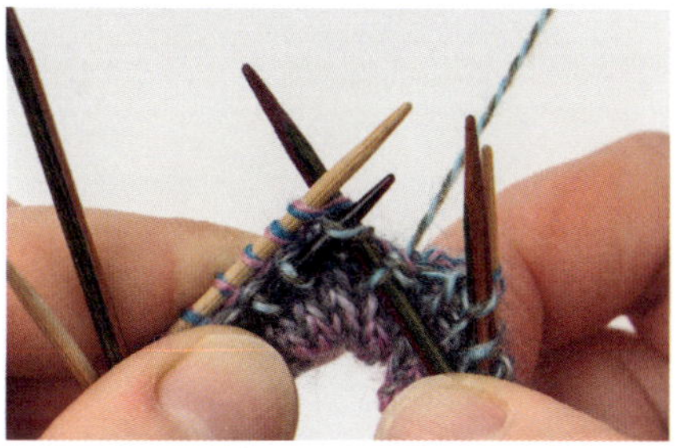

4 Mit der rechten Nadel in die erste M auf der vorderen und hinteren Nadel einstechen.

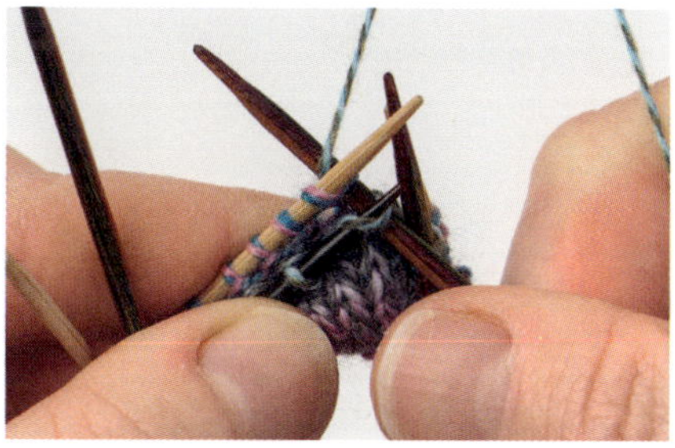

5 Mit der rechten Nadel den Arbeitsfaden holen.

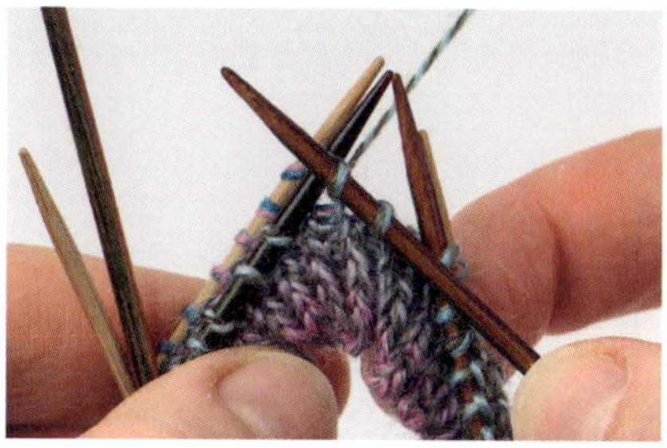

6 Den Faden durch beide M ziehen.

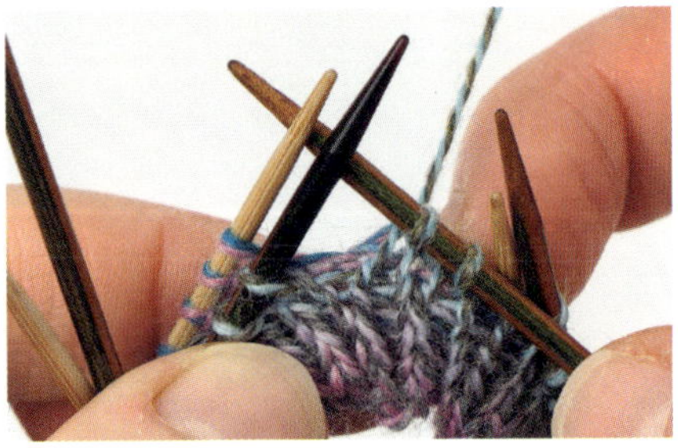

7 Beide M von ihrer jeweiligen Nadel abheben.

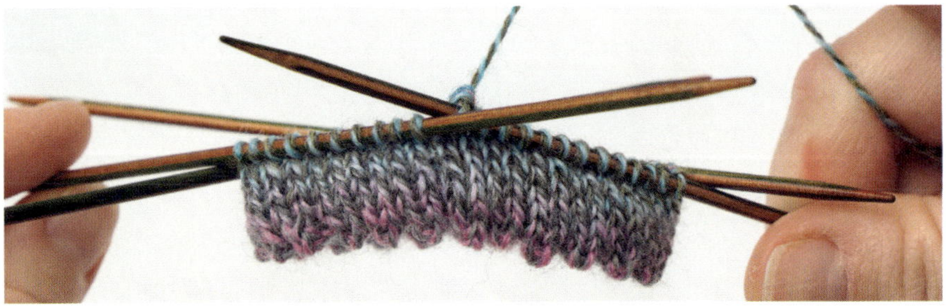

8 Die Schritte 4-7 wiederholen, bis jede Arbeits- mit einer Anschlagsmasche zusammengestrickt ist. Damit ist die doppelte Blende fertig.

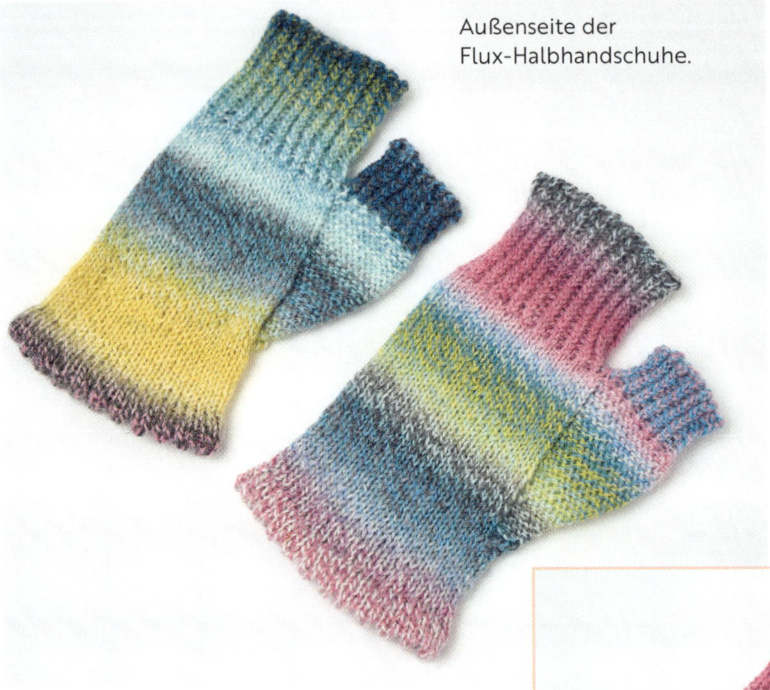

Außenseite der Flux-Halbhandschuhe.

Ich hoffe, Sie mögen diesen eleganten Kantenabschluss und können ihn an vielen Modellen anbringen. Was könnte sich besser zum Üben einer neuen Technik eignen als ein Modell, an dem man sie gleich zweimal anwenden muss? Jeder von Martinas hübschen Halbhandschuhen hat eine doppelte Blende am Handgelenk, und Sie können zwischen 3 Varianten wählen.

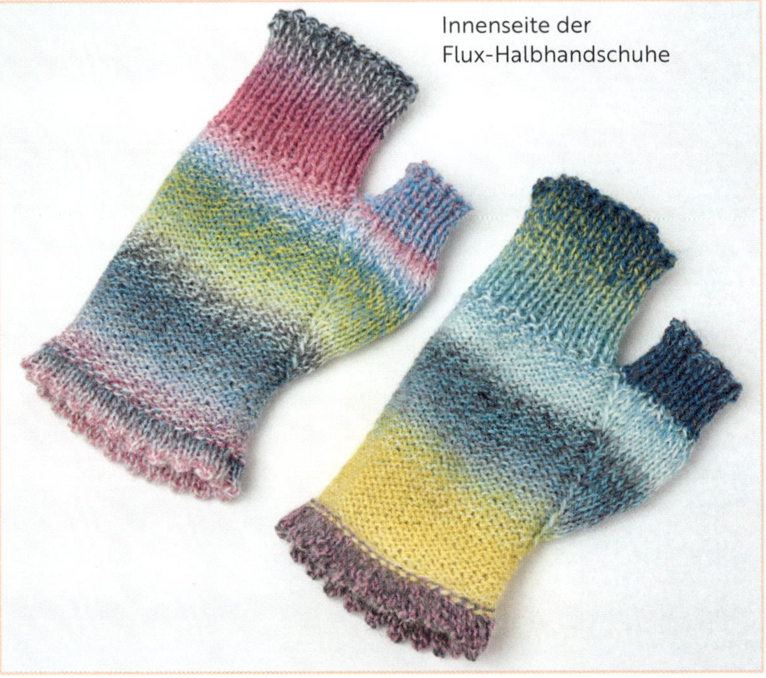

Innenseite der Flux-Halbhandschuhe

PROJEKT
HALBHANDSCHUHE FLUX

von Martina Behm

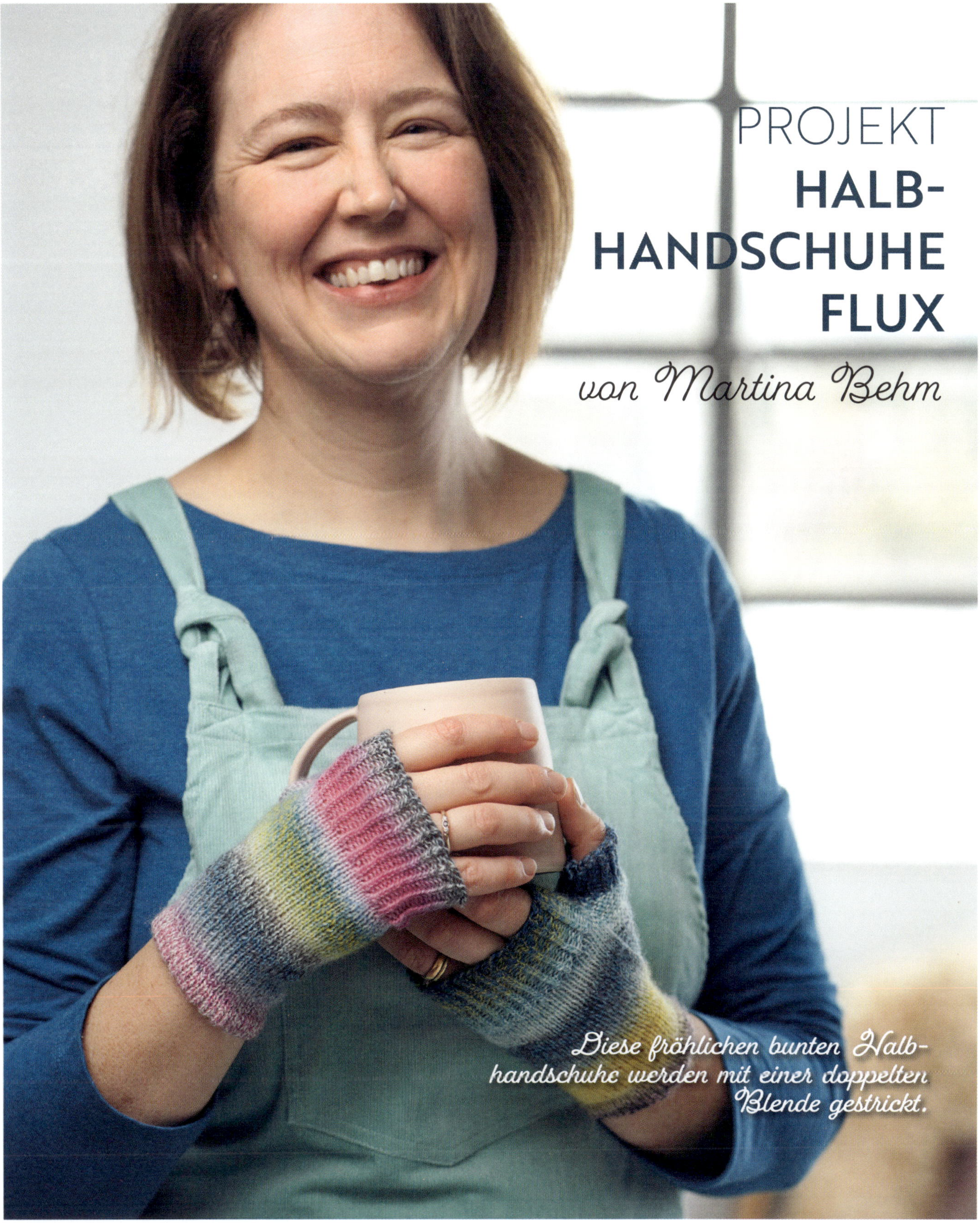

Diese fröhlichen bunten Halbhandschuhe werden mit einer doppelten Blende gestrickt.

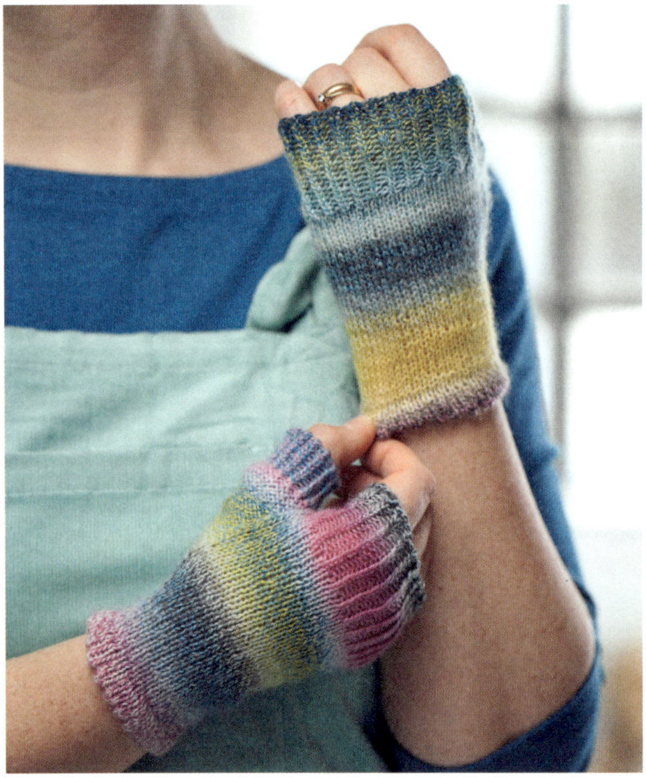

Größe
S (M, L, XL)
Passend für Handumfang oberhalb. des Daumens:
16 (18, 20, 22) cm
Fertiger Umfang am Handgelenk: 12,5 (14,5, 16,5, 18,5) cm
Fertiger Handumfang oberhalb des Daumens (Rippenmuster, ungedehnt): 10,5 (12, 14, 15,5) cm
Länge: 15,5 (16,5, 18, 19,5) cm
Abgebildetes Modell: Größe M an Handumfang von 18 cm

GARN
Schoppel Wolle Zauberball Crazy (75 % Schurwolle superwash, 25 % Polyamid biologisch abbaubar; LL 420 m / 100-g-Knäuel)
Farbe Gardenparty (2355); 1 x 100 g für alle Größen

Garnverbrauch
100 (120, 150, 180) m

STRICKNADELN UND ZUBEHÖR
Nadelstärke 2,5 mm oder 1 Stärke kleiner als zum Erreichen der Maschenprobe verwendet: 1 Rundnadel (Länge 80 cm) oder 1 Nadelspiel oder Ihre Lieblingsnadeln für kleine Runden
Nadelstärke 2,75 mm oder die Stärke, mit der die Maschenprobe erreicht wird: 1 Rundnadel (Länge 80 cm) oder 1 Nadelspiel oder Ihre Lieblingsnadeln für kleine Runden
Garnrest in etwa der Stärke des verwendeten Garns
1 Häkelnadel (2-3 mm)
1 extra Nadelspiel-Nadel oder Zopfnadel
Maschenmarkierer, Wollnadel

MASCHENPROBE
30 M und 42 Rd = 10 x 10 cm (mit den dickeren Nadeln glatt rechts rundgestrickt, gewaschen und gespannt)
36 M und 40 Rd = 10 x 10 cm (mit den dickeren Nadeln im verschränkten Rippenmuster rundgestrickt, gewaschen und gespannt)

ABKÜRZUNGEN
LGZL Links geneigte gehobene Zunahme (linke Masche) aus der Vorreihe; mit der linken Nadel das linke Glied der Masche 2 R unter der zuletzt gestrickten Masche aufnehmen und links verschränkt abstricken (1 Masche zugenommen)
RGZL Rechts geneigte gehobene Zunahme (linke Masche) aus der Vorreihe; mit der linken Nadel das rechte Glied der Masche 1 R unter der folgenden Masche aufnehmen und links abstricken (1 M zugenommen)
LGZ 1 links geneigte Zunahme; mit der linken Nadel den Querfaden zwischen 2 Maschen von vorn nach hinten aufnehmen und rechts verschränkt abstricken (1 Masche zugenommen)
Ein vollständiges Abkürzungsverzeichnis finden Sie auf S. 110.

SPEZIALTECHNIKEN
Dieses Buch enthält Foto-Tutorials für folgende Techniken:
Aufgehäkelter provisorischer Maschenanschlag (S. 9)
Doppelte Blende (S. 9-12)

Folgende Video-Tutorials (englischsprachig) finden Sie online unter **www.acTechniks.co.uk/tutorials-1#/confident-knitting:**
Doppelte Blende (Folded hem)
Elastisch abketten (Stretchy cast-off method)
Gehobene Zunahmen mit linken Maschen (Purlwise Lifted Increases)

ANMERKUNGEN ZUR ANLEITUNG
Diese Halbhandschuhe beginnen mit einem aufgehäkelten provisorischen Maschenanschlag. Die Innenseite der doppelten Blende wird mit dünneren Nadeln gestrickt. Für die Picotkante wird eine Wenderunde mit Umschlägen gestrickt (Alternative: eine rechts oder links gestrickte Runde); dann wird die Außenseite der Blende mit dickeren Nadeln gearbeitet. Die Blende wird durch eine Verbindungsrunde fertiggestellt; dann wird glatt rechts weitergestrickt.
Für den Daumenzwickel werden als Kontrast zur Hand linke Maschen verwendet; dann werden die Daumenmaschen stillgelegt, bevor die Hand im verschränkten Rippenmuster beendet wird. Zum Schluss werden die Daumenmaschen im verschränkten Rippenmuster gestrickt.

Die Anleitung ist in vier Größen verfasst, doch wenn Sie sie an einen noch größeren oder kleineren Handumfang anpassen möchten, können Sie einfach eine gerade Maschenzahl hinzufügen oder entfernen. Auch die Länge können Sie leicht variieren, indem Sie entweder die Anzahl der glatt rechts gestrickten Runden am Handgelenk oder der Rippenrunden an der Hand verändern oder beides.

HALBHANDSCHUHE

Zwei identische Handschuhe stricken.

1 MASCHENANSCHLAG UND PICOTKANTE

Im aufgehäkelten provisorischen Maschenanschlag (siehe S. 9) mit einem Garnrest 38 (44, 50, 56) M anschlagen.

Mit dem Hauptgarn und den dünneren Nadeln alle M re str.

Zur Rd schließen, dabei aufpassen, dass die M sich nicht verdrehen. MMs für Rd-Beginn.

5 (5, 7, 7) Rd rechts stricken.

Wenderunde: *U, 2 M re zus; ab * fortl. wh.
Durch diese Wenderunde entsteht die Picotkante. Alternativ dazu kann eine schlichte rechts oder links gestrickte Runde gearbeitet werden (siehe Beispiele auf S. 9).

Zu den dickeren Nadeln wechseln. 6 (6, 8, 8) Rd re str.

Den provisorischen Maschenanschlag auftrennen (siehe S. 10) und die Maschen wieder auf die dünneren Nadeln legen.

Verbindungsrunde: Die Spitzen der beiden Nadelspiele so aneinanderhalten, dass ein Schlauch entsteht; die glatte (rechte) Seite der Maschen liegt außen. Die Anschlagsmaschen (dünnere Nadeln) liegen hinter den Arbeitsmaschen (dickere Nadeln). Mit der dickeren Nadel die erste Masche der vorderen und hinteren Nadel zusammenstricken. Wiederholen, bis alle Anschlagsmaschen mit den Arbeitsmaschen verbunden sind und die Runde zu Ende ist. Dies wird detailliert im Fototutorial auf S. 11-12 gezeigt.

2 HANDGELENK UND DAUMENZWICKEL

12 (12, 14, 14) Rd re str.

1. Rd: Die folg. M auf eine extra Nadelspiel-Nadel oder Zopfnadel heben und vor die Arbeit legen. Die folg. M re verschr str, dann die M der Hilfsnadel re verschr str. Re M bis Ende.
2. Rd (Zun): 1 M re verschr, 1 li gen Zun, 1 M re verschr, re M bis Ende. 1 M zugen; 39 (45, 51, 57) M.
3. Rd: 1 M re verschr, 1 M li, 1 M re verschr, re M bis Ende.
4. Rd (Zun): 1 M re verschr, 1 M li, 1 li M li geh zun, 1 M re verschr, re M bis Ende. 1 M zugen; 40 (46, 52, 58) M.
5. Rd (Zun): 1 M re verschr, 1 li M re geh zun, 2 M li, 1 M re verschr, re M bis Ende. 1 M zugen; 41 (47, 53, 59) M.
6. Rd: M re verschr, 3 M li, 1 M re verschr, re M bis Ende.
7. Rd (Zun): 1 M re verschr, 1 li M re geh zun, 3 M li, 1 li M li geh zun, 1 M re verschr, re M bis Ende. 2 M zugen; 43 (49, 55, 61) M.
8. Rd: 1 M re verschr, alle li M li str, 1 M re verschr, re M bis Ende.
9. Rd (Zun): 1 M re verschr, 1 li M re geh zun, alle li M li str, 1 li M li geh zun, 1 M re verschr, re M bis Ende. 2 M zugen.

Die 8. und 9. Rd noch 8- (10-, 10-, 12-)mal wh. 18 (22, 22, 26) M zugen; 61 (71, 77, 87) M.

Zwischen den re verschr Maschensäulen sollten nun 23 (27, 27, 31) li M liegen. Aus diesen li M wird der Daumen gestrickt.

3 RIPPENMUSTER AN DER HAND

1. Rd (Daumen stilllegen): 1 M re verschr, folg. 23 (27, 27, 31) M auf Hilfsfaden legen, 1 M li, *1 M re verschr, 1 M li; ab * fortl. wh. 38 (44, 50, 56) M verbl.

Mustereinteilung verschränktes Rippenmuster:
2. Rd: *1 M re verschr, 1 M li; ab * fortl. wh.
Weitere 18 (18, 20, 22) Rd im verschr Rippenmuster str.

Alle M elastisch oder mit dickeren Nadeln abketten.

4 DAUMEN

Die 23 (27, 27, 31) Daumenmaschen zurück auf dickere Nadeln legen. Unten am Daumen 3 M aufn und re str, damit dort keine Lücke entsteht. Dann die 23 (27, 27, 31) Daumen-M wie folgt str: *1 M re verschr, 1 M li; ab * bis 1 M vor Ende wh, 1 M re verschr. 26 (30, 30, 34) M.

MMs für Rd-Beginn.

1. Rd (Abn): 2 M re zus, 1 M li, *1 M re verschr, 1 M li; ab * bis 3 M vor Ende wh, 1 M re verschr, 2 M li zus. 2 M abgen; 24 (28, 28, 32) M.

Mustereinteilung verschränktes Rippenmuster:
2. Rd: *1 M re verschr, 1 M li; ab * fortl. wh.
Weitere 6 Rd im verschr Rippenmuster str.

Alle M elastisch oder mit dickeren Nadeln abketten.

5 FERTIGSTELLUNG

Fäden vernähen. Die Halbhandschuhe 20 Minuten in lauwarmes Wasser mit Wollwaschmittel legen. Überschüssiges Wasser ausdrücken. Auf Maß gedehnt flach hinlegen und trocknen lassen.

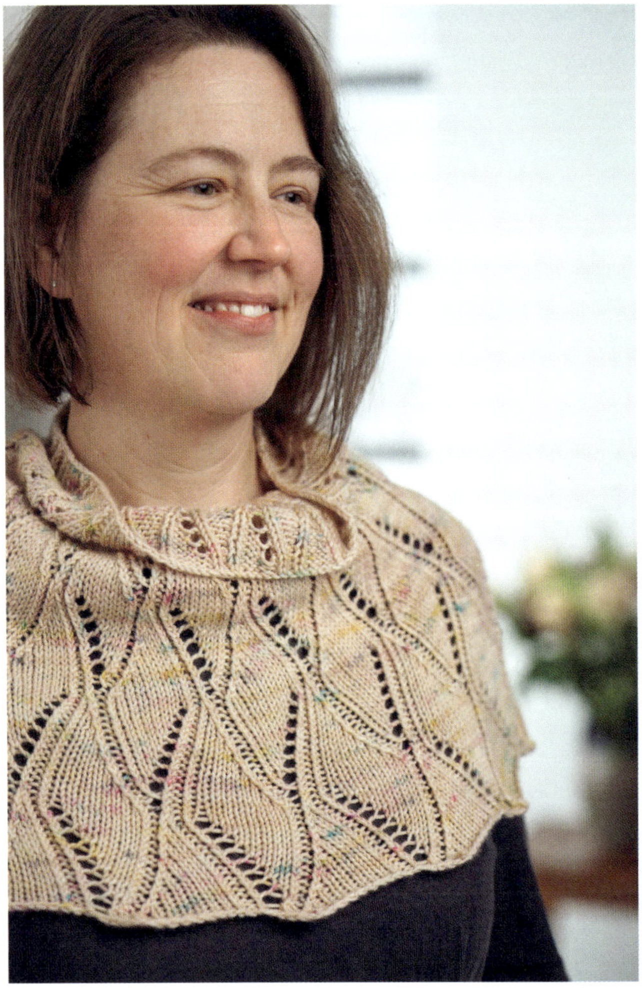

TECHNIK
PERFEKT SPANNEN

In seiner einfachsten Form ist Spannen das Waschen und Trocknen eines Strickstücks. Beinahe jede Strickarbeit wird durch einfaches Waschen und Trocknen verbessert. Wenn Sie dann noch ein wenig Zeit dafür aufwenden, Ihre Maschen gleichmäßig in Form zu ziehen oder im Fall von Lace-Modellen zu spannen, kann dies Ihr Strickstück völlig verwandeln. Ich vergleiche das gern mit dem Fönen von Haaren – es ist ein Vorgang, der nach jeder Wäsche wiederholt werden muss, und je mehr Sorgfalt Sie beim Trocknen auf das Styling verwenden, desto besser wird das Ergebnis!

Bei der Technik dieses Monats werden zwei Möglichkeiten zum Spannen eines Loopschals oder Cowls vorgestellt. Lace-Cowls gehören zu den Modellen, die kniffliger zu spannen sind, da im Idealfall das Lacemuster beim Trocknen gedehnt wird, der Schal aber keine Knicke bekommt.

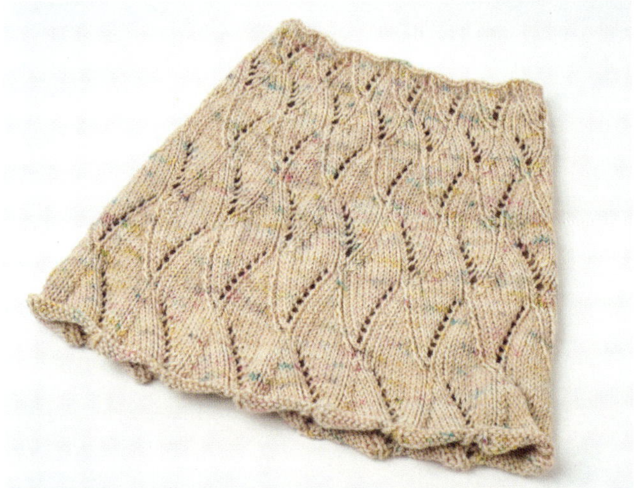

Nicht gespannt:
Dieser Loopschal kommt geradewegs von den Stricknadeln und hat noch nicht die gewünschte Form. Der untere Rand rollt sich, und das Lacemuster ist nicht gut zu erkennen.

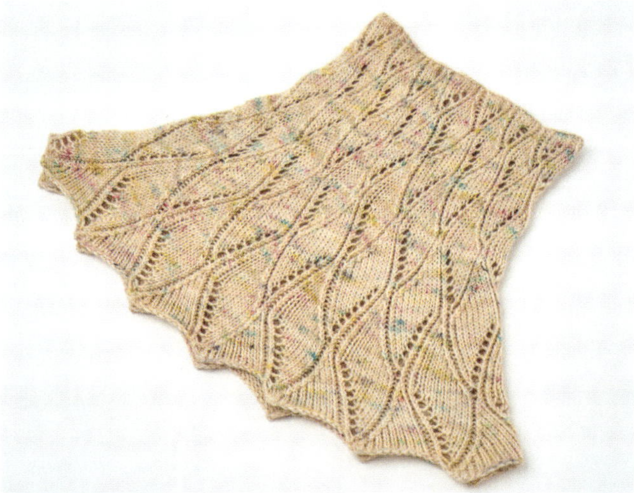

Gespannt:
Jetzt hat der Loopschal die gewünschte anmutige Form, und das Lacemuster kommt schön zur Geltung. Die geschwungenen Linien des Musters sind viel besser zu sehen. Der untere Rand hat eine abgerundete Bogenkante und liegt glatt.

SPANNEN EINES LOOPSCHALS

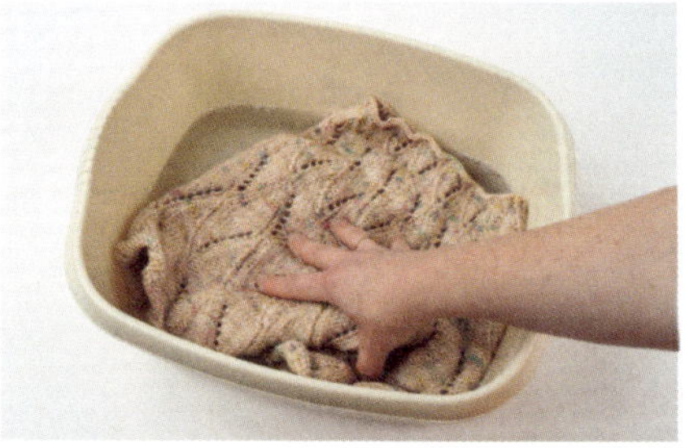

1 Zuerst den Schal etwa 20 Minuten in lauwarmem Wasser mit etwas Wollwaschmittel einweichen, damit die Fasern sich richtig mit Wasser vollsaugen. Waschmittel nach Herstellerangaben auswaschen.

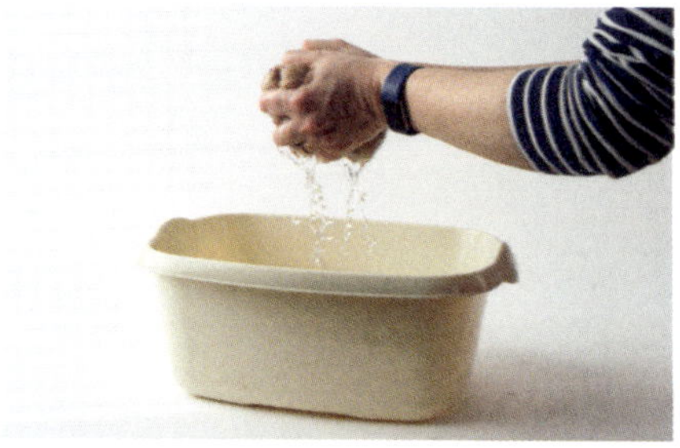

2 Nach dem Einweichen den Schal aus dem Wasser nehmen und das überschüssige Wasser ausdrücken (nicht wringen). Sie können den nassen Schal auch in ein Handtuch einrollen, um das meiste Wasser zu entfernen.

3 Wenn der Schal nur noch feucht ist, beginnt der aufwändigere Teil des Spannens. Sie können den Schal einfach flach auf einem Handtuch ausbreiten und trocknen lassen, doch so bekommt er Knicke. Um das zu vermeiden, den Schal zwischendurch etwa jede Stunde einmal anders hinlegen bzw. ein Stück weiterdrehen.

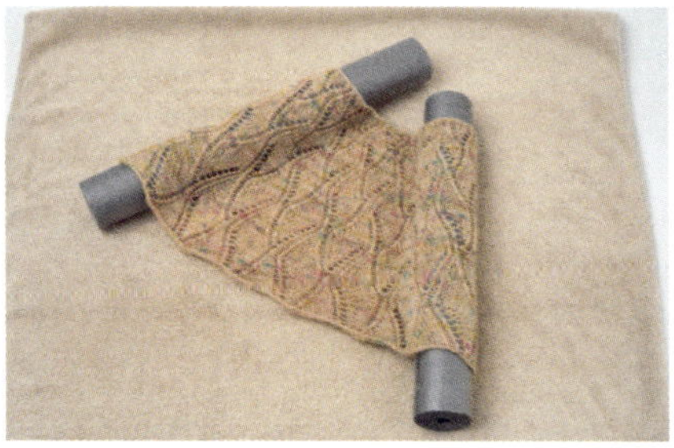

4 Um Knicke an den gefalteten Kanten zu vermeiden, können Sie beim Trocknen zwei runde Gegenstände seitlich in den Schal legen. Hier habe ich zwei Stücke Rohrisolierung benutzt. So ist der Schal nach dem Trocknen ringsum glatt. Sie können auch aufgerollte Küchentücher (eine ungeöffnete Packung), ein Plastikrohr oder etwas Ähnliches verwenden, dassfeucht werden darf.

5 Wenn Sie wenig Platz haben, können Sie den Schal zum Trocknen auch über einen passenden runden Gegenstand hängen (rechts). Hier wieder die Rohrisolierung, doch noch einmal, jeder ähnlich geformte Haushaltsgegenstand erfüllt diesen Zweck. Am besten verschieben Sie den Schal beim Trocken mehrmals, damit er gleichmäßig gedehnt wird (die Partie über dem Rohr wird stärker gedehnt als die untere Partie). Diese Methode ist einfach, aber effizient.

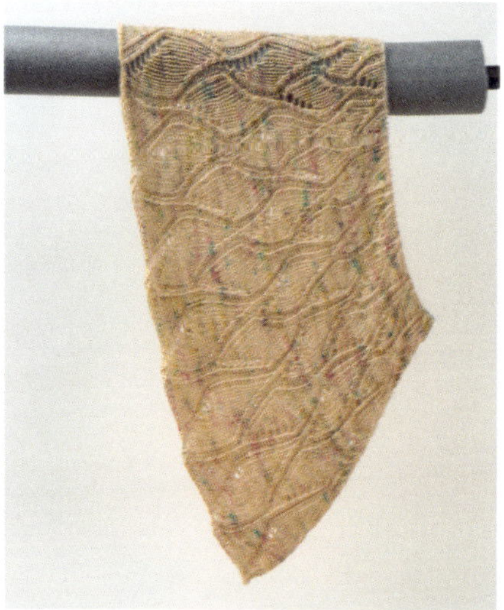

SPANNEN EINES LOOPSCHALS MIT SPANNDRÄHTEN UND NADELN

Um jedes Mal maximale Dehnung und ein perfektes Ergebnis zu erzielen, können Sie zum Spannen Ihres Schals eine Kombination aus flexiblen Spanndrähten, Nadeln und verschiedenen Haushaltsgegenständen verwenden.

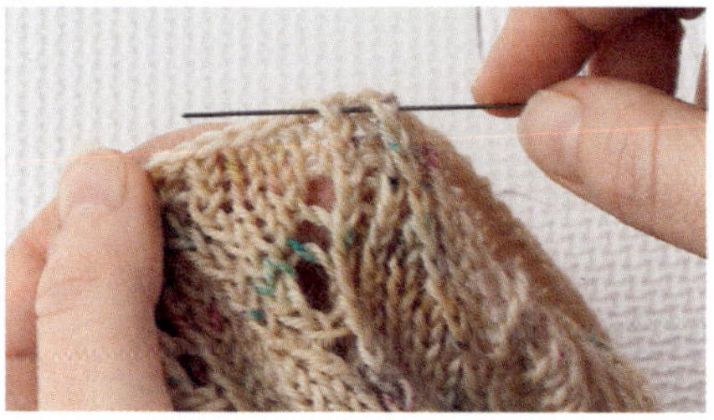

1 Schritte 1 und 2 zum Spannen eines Loopschals ausführen. Dann einen flexiblen Spanndraht in die abgekettete Kante einfädeln. Dabei immer 1-2 Maschen auf einmal aufnehmen.

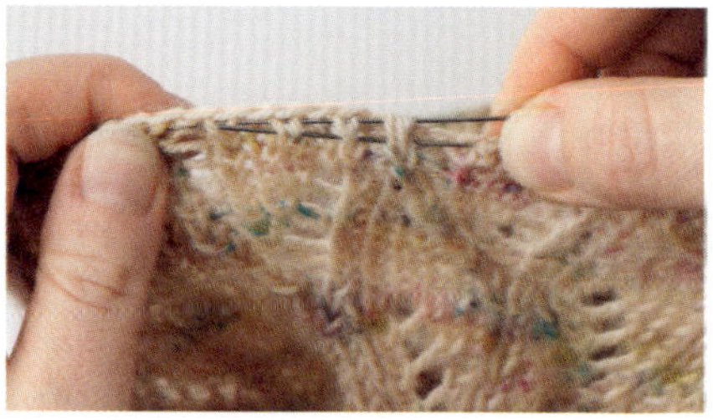

2 Wenn Sie wieder am Anfang ankommen, das Ende des Drahts überlappend erneut in die ersten Maschen einfädeln.

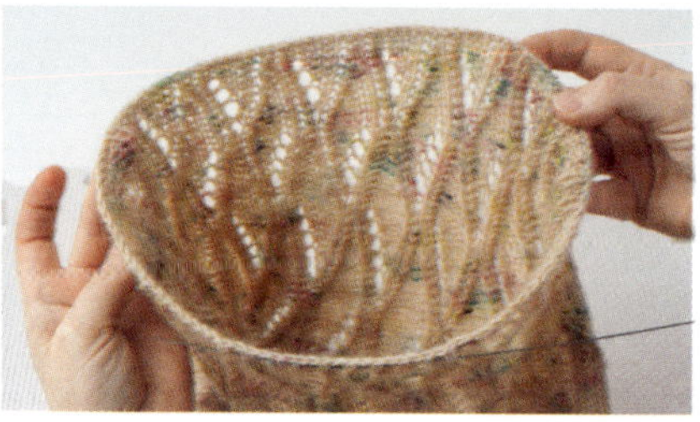

3 Die abgekettete Kante sanft auseinanderdehnen. Dabei aufpassen, dass die Drahtenden sich weiterhin überlappen. Aufgrund der Spannung des Drahts wird der Schal ringsum vollständig gedehnt.

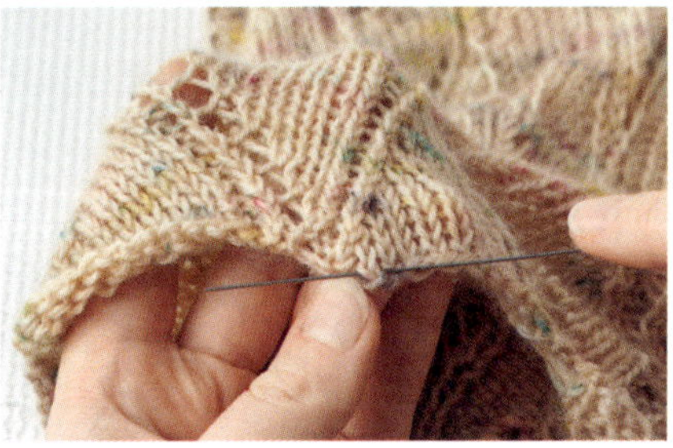

4 Nun einen zweiten Draht in die Kante des Maschenanschlags einfädeln. In der Strickschrift für den Evolve-Loopschal ist eine Stelle markiert, die sich zum Einfädeln des Drahts eignet, damit eine Bogenkante entsteht.

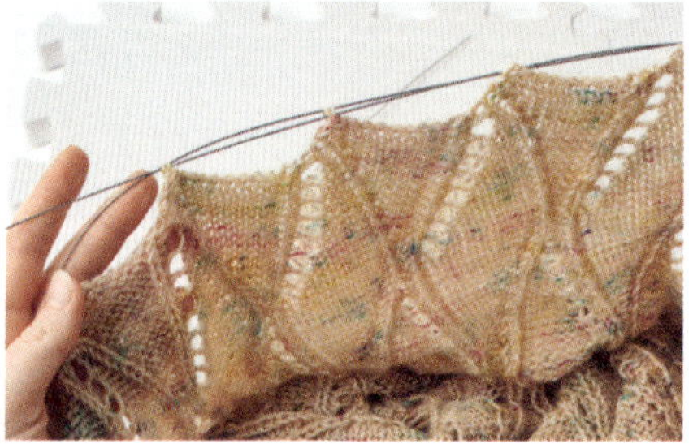

5 Falls nötig können Sie mehr als einen Draht überlappend anbringen, um den gesamten Umfang des Loopschals zu spannen.

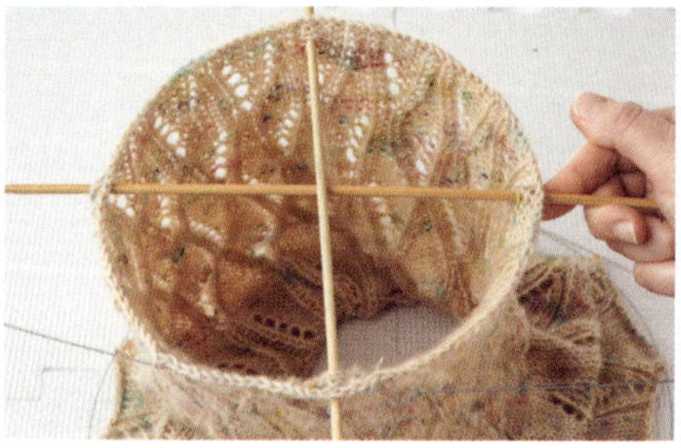

6 Zwei gerade Stricknadeln, Essstäbchen oder Ähnliches kreuzförmig in die abgekettete Oberkante des Schals einfädeln.

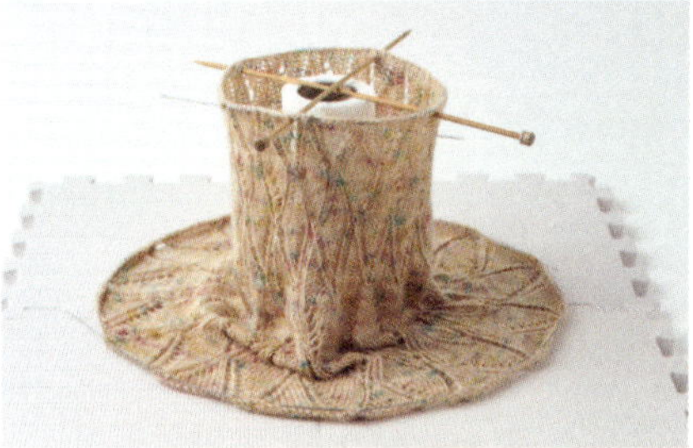

7 Die gekreuzten Nadeln auf einen passenden zylindrischen Gegenstand setzen. Hier verwende ich eine Rolle Küchenpapier, doch auch eine Flasche mit weitem Hals oder ein anderer hoher Zylinder sind perfekt.

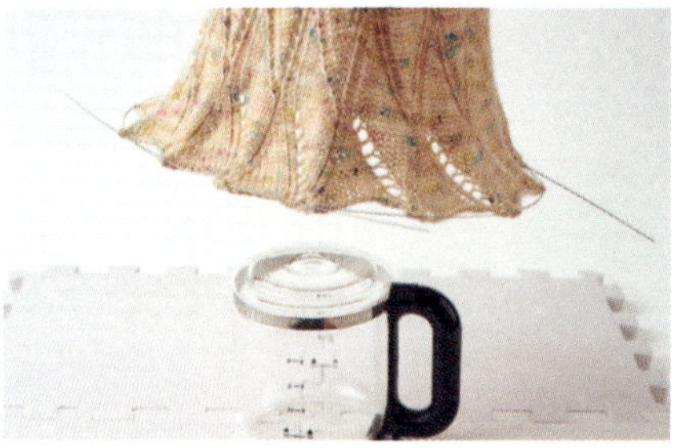

8 Falls Ihr Gegenstand nicht hoch genug ist, legen Sie etwas darunter. Hier verwenden wir eine Kaffeekanne, doch Sie können mit dem improvisieren, was Sie zur Hand haben!

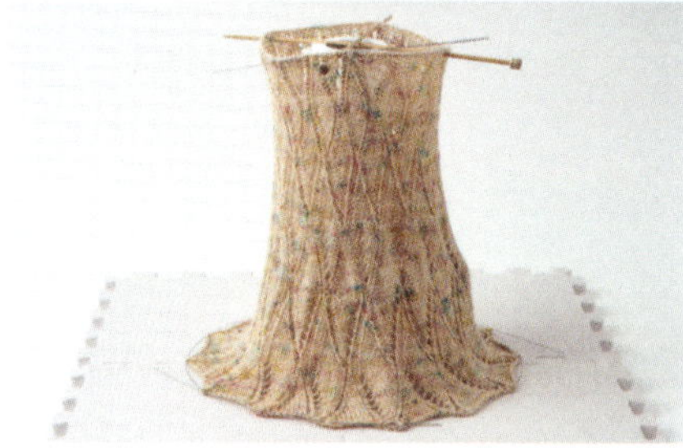

9 Der Loopschal soll so hoch gehoben werden, dass die Kante des Maschenanschlags gerade noch auf der Unterlage aufliegt. Meine Kombination aus Küchenrolle und Kaffeekanne ist perfekt!

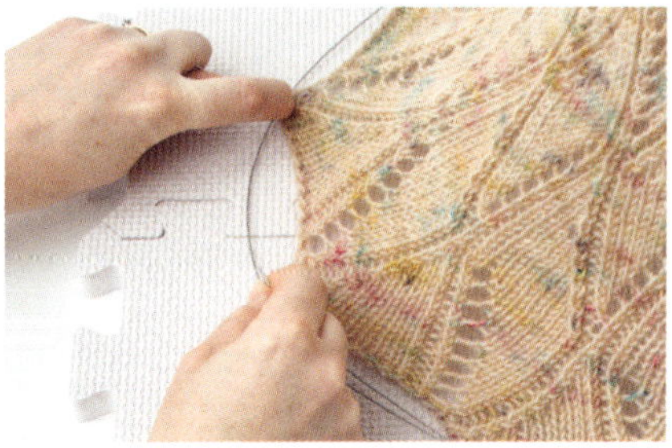

10 Nun an der Unterkante die Spitzen, durch die Sie den Draht gefädelt haben, feststecken, so dass der Schal vollkommen gespannt ist. An gegenüberliegenden Spitzen beginnen, dann jede der beiden Partien erneut halbieren. Der Schal sollte nun gut gedehnt sein.

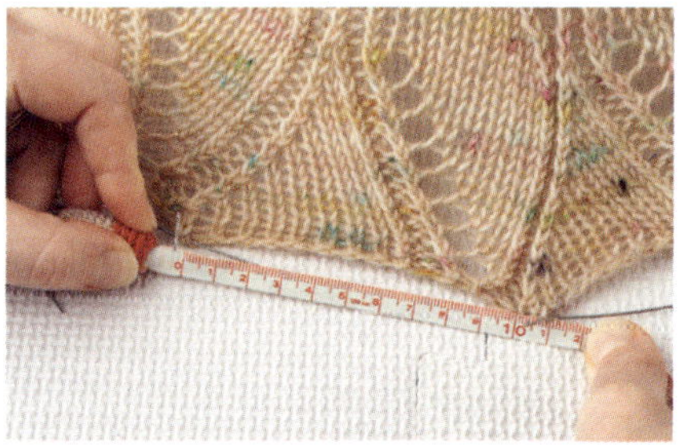

11 Zum Schluss kontrollieren, ob alle Spitzen gleichmäßig fixiert sind. Falls nötig, die Position der Stecknadeln korrigieren.

Es hat so etwas Befriedigendes, eine Strickarbeit zu spannen! Hunters Loopschal Evolve ist das ideale Modell, um diese Technik zu üben.

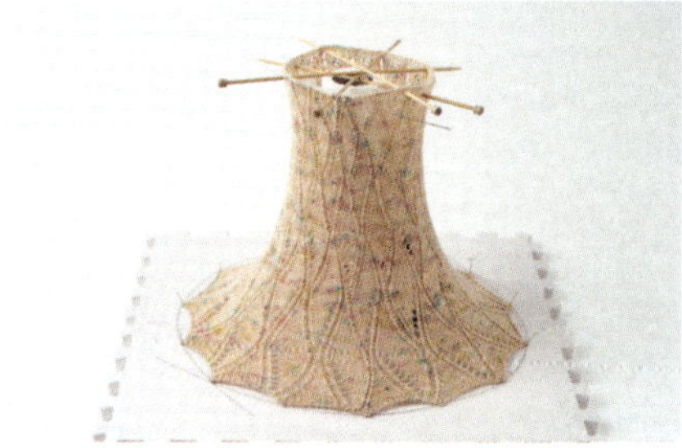

12 Wenn Ihre abgekettete Kante etwas ungleichmäßig ist, können Sie zum Ausgleich zusätzliche Stricknadeln (oder was auch immer Sie verwenden) einfädeln. Wenn das Stück fertig getrocknet ist, entfernen Sie alle Nadeln und Spannfäden und freuen Sie sich über Ihren perfekt gespannten Loop.

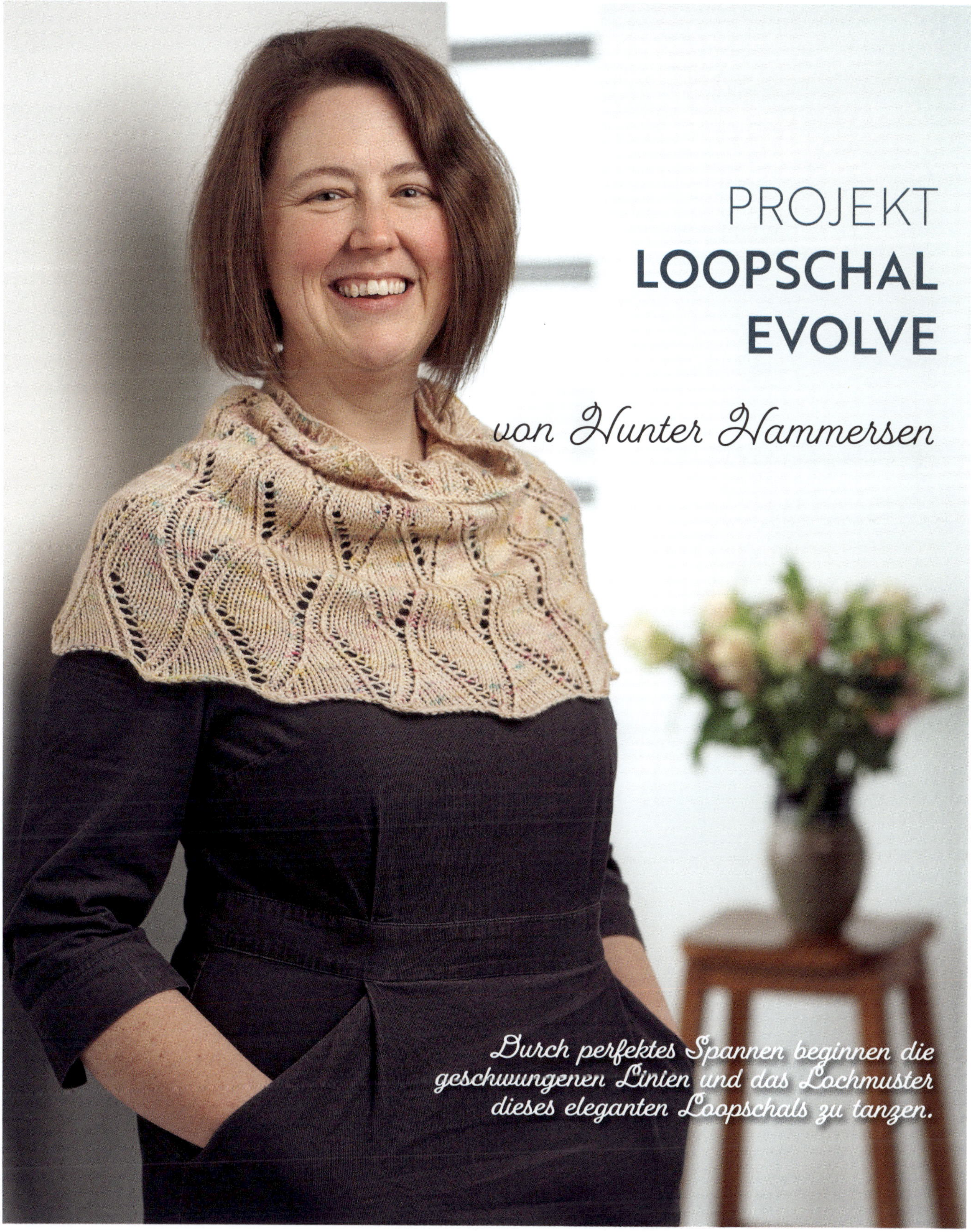

PROJEKT LOOPSCHAL EVOLVE

von Hunter Hammersen

Durch perfektes Spannen beginnen die geschwungenen Linien und das Lochmuster dieses eleganten Loopschals zu tanzen.

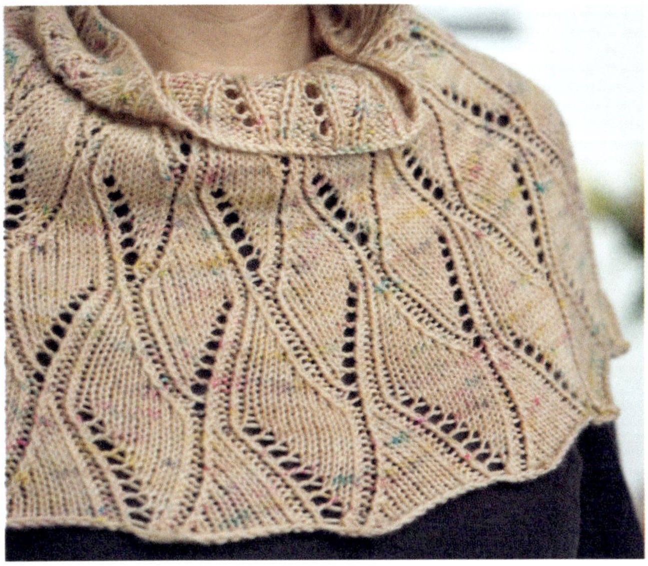

GRÖSSE

S (M, L, XL)
Umfang des Loops an den Schultern: 85,5 (93,5, 101, 109) cm
Umfang des Loops am Hals (kurze Variante): 49 (53,5, 58, 62) cm
Umfang des Loops am Hals (lange Variante): 43 (46,5, 50,5, 54,5) cm
Höhe (kurze Variante): 36 cm
Höhe (lange Variante): 39 cm
Abgebildetes Modell: kurze Variante in Größe XL an Schulterumfang von 99 cm

GARN

Dusty Dimples Dusty DK (100 % Superwash Merino; LL 230 m / 115-g-Strang)
Farbe Rosehall; 2 x 115 g für alle Größen
Alternativer Garnvorschlag: Fyberspates Vivacious DK (100 % Superwash Merino; LL 230 m / 115-g-Strang)
Farbe Shoreline (825); 2 x 115 g für alle Größen

Garnverbrauch

Kurze Variante: 255 (280, 300, 325) m
Lange Variante: 265 (290, 315, 340) m

STRICKNADELN UND ZUBEHÖR

Nadelstärke 4,5 mm oder die Stärke, mit der die Maschenprobe erreicht wird: 1 Rundnadel (Länge 60 cm) oder Ihre Lieblingsnadeln für mittelgroße Runden
Nadelstärke 4,5 mm oder die Stärke, mit der die Maschenprobe erreicht wird: 1 Rundnadel (Länge 40 cm) oder Ihre Lieblingsnadeln für mittelgroße Runden
Maschenmarkierer
Wollnadel
Zubehör zum Spannen: flexible Spanndrähte und rostfreie Stecknadeln, oder 2 wasserfeste zylindrische Gegenstände, z. B. Rohrisolierung (Klempnerbedarf)

MASCHENPROBE

18 M und 25 Rd = 10 x 10 cm (im Lacemuster rundgestrickt, ungedehnt nach dem Waschen und Spannen)
Die Maschenprobe unbedingt erst messen, nachdem sie gewaschen und fest gespannt wurde – sonst könnte Ihnen das Garn ausgehen.

ABKÜRZUNGEN

RGVA Rechts geneigte verschränkte Abnahme: 1 M li abh, die folg. M abh und um 180° gedreht wieder auf die li Nadel heben, die abgeh M zurück auf die li Nadel heben, diese beiden M re zus str (1 M abgenommen)
Ein vollständiges Abkürzungsverzeichnis finden Sie auf S. 110.

SPEZIALTECHNIKEN

Foto-Tutorials für die folgenden Techniken sind in diesem Buch enthalten:
Perfekt Spannen (S. 17-18)

Folgende Video-Tutorials (englischsprachig) finden Sie online unter **www.acTechniks.co.uk/tutorials-1#/confident-knitting:**
Spannen eines Loopschals (Blocking a cowl)
Spannen eines Loopschals mit Spanndrähten und Nadeln (Blocking a cowl with wires und pins)

Anmerkungen zur Anleitung

Dieser Loopschal wird rundgestrickt. Er wird an der weitesten Stelle begonnen und wird im Laufe der Arbeit nach oben hin enger. Die Abnahmen sind geschickt in das Lacemuster integriert, so dass ein fließender Effekt entsteht.

Da das empfohlene Garn handgefärbt ist, sollte stets abwechselnd eine Runde mit dem ersten und eine mit dem zweiten Strang gestrickt werden. Sobald der erste Strang fast zu Ende ist, am Rundenbeginn aufhören, damit zu stricken, und einen Faden zum Vernähen hängen lassen. Nun nur noch mit dem zweiten Strang weiterstricken. So werden kleine Farbunterschiede zwischen den Strängen gut kaschiert.

Die Anleitung ist in vier Größen verfasst, doch wenn Sie sie weiter anpassen möchten, können Sie wie folgt vorgehen: Um einen weiteren oder engeren Schulterumfang zu erhalten, kann eine durch 14 teilbare Maschenzahl hinzugefügt oder abgezogen werden. Der Loopschal kann auch kürzer gearbeitet werden, indem er schon in der 80. statt in der 90. oder 98. Runde beendet wird. Dadurch entfällt die letzte Wiederholung des Musters. Umfang und Höhe können zudem durch die Auswahl einer anderen Nadelstärke oder eines anderen Garns verändert werden (abweichend von der Maschenprobe). Dabei sollten Sie sicher sein, dass Ihnen das gestrickte Ergebnis gefällt und Sie genügend Garn dafür haben.

Bei der Anleitung können Sie zwischen Textform und Strickschriften wählen.

ANMERKUNG ZUR STRICKSCHRIFT

Der Loopschal wird rundgestrickt, daher werden alle Reihen der Strickschriften von rechts nach links gelesen.

LOOPSCHAL

1 MASCHENANSCHLAG UND LACEMUSTER – ANLEITUNG MIT STRICKSCHRIFT

Mit Ihrer Lieblingsmethode für einen elastischen Anschlag (hier abgebildet der Kreuzanschlag) 154 (168, 182, 196) M anschl. Zur Rd schließen, dabei aufpassen, dass die M sich nicht verdrehen. MMs für Rd-Beginn.

Mustereinteilung gemäß Strickschrift A:
1. Rd: Von re nach li gelesen die 1. R von Strickschrift A 11- (12-, 13-, 14-)mal str. Weiter nach Strickschrift A arb, bis die 52. Rd der Strickschrift fertig ist; dabei M abnehmen wie angegeben. 22 (24, 26, 28) M abgen; 132 (144, 156, 168) M verbl.

Mustereinteilung nach Strickschrift B:
53. Rd: Von re nach li gelesen die 1. R von Strickschrift B 11- (12-, 13-, 14-)mal str. Weiter nach Strickschrift B arb, bis die 90. Rd der Strickschrift fertig ist; dabei M abnehmen wie angegeben und wenn nötig zu einer kürzeren Nadel wechseln. 44 (48, 52, 56) M abgen; 88 (96, 104, 112) M verbl.

Kurze Variante
Weiter mit Schritt 3.

Lange Variante
Die 91.-98. Rd 11- (12-, 13-, 14-)mal str. 11 (12, 13, 14) M abgen; 77 (84, 91, 98) M verbl. Weiter mit Schritt 3.

Strickschrift A

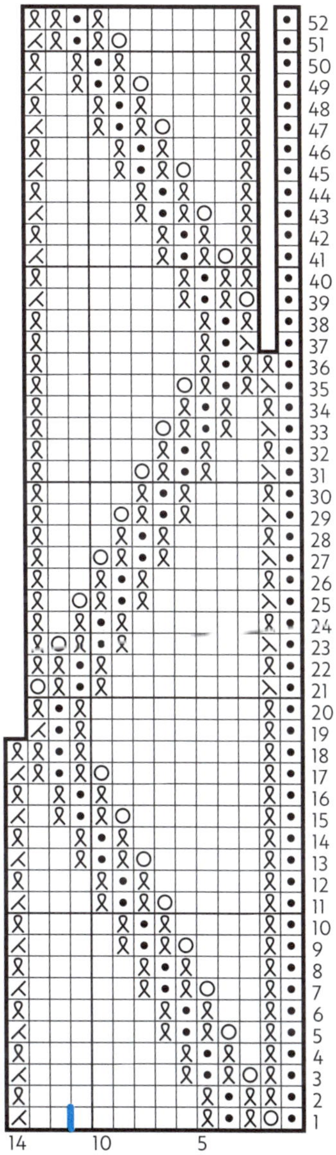

Strickschrift B

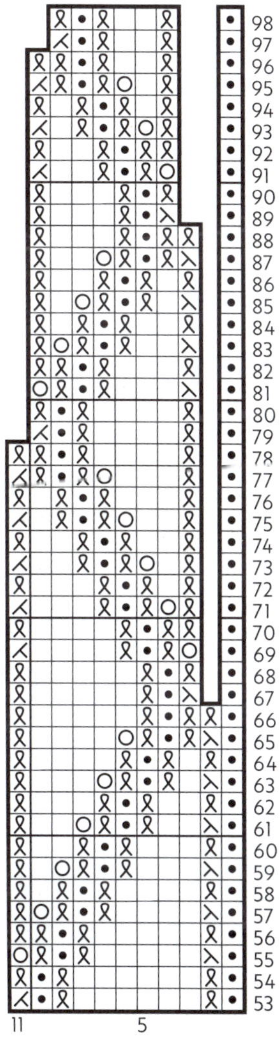

Legende

- Re M
- Li M
- 1 M re verschr
- 2 M re verschr zus
- RGVA – Rechts geneigte rechts verschränkte Abnahme: 1 M li abh, die folg. M im Uhrzeigersinn um 180° drehen, abgeh M zurück auf li Nadel heben, 2 M re zus
- Umschlag
- Empfohlene Position zum Einfädeln der Drähte beim Spannen

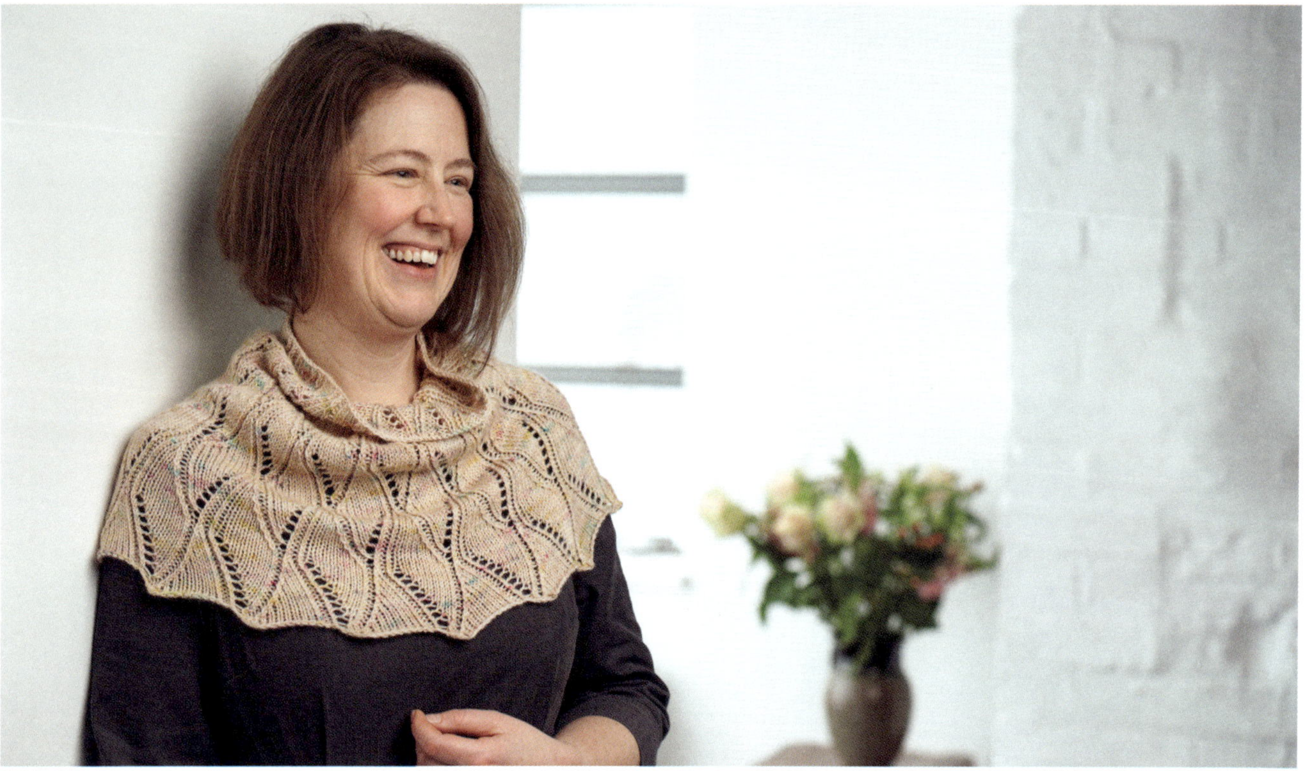

2 MASCHENANSCHLAG UND LACEMUSTER – TEXTANLEITUNG
154 (168, 182, 196) M elastisch anschl (hier abgebildet der Kreuzanschlag). Zur Rd schließen, aufpassen, dass die M sich nicht verdrehen. MMs für Rd-Beginn.

1. Rd: *1 M li, U, 1 M re verschr, 1 M li, 1 M re verschr, 8 M re, RGVA; ab * fortl. wh.

2. Rd: *1 M li, 2-mal [1 M re verschr], 1 M li, 1 M re verschr, 8 M re, 1 M re verschr; ab * fortl. wh.

3. Rd: *1 M li, 1 M re verschr, U, 1 M re verschr, 1 M li, 1 M re verschr, 7 M re, RGVA; ab * fortl. wh.

4. Rd: *1 M li, 1 M re verschr, 1 M re, 1 M re verschr, 1 M li, 1 M re verschr, 7 M re, 1 M re verschr; ab * fortl wh.

5. Rd: *1 M li, 1 M re verschr, 1 M re, U, 1 M re verschr, 1 M li, 1 M re verschr, 6 M re, RGVA; ab * fortl. wh.

6. Rd: *1 M li, 1 M re verschr, 2 M re, 1 M re verschr, 1 M li, 1 M re verschr, 6 M re, 1 M re verschr; ab * fortl. wh.

7. Rd: *1 M li, 1 M re verschr, 2 M re, U, 1 M re verschr, 1 M li, 1 M re verschr, 5 M re, RGVA; ab * fortl. wh.

8. Rd: *1 M li, 1 M re verschr, 3 M re, 1 M re verschr, 1 M li, 1 M re verschr, 5 M re, 1 M re verschr; ab * fortl. wh.

9. Rd: *1 M li, 1 M re verschr, 3 M re, U, 1 M re verschr, 1 M li, 1 M re verschr, 4 M re, RGVA; ab * fortl. wh.

10. Rd: *1 M li, 1 M re verschr, 4 M re, 1 M re verschr, 1 M li, 1 M re verschr, 4 M re, 1 M re verschr; ab * fortl. wh.

11. Rd: 1 M li, 1 M re verschr, 4 M re, U, 1 M re verschr, 1 M li 1 M re verschr, 3 M re, RGVA; ab * fortl. wh.

12. Rd: *1 M li, 1 M re verschr, 5 M re, 1 M re verschr, 1 M li, 1 M re verschr, 3 M re, 1 M re verschr; ab * fortl. wh.

13. Rd: *1 M li, 1 M re verschr, 5 M re, U, 1 M re verschr, 1 M li, 1 M re verschr, 2 M re, RGVA; ab * fortl. wh.

14. Rd: *1 M li, 1 M re verschr, 6 M re, 1 M re verschr, 1 M li, 1 M re verschr, 2 M re, 1 M re verschr; ab * fortl. wh.

15. Rd: *1 M li, 1 M re verschr, 6 M re, U, 1 M re verschr, 1 M li, 1 M re verschr, 1 M re, RGVA; ab * fortl. wh.

16. Rd: *1 M li, 1 M re verschr, 7 M re, 1 M re verschr, 1 M li, 1 M re verschr, 1 M re, 1 M re verschr; ab * fortl. wh.

17. Rd: *1 M li, 1 M re verschr, 7 M re, U, 1 M re verschr, 1 M li, 1 M re verschr, RGVA; ab * fortl. wh.

18. Rd: *1 M li, 1 M re verschr, 8 M re, 1 M re verschr, 1 M li, 2-mal [1 M re verschr]; ab * fortl. wh.

19. Rd (Abn): *1 M li, 1 M re verschr, 8 M re, 1 M re verschr, 1 M li, RGVA; ab * fortl. wh. 11 (12, 13, 14) M abgen; 143 (156, 169, 182) M verbl.

20. Rd: *1 M li, 1 M re verschr, 8 M re, 1 M re verschr, 1 M li, 1 M re verschr; ab * fortl. wh.

21. Rd: *1 M li, 2 M re verschr zus, 7 M re, 1 M re verschr, 1 M li, 1 M re verschr, U; ab * fortl. wh.

22. Rd: *1 M li, 1 M re verschr, 7 M re, 1 M re verschr, 1 M li, 2-mal [1 M re verschr]; ab * fortl. wh.

23. Rd: *1 M li, 2 M re verschr zus, 6 M re, 1 M re verschr, 1 M li, 1 M re verschr, U, 1 M re verschr; ab * fortl. wh.

24. Rd: *1 M li, 1 M re verschr, 6 M re, 1 M re verschr, 1 M li, 1 M re verschr, 1 M re, 1 M re verschr; ab * fortl. wh.

25. Rd: *1 M li, 2 M re verschr zus, 5 M re, 1 M re verschr, 1 M li, 1 M re verschr, U, 1 M re, 1 M re verschr; ab * fortl. wh.

26. Rd: *1 M li, 1 M re verschr, 5 M re, 1 M re verschr, 1 M li, 1 M re verschr, 2 M re, 1 M re verschr; ab * fortl. wh.

27. Rd: *1 M li, 2 M re verschr zus, 4 M re, 1 M re verschr, 1 M li, 1 M re verschr, U, 2 M re, 1 M re verschr; ab * fortl. wh.
28. Rd: *1 M li, 1 M re verschr, 4 M re, 1 M re verschr, 1 M li, 1 M re verschr, 3 M re, 1 M re verschr; ab * fortl. wh.
29. Rd: *1 M li, 2 M re verschr zus, 3 M re, 1 M re verschr, 1 M li, 1 M re verschr, U, 3 M re, 1 M re verschr; ab * fortl. wh.
30. Rd: *1 M li, 1 M re verschr, 3 M re, 1 M re verschr, 1 M li, 1 M re verschr, 4 M re, 1 M re verschr; ab * fortl. wh.
31. Rd: *1 M li, 2 M re verschr zus, 2 M re, 1 M re verschr, 1 M li, 1 M re verschr, U, 4 M re, 1 M re verschr; ab * fortl. wh.
32. Rd: *1 M li, 1 M re verschr, 2 M re, 1 M re verschr, 1 M li, 1 M re verschr, 5 M re, 1 M re verschr; ab * fortl. wh.
33. Rd: *1 M li, 2 M re verschr zus, 1 M re, 1 M re verschr, 1 M li, 1 M re verschr, U, 5 M re, 1 M re verschr; ab * fortl. wh.
34. Rd: *1 M li, 1 M re verschr, 1 M re, 1 M re verschr, 1 M li, 1 M re verschr, 6 M re, 1 M re verschr; ab * fortl. wh.
35. Rd: *1 M li, 2 M re verschr zus, 1 M re verschr, 1 M li, 1 M re verschr, U, 6 M re, 1 M re verschr; ab * fortl. wh.
36. Rd: *1 M li, 2-mal [1 M re verschr], 1 M li, 1 M re verschr, 7 M re, 1 M re verschr; ab * fortl. wh.
37. Rd (Abn): *1 M li, 2 M re verschr zus, 1 M li, 1 M re verschr, 7 M re, 1 M re verschr; ab * fortl. wh. 11 (12, 13, 14) M abgen; 132 (144, 156, 168) M verbl.
38. Rd: *2-mal [1 M li, 1 M re verschr], 7 M re, 1 M re verschr; ab * fortl. wh.
39. Rd: *1 M li, U, 1 M re verschr, 1 M li, 1 M re verschr, 6 M re, RGVA; ab * fortl. wh.
40. Rd: *1 M li, 2-mal [1 M re verschr], 1 M li, 1 M re verschr, 6 M re, 1 M re verschr; ab * fortl. wh.
41. Rd: *1 M li, 1 M re verschr, U, 1 M re verschr, 1 M li, 1 M re verschr, 5 M re, RGVA; ab * fortl. wh.
42. Rd: *1 M li, 1 M re verschr, 1 M re, 1 M re verschr, 1 M li, 1 M re verschr, 5 M re, 1 M re verschr; ab * fortl. wh.
43. Rd: *1 M li, 1 M re verschr, 1 M re, U, 1 M re verschr, 1 M li, 1 M re verschr, 4 M re, RGVA; ab * fortl. wh.
44. Rd: *1 M li, 1 M re verschr, 2 M re, 1 M re verschr, 1 M li, 1 M re verschr, 4 M re, 1 M re verschr; ab * fortl. wh.
45. Rd: *1 M li, 1 M re verschr, 2 M re, U, 1 M re verschr, 1 M li, 1 M re verschr, 3 M re, RGVA; ab * fortl. wh.
46. Rd: *1 M li, 1 M re verschr, 3 M re, 1 M re verschr, 1 M li, 1 M re verschr, 3 M re, 1 M re verschr; ab * fortl. wh.
47. Rd: *1 M li, 1 M re verschr, 3 M re, U, 1 M re verschr, 1 M li, 1 M re verschr, 2 M re, RGVA; ab * fortl. wh.
48. Rd: *1 M li, 1 M re verschr, 4 M re, 1 M re verschr, 1 M li, 1 M re verschr, 2 M re, 1 M re verschr; ab * fortl. wh.
49. Rd: *1 M li, 1 M re verschr, 4 M re, U, 1 M re verschr, 1 M li, 1 M re verschr, 1 M re, RGVA; ab * fortl. wh.
50. Rd: *1 M li, 1 M re verschr, 5 M re, 1 M re verschr, 1 M li, 1 M re verschr, 1 M re, 1 M re verschr; ab * fortl. wh.
51. Rd: *1 M li, 1 M re verschr, 5 M re, U, 1 M re verschr, 1 M li, 1 M re verschr, RGVA; ab * fortl. wh.
52. Rd: *1 M li, 1 M re verschr, 6 M re, 1 M re verschr, 1 M li, 2-mal [1 M re verschr]; ab * fortl. wh.

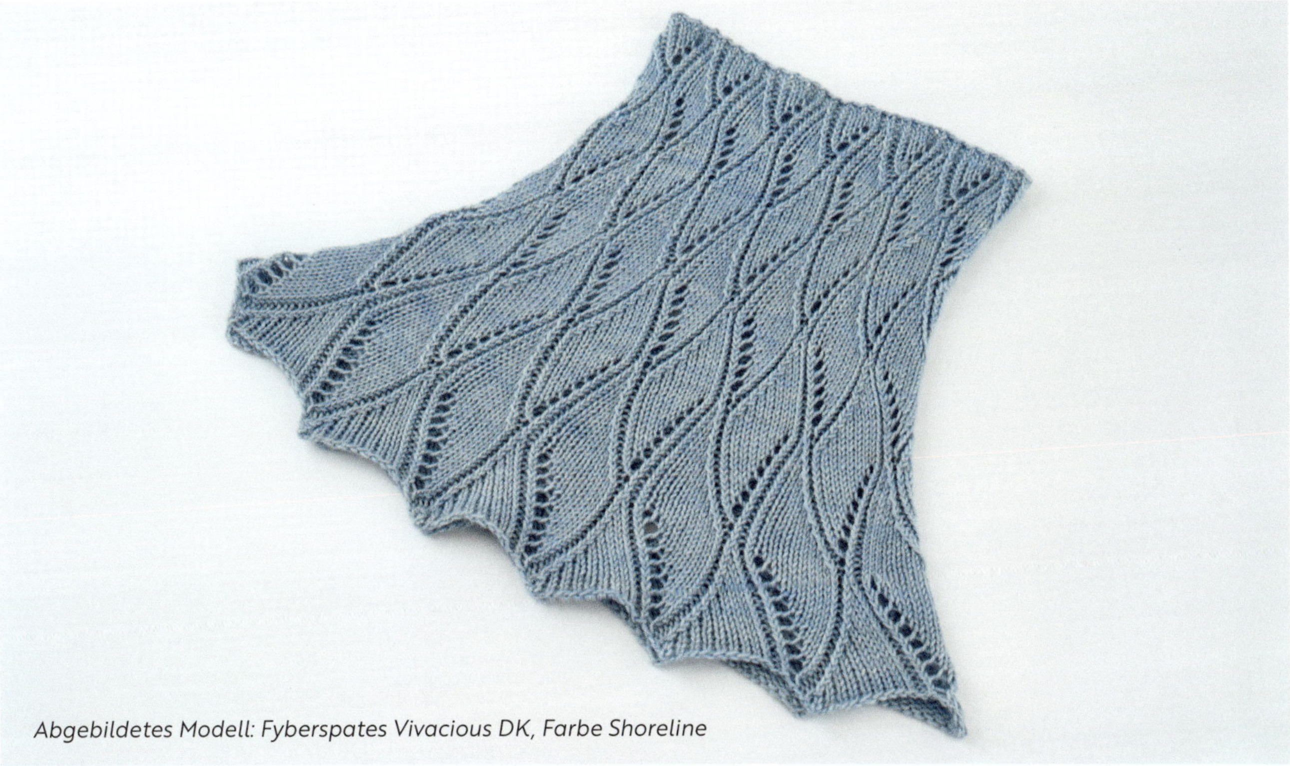

Abgebildetes Modell: Fyberspates Vivacious DK, Farbe Shoreline

Für die folgende Partie ggf zu kürzeren Nadeln wechseln.
53. Rd (Abn): *1 M li, 1 M re verschr, 6 M re, 1 M re verschr, 1 M li, RGVA; ab * fortl. wh. 11 (12, 13, 14) M abgen; 121 (132, 143, 154) M verbl.
54. Rd: *1 M li, 1 M re verschr, 6 M re, 1 M re verschr, 1 M li, 1 M re verschr; ab * fortl. wh.
55. Rd: *1 M li, 2 M re verschr zus, 5 M re, 1 M re verschr, 1 M li, 1 M re verschr, U; ab * fortl. wh.
56. Rd: *1 M li, 1 M re verschr, 5 M re, 1 M re verschr, 1 M li, 2-mal [1 M re verschr]; ab * fortl. wh.
57. Rd: *1 M li, 2 M re verschr zus, 4 M re, 1 M re verschr, 1 M li, 1 M re verschr, U, 1 M re verschr; ab * fortl. wh.
58. Rd: *1 M li, 1 M re verschr, 4 M re, 1 M re verschr, 1 M li, 1 M re verschr, 1 M re, 1 M re verschr; ab * fortl. wh.
59. Rd: *1 M li, 2 M re verschr zus, 3 M re, 1 M re verschr, 1 M li, 1 M re verschr, U, 1 M re, 1 M re verschr; ab * fortl. wh.
60. Rd: *1 M li, 1 M re verschr, 3 M re, 1 M re verschr, 1 M li, 1 M re verschr, 2 M re, 1 M re verschr; ab * fortl. wh.
61. Rd: *1 M li, 2 M re verschr zus, 2 M re, 1 M re verschr, 1 M li, 1 M re verschr, U, 2 M re, 1 M re verschr; ab * fortl. wh.
62. Rd: *1 M li, 1 M re verschr, 2 M re, 1 M re verschr, 1 M li, 1 M re verschr, 3 M re, 1 M re verschr; ab * fortl. wh.
63. Rd: *1 M li, 2 M re verschr zus, 1 M re, 1 M re verschr, 1 M li, 1 M re verschr, U, 3 M re, 1 M re verschr; ab * fortl. wh.
64. Rd: *1 M li, 1 M re verschr, 1 M re, 1 M re verschr, 1 M li, 1 M re verschr, 4 M re, 1 M re verschr; ab * fortl. wh.
65. Rd: *1 M li, 2 M re verschr zus, 1 M re verschr, 1 M li, 1 M re verschr, U, 4 M re, 1 M re verschr; ab * fortl. wh.
66. Rd: *1 M li, 2-mal [1 M re verschr], 1 M li, 1 M re verschr, 5 M re, 1 M re verschr; ab * fortl. wh.
67. Rd (Abn): *1 M li, 2 M re verschr zus, 1 M li, 1 M re verschr, 5 M re, 1 M re verschr; ab * fortl. wh. 11 (12, 13, 14) M abgen; 110 (120, 130, 140) M verbl.
68. Rd: *2-mal [1 M li, 1 M re verschr], 5 M re, 1 M re verschr; ab * fortl. wh.
69. Rd: *1 M li, U, 1 M re verschr, 1 M li, 1 M re verschr, 4 M re, RGVA; ab * fortl. wh.
70. Rd: *1 M li, 2-mal [1 M re verschr], 1 M li, 1 M re verschr, 4 M re, 1 M re verschr; ab * fortl. wh.
71. Rd: *1 M li, 1 M re verschr, U, 1 M re verschr, 1 M li, 1 M re verschr, 3 M re, RGVA; ab * fortl. wh.
72. Rd: *1 M li, 1 M re verschr, 1 M re, 1 M re verschr, 1 M li, 1 M re verschr, 3 M re, 1 M re verschr; ab * fortl. wh.
73. Rd: *1 M li, 1 M re verschr, 1 M re, U, 1 M re verschr, 1 M li, 1 M re verschr, 2 M re, RGVA; ab * fortl. wh.
74. Rd: *1 M li, 1 M re verschr, 2 M re, 1 M re verschr, 1 M li, 1 M re verschr, 2 M re, 1 M re verschr; ab * fortl. wh.
75. Rd: *1 M li, 1 M re verschr, 2 M re, U, 1 M re verschr, 1 M li, 1 M re verschr, 1 M re, RGVA; ab * fortl. wh.
76. Rd: *1 M li, 1 M re verschr, 3 M re, 1 M re verschr, 1 M li, 1 M re verschr, 1 M re, 1 M re verschr; ab * fortl. wh.
77. Rd: *1 M li, 1 M re verschr, 3 M re, U, 1 M re verschr, 1 M li, 1 M re verschr, RGVA; ab * fortl. wh.
78. Rd: *1 M li, 1 M re verschr, 4 M re, 1 M re verschr, 1 M li, 2-mal [1 M re verschr]; ab *fortl. wh.
79. Rd (Abn): *1 M li, 1 M re verschr, 4 M re, 1 M re verschr, 1 M li, RGVA; ab * fortl. wh. 11 (12, 13, 14) M abgen; 99 (108, 117, 126) M verbl.
80. Rd: *1 M li, 1 M re verschr, 4 M re, 1 M re verschr, 1 M li, 1 M re verschr; ab * fortl. wh.
81. Rd: *1 M li, 2 M re verschr zus, 3 M re, 1 M re verschr, 1 M li, 1 M re verschr, U; ab * fortl. wh.
82. Rd: *1 M li, 1 M re verschr, 3 M re, 1 M re verschr, 1 M li, 2-mal [1 M re verschr]; ab * fortl. wh.
83. Rd: *1 M li, 2 M re verschr zus, 2 M re, 1 M re verschr, 1 M li, 1 M re verschr, U, 1 M re verschr; ab * fortl. wh.
84. Rd: *1 M li, 1 M re verschr, 2 M re, 1 M re verschr, 1 M li, 1 M re verschr, 1 M re, 1 M re verschr; ab * fortl. wh.
85. Rd: *1 M li, 2 M re verschr zus, 1 M re, 1 M re verschr, 1 M li, 1 M re verschr, U, 1 M re, 1 M re verschr; ab * fortl. wh.
86. Rd: *1 M li, 1 M re verschr, 1 M re, 1 M re verschr, 1 M li, 1 M re verschr, 2 M re, 1 M re verschr; ab * fortl. wh.
87. Rd: *1 M li, 2 M re verschr zus, 1 M re verschr, 1 M li, 1 M re verschr, U, 2 M re, 1 M re verschr; ab * fortl. wh.
88. Rd: *1 M li, 2-mal [1 M re verschr], 1 M li, 1 M re verschr, 3 M re, 1 M re verschr; ab * fortl. wh.
89. Rd (Abn): *1 M li, 2 M re verschr zus, 1 M li, 1 M re verschr, 3 M re, 1 M re verschr; ab * fortl. wh. 11 (12, 13, 14) M abgen; 88 (96, 104, 112) M verbl.
90. Rd: *2-mal [1 M li, 1 M re verschr], 3 M re, 1 M re verschr; ab * fortl. wh.

Kurze Variante
Weiter mit Schritt 3.

Lange Variante
91. Rd: *1 M li, U, 1 M re verschr, 1 M li, 1 M re verschr, 2 M re, RGVA; ab * fortl. wh.
92. Rd: *1 M li, 2-mal [1 M re verschr], 1 M li, 1 M re verschr, 2 M re, 1 M re verschr; ab * fortl. wh.
93. Rd: *1 M li, 1 M re verschr, U, 1 M re verschr, 1 M li, 1 M re verschr, 1 M re RGVA; ab * fortl. wh.
94. Rd: *1 M li, 1 M re verschr, 1 M re, 1 M re verschr, 1 M li, 1 M re verschr, 1 M re, 1 M re verschr; ab * fortl. wh.
95. Rd: *1 M li, 1 M re verschr, 1 M re, U, 1 M re verschr, 1 M li, 1 M re verschr, RGVA; ab * fortl. wh.
96. Rd: *1 M li, 1 M re verschr, 2 M re, 1 M re verschr, 1 M li, 2-mal[1 M re verschr]; ab * fortl. wh.
97. Rd (Abn): *1 M li, 1 M re verschr, 2 M re, 1 M re verschr, 1 M li, RGVA; ab * fortl. wh. 11 (12, 13, 14) M abgen; 77 (84, 91, 98) M verbl.
98. Rd: *1 M li, 1 M re verschr, 2 M re, 1 M re verschr, 1 M li, 1 M re verschr; ab * fortl. wh.

Weiter mit Schritt 3.

3 ABKETTEN UND FERTIGSTELLUNG
Alle M locker abketten. Alle Fäden vernähen, aber nicht abschneiden.

Den Loopschal nach der Anleitung auf S. 17-18 auf die gewünschten Maße spannen.
Nach dem Trocknen die Fadenenden abschneiden.

TECHNIK
SPANNFÄDEN EINWEBEN

Das Geheimnis gleichmäßig gearbeiteter Jacquardmuster (Einstrickmuster) liegt in den Spannfäden. Dies sind die Fäden, die auf der Rückseite der Arbeit verlaufen – die gerade nicht benötigte Farbe wird auf diese Weise mitgeführt, bis sie wieder gebraucht wird.

Wenn die Spannfäden zu straff sind (1), wellt sich die Strickarbeit. Sind sie zu locker (2), bleiben Sie beim Tragen darin hängen und verziehen das Maschenbild. Wenn die Fäden genau richtig gespannt sind (3), liegen sie flach auf der Rückseite auf, und die Vorderseite des Strickstücks ist glatt.

Wenn Sie ein Jacquardmuster arbeiten, bei dem jede Farbe bis zum nächsten Farbwechsel immer nur über wenige Maschen gestrickt wird, kann das nicht benutzte Garn einfach frei auf der Rückseite mitgeführt werden. Bei manchen Mustern wird das Garn jedoch über eine größere Maschenzahl mitgeführt, und es stellt sich die Frage: Wie viele Maschen kann ich stricken, bevor ich meinen Spannfaden auf der Rückseite einwebe? Neben persönlichen Vorlieben spielen hier ganz praktische Gründe eine Rolle.

Wenn ich zum Beispiel Fäustlinge für ein kleines Kind (mit kleinen Fingern) stricke, würde ich die Spannfäden regelmäßig einweben. So vermeidet man jegliche Schlaufen, in denen die Fingerchen hängen bleiben könnten. An einer Kissenhülle dagegen, deren Rückseite nur sehr selten angefasst wird, würde ich die Spannfäden viel länger lassen, da dadurch das Maschenbild gleichmäßiger wird.

Meine Faustregel (Sie mögen anders empfinden!) ist, dass ich bei einem dünnen, faserigen Schurwollgarn und einem Modell, bei dem die Rückseite nicht exponiert ist, die Fäden ohne Weiteres über 8 oder 9 Maschen mitführe, ohne sie einzuweben. Wird die Rückseite jedoch ständig beansprucht wie bei Janette Budges Variance-Mütze, würde ich Spannfäden einweben, die über 6-7 Maschen oder länger reichen. Je rauer und griffiger ein Garn ist, desto weiter führe ich es mit (da die Arbeit an der Rückseite leicht verfilzt und dadurch keine Schlaufen bildet). Und je dünner das Garn, über desto mehr Maschen führe ich die Fäden ohne Einweben mit. Das liegt einfach an der Maschengröße: Dickeres Garn bedeutet größere Maschen und damit längere Spannfäden.

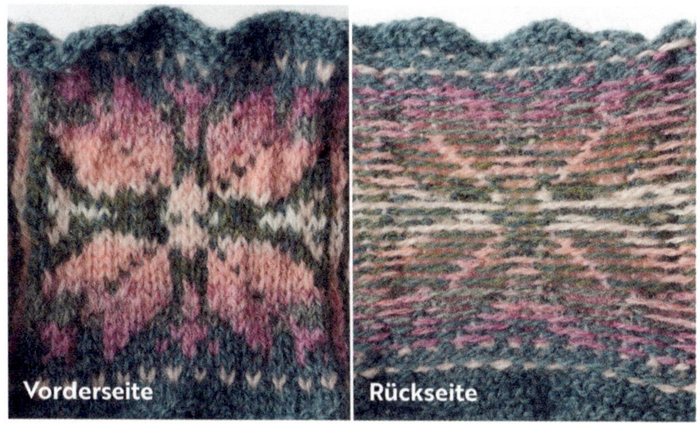

1 Spannfäden zu fest.

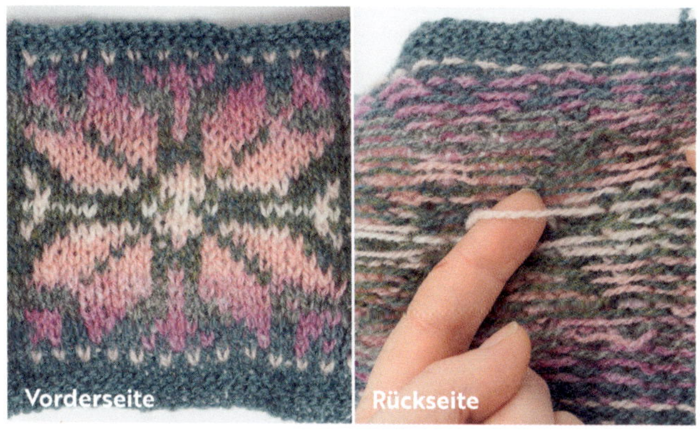

2 Spannfäden zu locker.

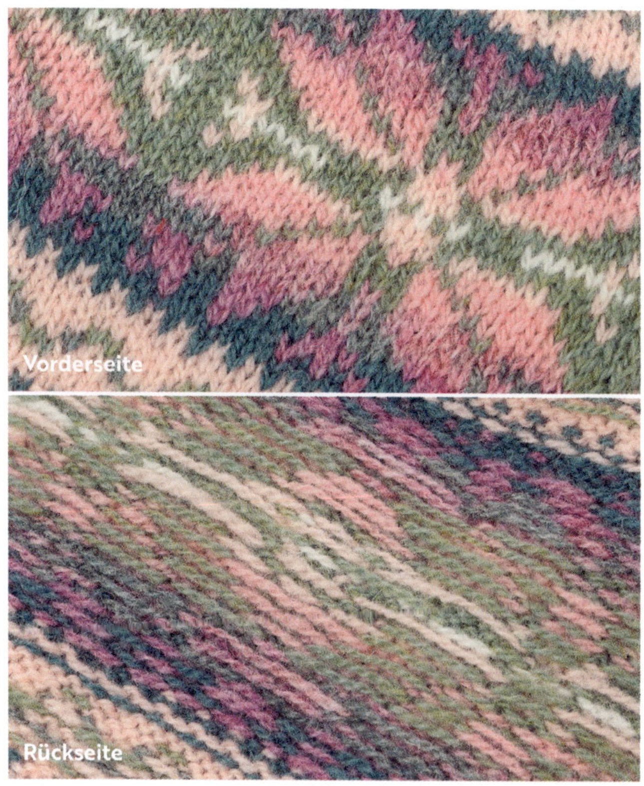

3 Spannfäden korrekt.

MÜTZE VARIANCE – ZWEI RAPPORTE DER STRICKSCHRIFT C

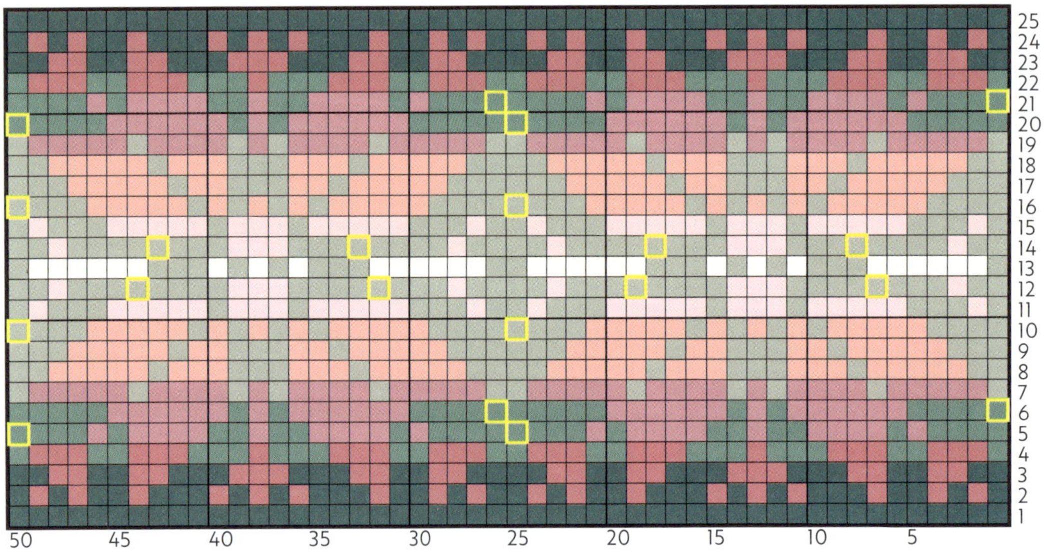

ZEICHENERKLÄRUNG

- Farbe A (101); re M
- Farbe B (95); re M
- Farbe C (1283); re M
- Farbe D (FC22); re M
- Farbe E (1A); re M
- Farbe F (141); re M
- Farbe G (FC62); re M
- Farbe H (FC24); re M
- Empfohlene Stellen zum Einweben der Fäden

Je länger die Spannfäden sind, desto schwieriger ist es, durchgehend eine schön gleichmäßige Fadenspannung durchzuhalten. Hier kann es helfen, das Garn hinter einer Masche einzuweben, um einen langen Spannfaden zu unterteilen. Besonders lange Spannfäden einer Farbe können auch mehrfach eingewebt werden.

In Janettes wunderschöner Variance-Mütze wird in der 5. Reihe der Strickschrift C die Hintergrundfarbe über 8 Maschen mitgeführt (4 Maschen am Anfang des Rapports und weitere 4 am Ende). Daher würde ich empfehlen, sie immer an der 4. Masche (= letzte Masche des Rapports) einzuweben.

Versuchen Sie zu vermeiden, das Garn an derselben Masche einzuweben wie in der Vorrunde, da dies die Gefahr erhöht, dass die falsche Farbe durchschimmert (4). In der 6. Reihe der Strickschrift C wird Farbe F über 10 Maschen gespannt (je 5 am Anfang und Ende des Rapports). Hier sollten Sie den Faden an der 6. Masche (= 1. Masche des Rapports) einweben, also nicht an derselben Masche wie in der Vorrunde.

Die abgebildete Version der Strickschrift C (s. o.) zeigt zwei Musterrapporte, damit die Partien mit den längeren Spannfäden besser zu erkennen sind. Die markierten Positionen zum Einweben der Fäden sind so gewählt, dass das Einweben in zwei aufeinander folgenden Runden nicht in derselben Maschensäule erfolgt.

Mit einiger Übung im Jacquardstricken werden Sie herausfinden, welcher Rhythmus zum Einweben (oder Nicht-Einweben!) der Spannfäden für Sie am besten ist. In den folgenden Tutorials wird erklärt, wie man Spannfäden hinter dem Arbeitsgarn einwebt, ohne den Strickfluss zu unterbrechen.

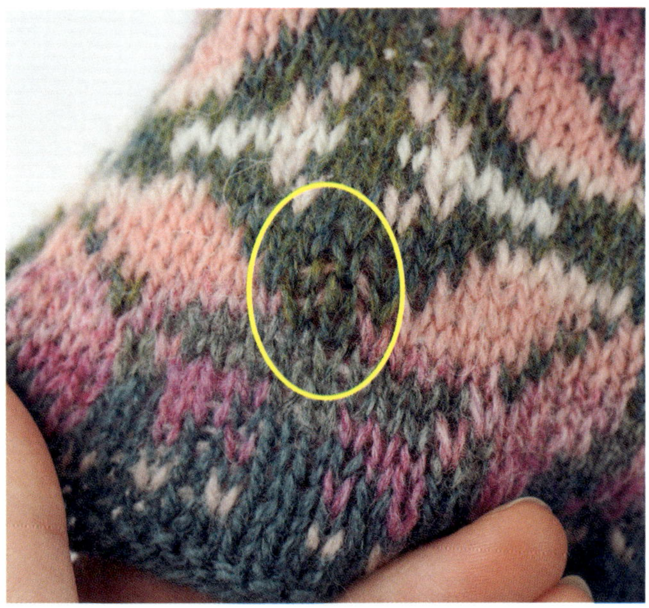

4 Falsche Farbe schimmert durch.

FADENFÜHRUNG BEIM JACQUARDSTRICKEN

Es empfiehlt sich, beim Jacquardstricken die Fäden stets auf dieselbe Weise zu führen, um eine gleichmäßige Fadenspannung zu erreichen. Video-Tutorials dazu (englischsprachig) finden Sie online unter **www.acTechniks.co.uk/tutorials-1#/confident-knitting.**

Die folgenden Tutorials zeigen zwei Möglichkeiten zum Einweben: mit beiden Fäden rechts geführt und mit je einem Faden von je einer Hand geführt.

Bei beiden Methoden bleiben die Fäden gleichmäßig gespannt, ohne Schlaufen zu bilden.

In allen folgenden Tutorials ist das grüne Garn die Hintergrundfarbe, das rosa Garn die Musterfarbe.

A. d. Ü.: Ferner gibt es die in Deutschlund gängige »kontinentale« Strickweise, bei der beide Fäden links geführt werden – die Hintergrundfarbe oben, die Musterfarbe unten (siehe Masterclass Stricken 1, *S. 103 und Video-Tutorial Catching colourwork floats:* **www.acTechniks.co.uk/tutorials-1#/confident-knitting.***)*

BEIDE FÄDEN RECHTS GEFÜHRT: EINWEBEN DER MUSTERFARBE HINTER DER HINTERGRUNDFARBE

Die Hintergrundfarbe liegt auf dem Zeigefinger, die Musterfarbe auf dem Mittelfinger.

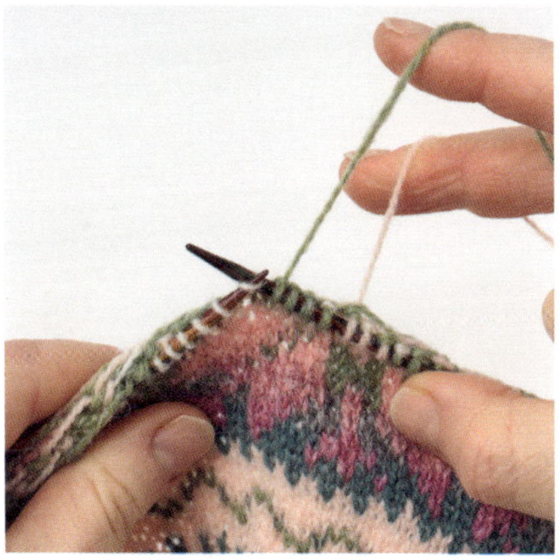

1 Etwa die Hälfte der M der Hintergrundfarbe (auf dem Zeigefinger) stricken. Mit der rechten Nadel in die folgende M einstechen.

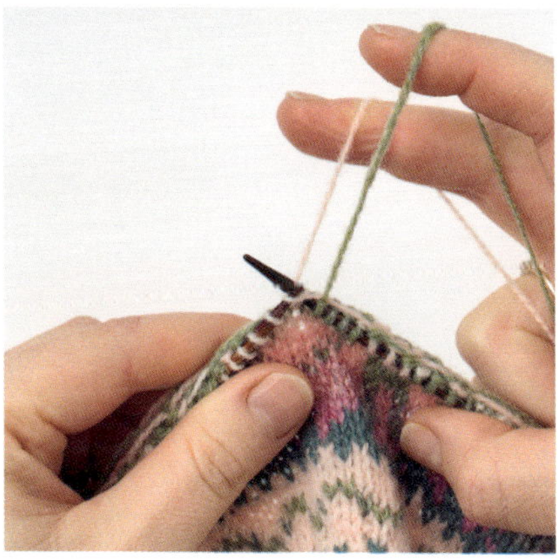

2 Das nicht benutzte Garn (Musterfarbe) über die rechte Nadelspitze und wieder darunter hindurchführen.

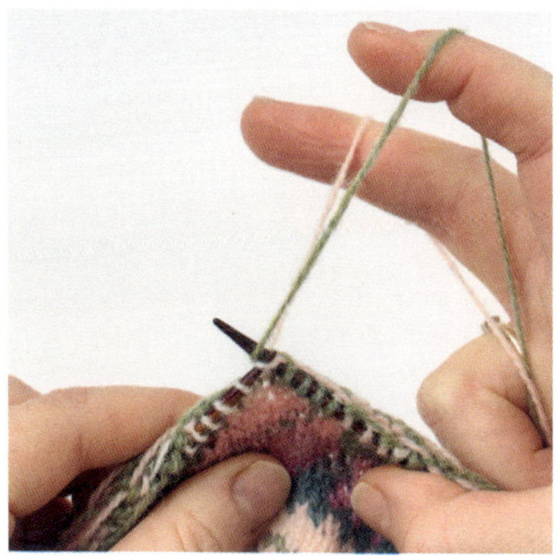

3 Die Hintergrundfarbe um die rechte Nadelspitze schlingen wie zum normalen Stricken.

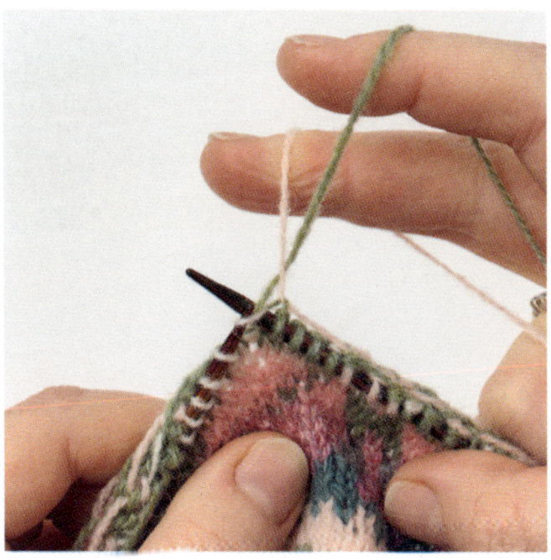

4 Die Musterfarbe wieder zurück über die rechte Nadelspitze führen (also quasi wieder abwickeln). Man sieht, dass sie nun hinter der Hintergrundfarbe eingewebt ist.

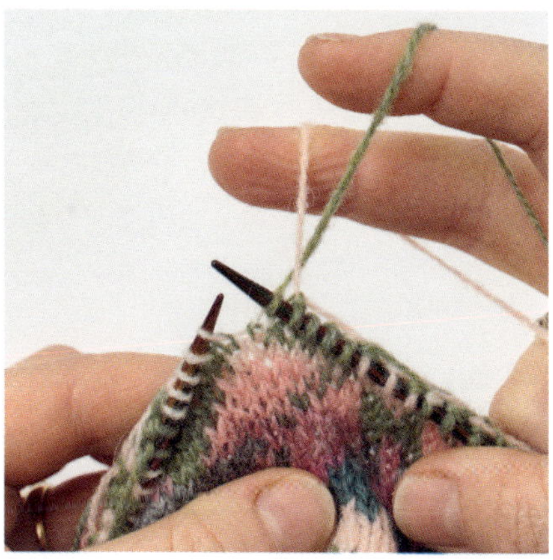

5 Die M in der Hintergrundfarbe zu Ende stricken. Wie Sie sehen, ist die Musterfarbe zwischen der 4. und 5. M eingewebt.

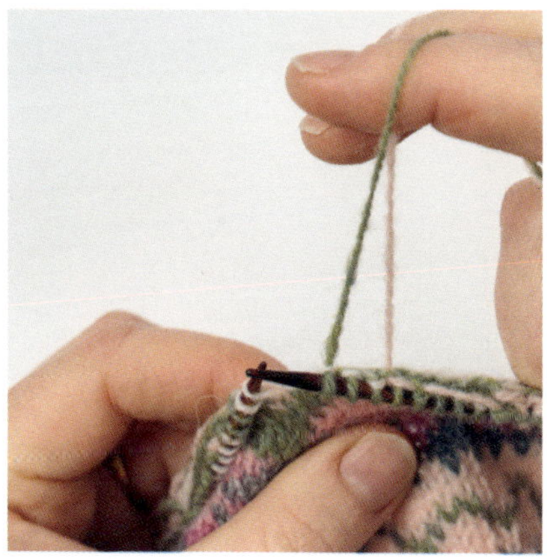

6 Weiter im Muster stricken. Der Spannfaden der Musterfarbe ist auf der Rückseite eingewebt, ohne dass die Fäden in irgendeiner Weise durcheinander geraten sind.

BEIDE FÄDEN RECHTS GEFÜHRT: EINWEBEN DER HINTERGRUNDFARBE HINTER DER MUSTERFARBE

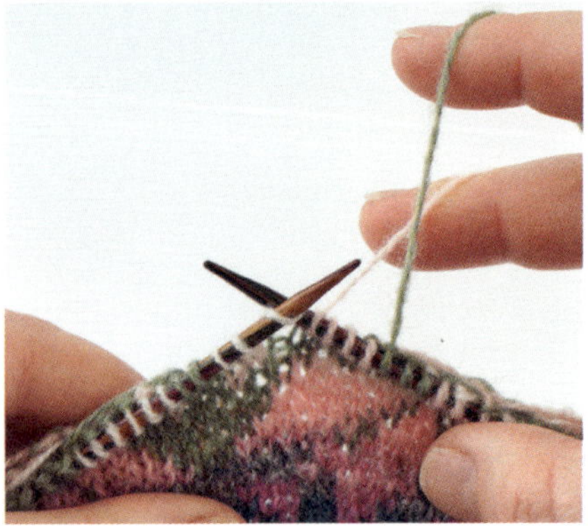

1 Etwa die Hälfte der M der Musterfarbe (auf dem Mittelfinger) stricken. Mit der rechten Nadel in die folgende Masche einstechen.

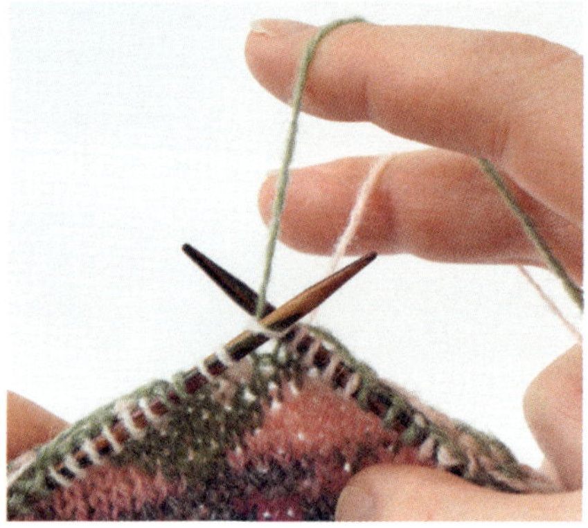

2 Den Faden der Hintergrundfarbe wie zum Rechtsstricken um die Nadelspitze wickeln.

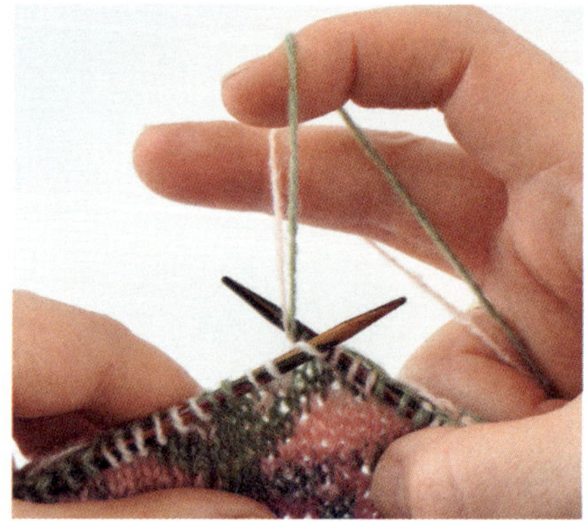

3 Dann die Musterfarbe um die Nadelspitze schlingen wie zum normalen Stricken.

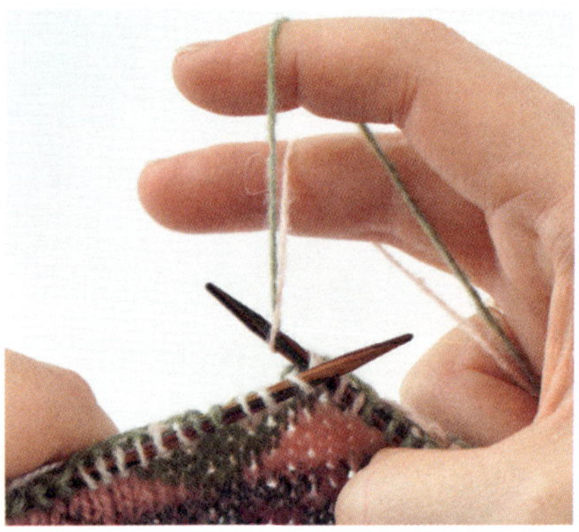

4 Den Faden der Hintergrundfarbe wieder abwickeln – er ist nun hinter der Musterfarbe eingewebt.

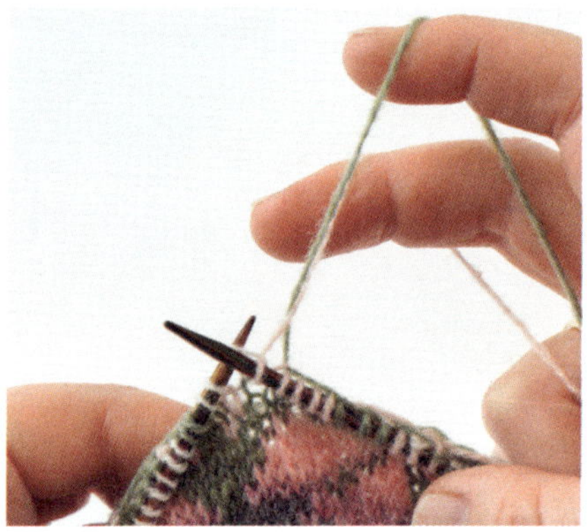

5 Die Schlaufe der Musterfarbe durch die Masche ziehen, um diese fertig zu stricken. Weiter im Muster stricken.

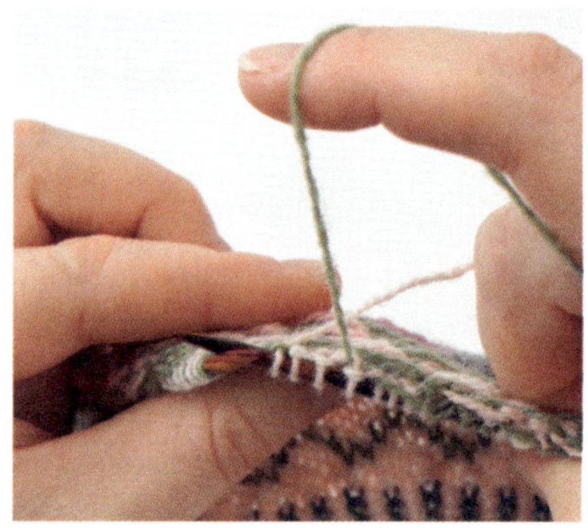

6 Der Faden der Hintergrundfarbe ist auf der Rückseite eingewebt, ohne dass die Fäden durcheinander geraten sind.

MIT JEDER HAND EINEN FADEN GEFÜHRT: EINWEBEN DER MUSTERFARBE HINTER DER HINTERGRUNDFARBE

Die Musterfarbe liegt auf dem linken Zeigefinger, die Hintergrundfarbe auf dem rechten Zeigefinger.

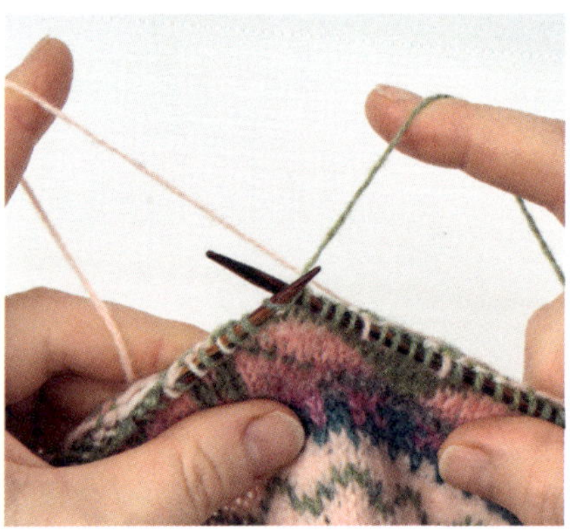

1 Etwa die Hälfte der M der Hintergrundfarbe (auf dem rechten Zeigefinger) stricken. Mit der rechten Nadel in die folgende M einstechen.

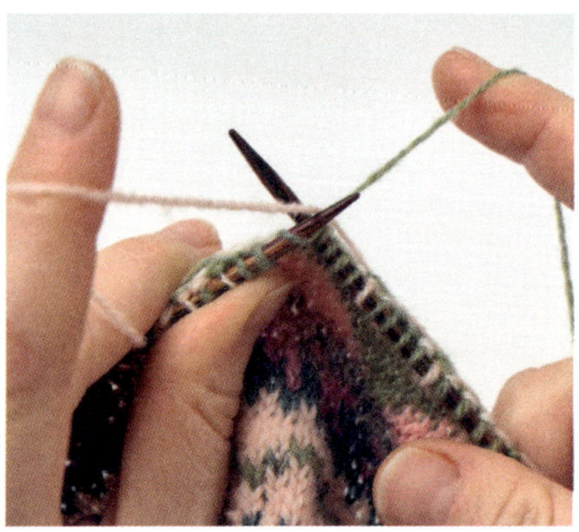

2 Den linken Zeigefinger nach vorn führen, so dass die Musterfarbe vor der Arbeit liegt.

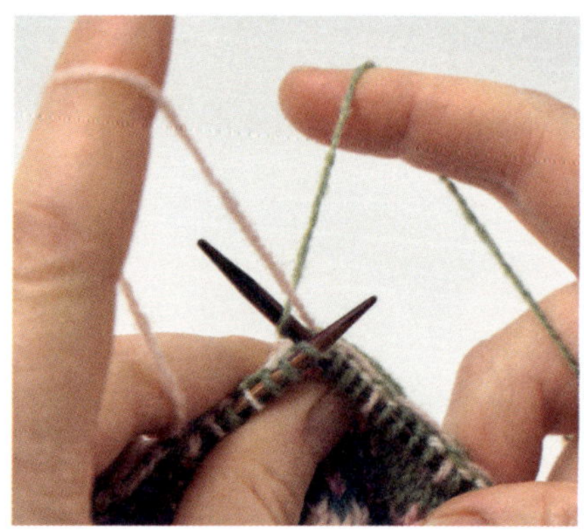

3 Die M in der Hintergrundfarbe stricken; die Musterfarbe liegt weiterhin vorn.

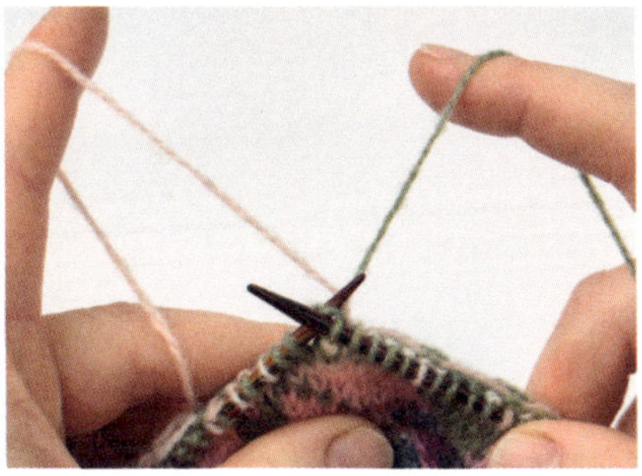

4 Wenn die M fertig gestrickt ist, den linken Zeigefinger wieder in die Ausgangsposition führen.

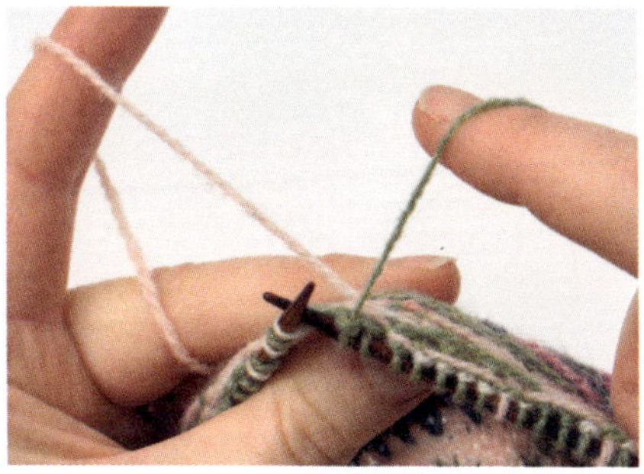

5 Die übrigen M der Hintergrundfarbe stricken. Die Musterfarbe wurde eingewebt.

MIT JEDER HAND EINEN FADEN GEFÜHRT: EINWEBEN DER **HINTERGRUNDFARBE** HINTER DER **MUSTERFARBE**

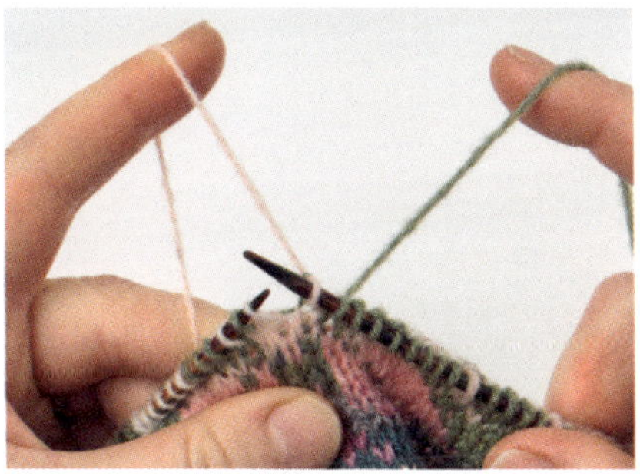

1 Etwa die Hälfte der M der Musterfarbe (auf dem linken Zeigefinger) stricken.

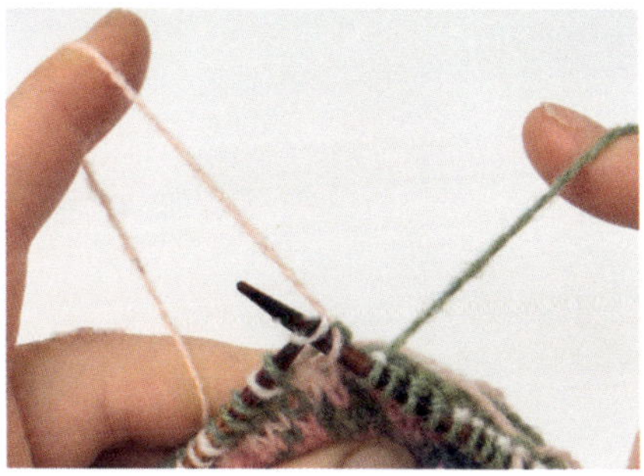

2 Mit der rechten Nadel ganz normal in die folgende M einstechen.

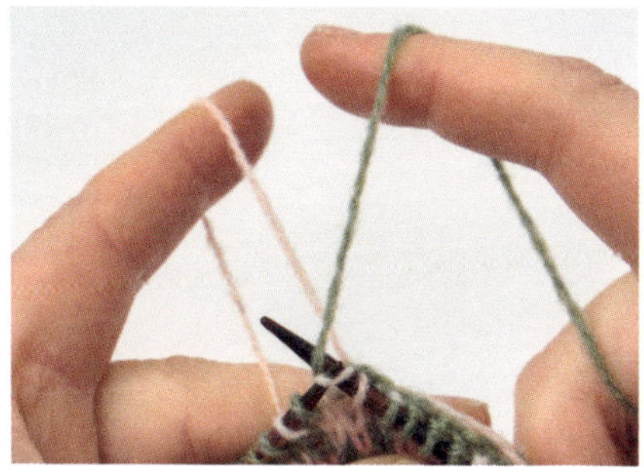

3 Mit dem rechten Zeigefinger die Hintergrundfarbe wie zum Rechtsstricken um die Nadelspitze schlingen.

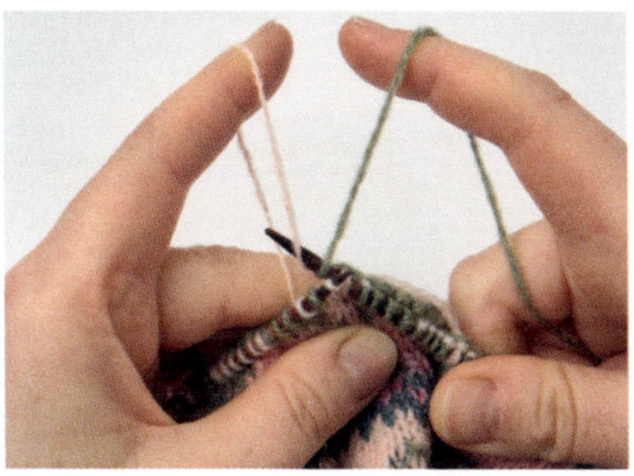

4 Mit dem linken Zeigefinger die Musterfarbe wie zum Rechtsstricken um die Nadelspitze schlingen.

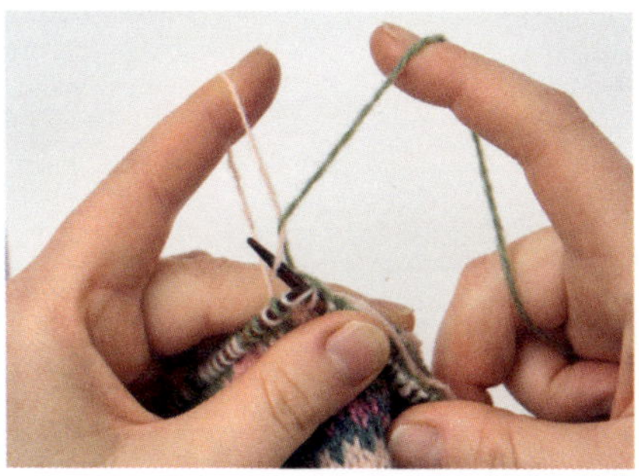

5 Mit dem rechten Zeigefinger die Hintergrundfarbe von der Nadelspitze abwickeln (sie sollte nun unten an der bearbeiteten M eingewebt sein).

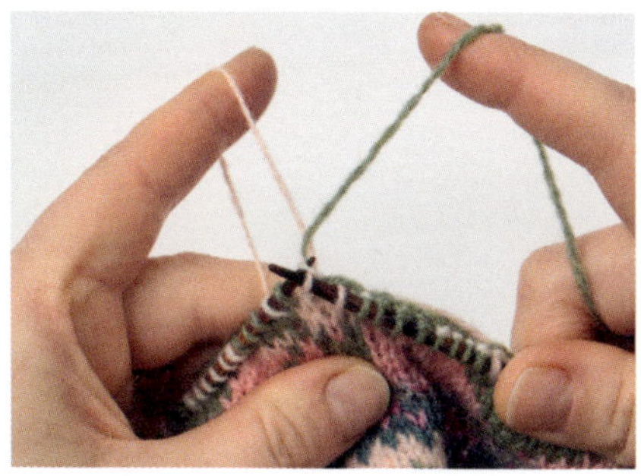

6 Den Faden der Musterfarbe durch die M ziehen, um sie normal fertig zu stricken.

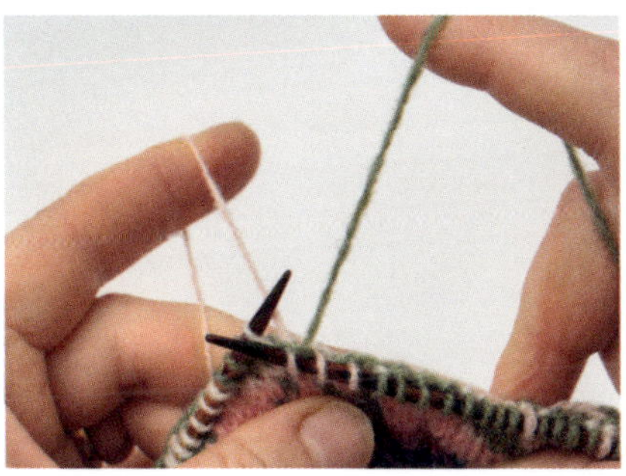

7 LINKS: Die Hintergrundfarbe ist hinter der Musterfarbe eingewebt.

Ich hoffe, mithilfe dieser Tutorials können Sie Ihre Spannfäden nun problemlos einweben, ohne Ihren Strickfluss zu unterbrechen. Mit der Mütze Variance von Janette Budge können Sie das Einweben üben und sicherer im Stricken von Jacquardmustern werden.

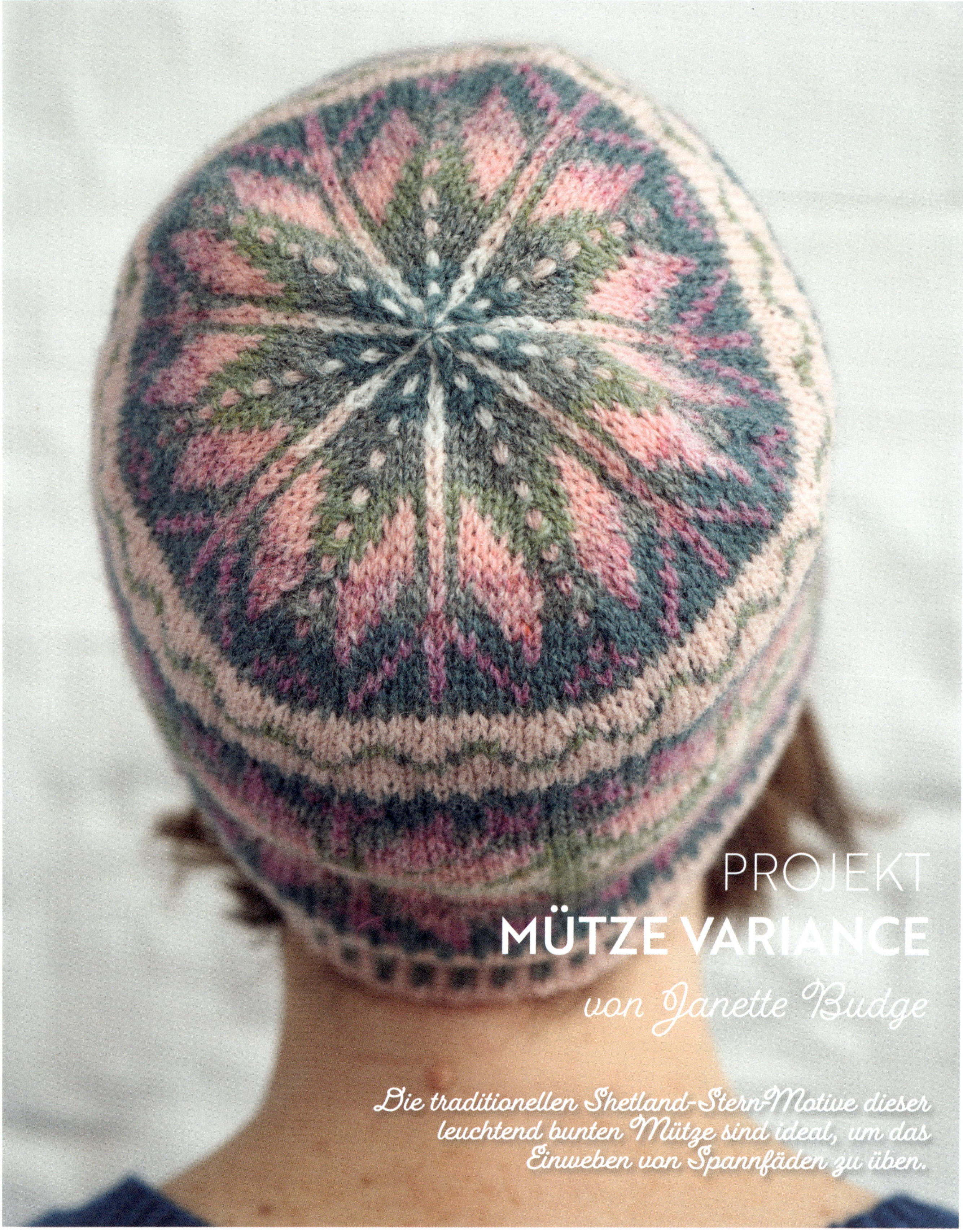

PROJEKT

MÜTZE VARIANCE

von Janette Budge

Die traditionellen Shetland-Stern-Motive dieser leuchtend bunten Mütze sind ideal, um das Einweben von Spannfäden zu üben.

GRÖSSEN

S (M, L, XL)
Passend für Kopfumfang: 45 (51, 57, 65) cm
Umfang der Mütze am Bund: 41,5 (50, 54, 62,5) cm
Höhe von Unterkante bis Spitze: 22,5 (22,5, 24,5, 24,5) cm
Umfang an der weitesten Stelle: 46,5 (55,5, 65, 74) cm
Abgebildetes Modell: Größe M an Kopfumfang von 55 cm

GARN

Jamieson & Smith 2ply Jumper Weight (100 % Shetland-wolle; LL 115 m / 25-g-Knäuel)
Farbe A: Nr. 101; 1 x 25 g für alle Größen
Farbe B: Nr. 95; 1 x 25 g für alle Größen
Farbe C: Nr. 1283; 1 x 25 g für alle Größen
Farbe D: Nr. FC22; 1 x 25 g für alle Größen
Farbe E: Nr. 1A; 1 x 25 g für alle Größen
Farbe F: Nr. 141; 1 x 25 g für alle Größen
Farbe G: Nr. FC62; 1 x 25 g für alle Größen
Farbe H: Nr. FC24; 1 x 25 g für alle Größen

Benötigte Garnmengen

Farbe A: ca. 55 (65, 85, 95) m
Farbe B: ca. 20 (20, 25, 30) m
Farbe C: ca. 20 (20, 25, 30) m
Farbe D: ca. 15 (20, 25, 25) m
Farbe E: ca. 10 (10, 15, 15) m
Farbe F: ca. 35 (40, 50, 55) m
Farbe G: ca. 30 (35, 45, 50) m
Farbe H: ca. 35 (40, 50, 60) m

STRICKNADELN UND ZUBEHÖR

Nadelstärke 2,5 mm oder die Stärke, mit der die Maschenprobe im mehrfarbigen Rippenmuster erreicht wird: 1 Rundnadel (Länge 40 cm) oder Ihre bevorzugten Nadeln für kleine Runden (für den Bund)
Nadelstärke 3 mm oder Stärke, mit der die Maschenprobe im Muster erreicht wird: 1 Rundnadel (Länge 40 cm) oder Ihre bevorzugten Nadeln für kleine Runden (für Hauptteil der Mütze)
Nadelstärke 3 mm oder Stärke, mit der die Maschenprobe im Jacquardmuster erreicht wird: 1 Nadelspiel oder Ihre bevorzugten Nadeln für kleine Runden (für die Spitze der Mütze)
Maschenmarkierer, Wollnadel, Pompon-Schablone oder Pappe zum Herstellen einer Bommel (optional)

MASCHENPROBE

27 M und 31 Rd = 10 x 10 cm (mit den dickeren Nadeln im Jacquardmuster gestrickt, gewaschen und gespannt)
24 M und 35 Rd = 10 x 10 cm (mit dünneren Nadeln im mehrfarbigen Rippenmuster gestrickt, gewaschen und gespannt)

ABKÜRZUNGEN

Ein vollständiges Abkürzungsverzeichnis finden Sie auf S. 110.

SPEZIALTECHNIKEN

Spannfäden einweben (S. 27-29)

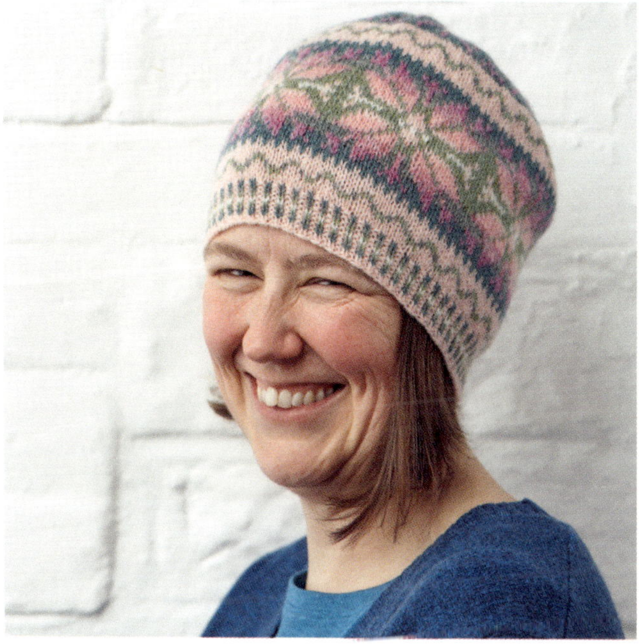

Folgende Video-Tutorials (englischsprachig) finden Sie online unter **www.acTechniks.co.uk/tutorials-1#/confident-knitting**:
Spannfäden einweben mit beiden Fäden rechts geführt (Catching floats with both yarns held in the right hand)
Spannfäden einweben mit einem Faden in jeder Hand geführt (Catching floats holding one yarn in each hand)
Spannfäden einweben mit beiden Fäden links geführt (Catching colourwork floats)
Weitere Video-Tutorials finden Sie unter **www.acTechniks.co.uk/tutorials-1#/colourwork-tutorials:**
Farbdominanz beim Fair-Isle-Stricken (Colour dominance in Fair Isle)
Spleiß-Technik zum Garnverbinden (Splicing yarns together)
Fadenenden einstricken (Knitting in ends)

ANMERKUNGEN ZUR ANLEITUNG

Diese Mütze beginnt mit einem mehrfarbigen Bund, gefolgt von einem klassischen Einstrickmuster, das oben und unten von einem kleinen Peerie-Muster eingefasst wird. Die obere Partie greift das Hauptmotiv wieder auf: Durch wiederholte Abnahmen entsteht an der Spitze der Mütze ein Shetland-Stern. Die Anleitung ist in vier Größen verfasst, wenn Sie sie weiter anpassen möchten, können Sie wie folgt vorgehen: Zum Ändern der Höhe den mehrfarbigen Bund breiter oder schmaler stricken. Zum Ändern der Höhe des Hauptmusters zwischen den Strickschriften A, B und C mehr oder weniger einfarbige Runden arbeiten. Den Umfang passen Sie einfach durch Verwenden einer dickeren oder dünneren Nadel oder eines anderen Garns an, doch dazu müssen Sie eine Maschenprobe anfertigen, um sicherzugehen, dass Ihnen das Ergebnis gefällt, und ausrechnen, welche Mützengröße Sie gemäß der neuen Maschenprobe stricken müssen.

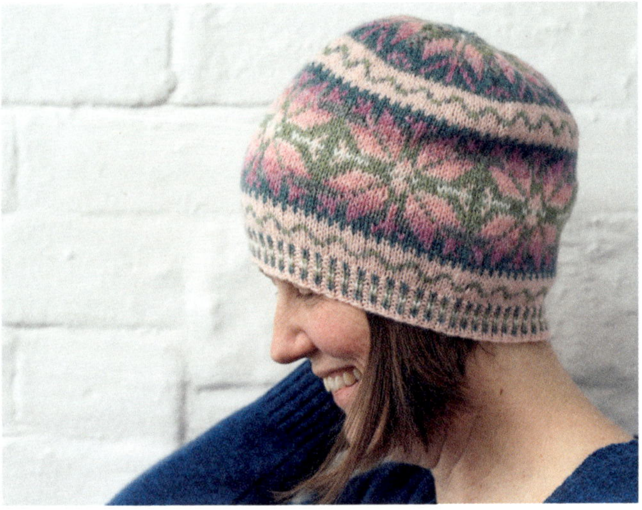

MÜTZE

1 MASCHENANSCHLAG UND BUND

Mit den dünneren Nadeln und Farbe A 100 (120, 130, 150) M anschl. Zur Rd schließen, dabei aufpassen, dass die M sich nicht verdrehen. MMs für Rd-Beginn.
1. Rd: Mit Farbe A *1 M re, 1 M li, ab * fortl. wh.
Mustereinteilung nach Strickschrift A:
2. Rd: 50- (60-, 65-, 75-)mal die 2 M der 1. R von Strickschrift A für die gewählte Größe arb. Weiter nach Strickschrift A arb, bis die 7. (7., 13., 13.) Rd fertig ist; Farben wechseln wie angegeben.

2 HAUPTTEIL DER MÜTZE

Zu den dickeren Nadeln wechseln.
1. Rd: In Farbe A rechts stricken.

Größen S, M und XL
2. Rd (Zun): In Farbe A 2 (2, -, 4) M re, 19- (29-, -, 47-)mal [2 M re aus 1 M herausstr, 4 (3, -, 2) M re)], 2 M re aus 1 M herausstr, 2 (1, -, 4) M re. 20 (30, -, 48) M zugen; 120 (150, -, 198) M.

Größe L
2. Rd (Zun): In Farbe A 2 M re aus 1 M herausstr, 1 M re, 42-mal (2 M re aus 1 M herausstr, 2 M re), 2 M re aus 1 M herausstr, 1 M re. 44 M zugen; 174 M.

Alle Größen
Mustereinteilung nach Strickschrift B:
3. Rd: Von re nach li gelesen 20- (25-, 29-, 33-)mal die 6 M der 1. R von Strickschrift B arb.
Weiter nach Strickschrift B arb, bis die 4. Rd der Strickschrift fertig ist; dabei die Farben wechseln wie angegeben.

Größen S, L und XL
7. Rd (Zun): In Farbe A 5- (-, 1-, 2-)mal [2 M re aus 1 M herausstr, 23 (-, 173, 98) M re]. 5 (-, 1, 2) M zugen; 125 (-, 175, 200) M.

Größe M
7. Rd: In Farbe A rechts stricken.

Alle Größen
8. Rd: *1 M re in Farbe F, 1 M re in Farbe A; ab * bis 1 (0, 1, 0) M vor Ende wh, 1 (0, 1, 0) M re in Farbe F.
Mustereinteilung nach Strickschrift C:
9. Rd: Von re nach li gelesen 5- (6-, 7-, 8-)mal die 25 M der 1. R von Strickschrift C arb.
Weiter nach Strickschrift C arb, bis die 25. R der Strickschrift fertig ist; dabei die Farben wechseln wie angegeben.
34. Rd: *1 M re in Farbe F, 1 M re in Farbe A; ab * bis 1 (0, 1, 0) M vor Ende wh, 1 (0, 1, 0) M re in Farbe F.
35. Rd: In Farbe A rechts stricken.
36. Rd (Abn): In Farbe A 5- (6-, 1-, 2-)mal [2 M re zus, 23 (23, 173, 98) M re]. 5 (6, 1, 2) M abgen; 120 (144, 174, 198) M verbl.
Mustereinteilung nach Strickschrift D:
37. Rd: Von re nach li gelesen 20- (24-, 29-, 33-)mal die 6 M der 1. R von Strickschrift D arb.
Weiter nach Strickschrift D arb, bis die 4. R der Strickschrift fertig ist; dabei die Farben wechseln wie angegeben.

Größe S
41. Rd: In Farbe A rechts stricken.

Größen M, L und XL
41. Rd (Abn): In Farbe A – (17, 8, 5) M re, – (3-, 13-, 17-)mal [2 M re zus, - (34, 10, 9) M re], 2 M re zus, - (17, 8, 4) M re. - (4, 14, 18) M abgen; - (10, 160, 180) M verbl.

Alle Größen
Weiter mit Schritt 3.

3 SPITZE DER MÜTZE

Wenn die Runden kleiner werden, ggf zu einem Nadelspiel (oder bevorzugten Nadeln für kleine Runden) wechseln.
Mustereinteilung nach Strickschrift E:
1. Rd: Von re nach li gelesen 6- (7-, 8-, 9-)mal die 20 M der 1. R von Strickschrift E arb.
Weiter nach Strickschrift E arb, bis die 23. R der Strickschrift fertig ist; dabei die Farben wechseln und die Abnahmen stricken wie angegeben. 108 (126, 144, 162) M abgen; 12 (14, 16, 18) M verbl.
Beide Garne abschneiden, dabei je 10 cm Faden hängen lassen.

4 FERTIGSTELLUNG

Beide Fadenenden in eine Wollnadel einfädeln und zusammen durch die verbleibenden Maschen ziehen. Die Nadel genau durch die Mitte der Mützenspitze nach innen schieben und die Fäden auf der Innenseite vernähen.
Alle übrigen Fäden vernähen. Die Mütze 20 Minuten in lauwarmem Wasser mit Wollwaschmittel einweichen. Überschüssiges Wasser ausdrücken. Flach zum Trocknen ausbreiten (dabei den Bund nicht überdehnen) oder auf einen Mützenständer oder Luftballon ziehen oder mit Plastiktüten ausstopfen. Trocknen lassen. Nach Wunsch eine Bommel anfertigen und fest oben an der Mütze annähen.

Strickschriften

STRICKSCHRIFT E

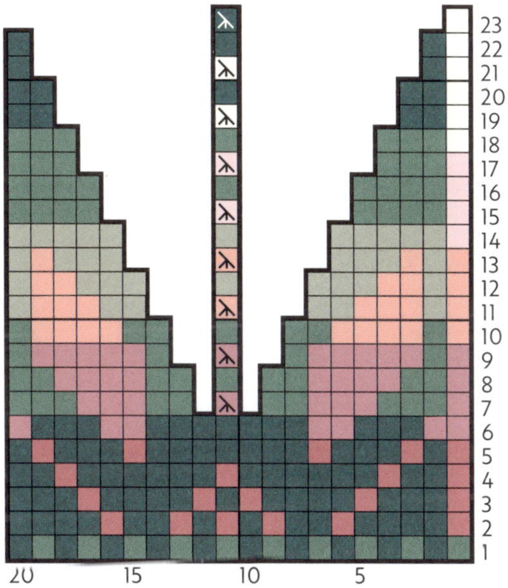

STRICKSCHRIFT C

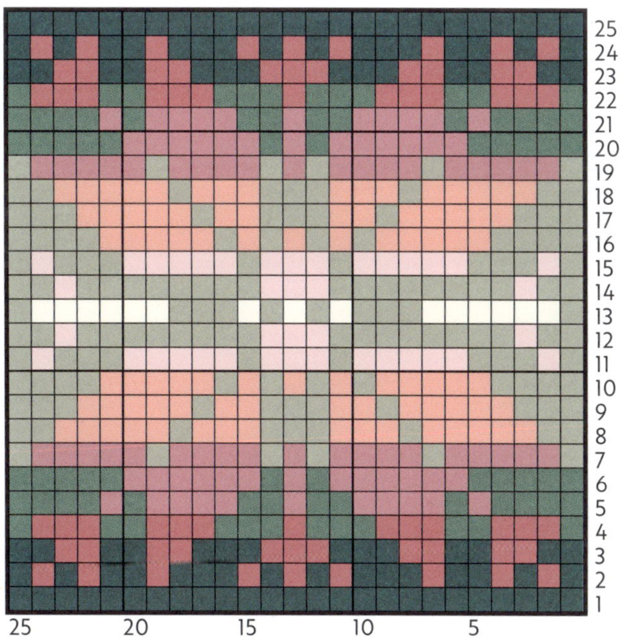

ANMERKUNGEN ZU DEN STRICKSCHRIFTEN

Die Mütze wird rundgestrickt, daher werden alle Reihen der Strickschriften von rechts nach links gelesen.

Eine Schwarz-Weiß-Vorlage mit Tipps zur alternativen Farbauswahl finden Sie auf S. 34-35.

ZEICHENERKLÄRUNG

- **Farbe A (101); re M**
- **Farbe B (95); re M**
- **Farbe C (1283); re M**
- **Farbe D (FC22); re M**
- **Farbe E (1A); re M**
- **Farbe F (141); re M**
- **Farbe G (FC62); re M**
- **Farbe H (FC24); re M**
- **In der angegebenen Farbe; li M**
- **In der angegebenen Farbe; 1 M abh, 2 M re zus, abgeh M überz**

STRICKSCHRIFT D

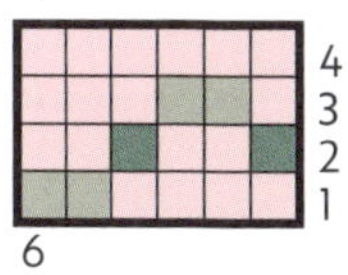

STRICKSCHRIFT B

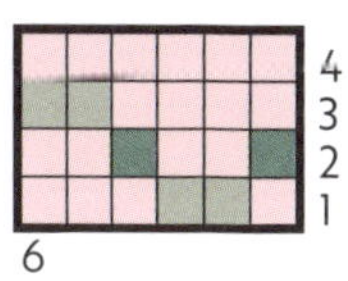

STRICKSCHRIFT A: L & XL

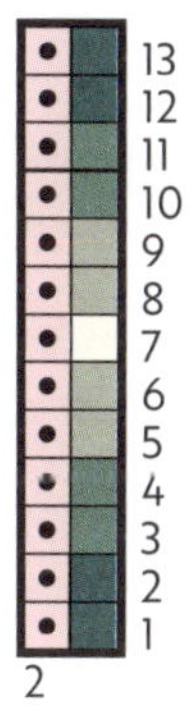

STRICKSCHRIFT A: S & M

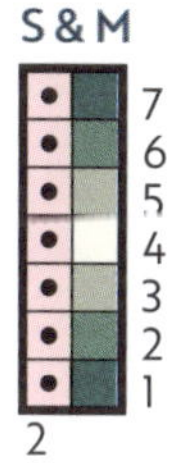

STRICKSCHRIFT A: S & M

Strickschrift Reihe	Hintergrundfarbe	Musterfarbe
1	A	F
2	A	G
3	A	H
4	A	E
5	A	H
6	A	G
7	A	F

STRICKSCHRIFT A: L & XL

Strickschrift Reihe	Hintergrundfarbe	Musterfarbe
1 & 2	A	F
3 & 4	A	G
5 & 6	A	H
7	A	E
8 & 9	A	H
10 & 11	A	G
12 & 13	A	F

STRICKSCHRIFT B UND D

Strickschrift Reihe	Hintergrundfarbe	Musterfarbe
1	A	H
2	A	G
3	A	H
4	A	–

STRICKSCHRIFT C

Strickschrift Reihe	Hintergrundfarbe	Musterfarbe
1 & 25	F	–
2 & 24	F	D
3 & 23	F	D
4 & 22	G	D
5 & 21	G	C
6 & 20	G	C
7 & 19	H	C
8 & 18	H	B
9 & 17	H	B
10 & 16	H	B
11 & 15	H	A
12 & 14	H	A
13	H	E

STRICKSCHRIFT E

Strickschrift Reihe	Hintergrundfarbe	Musterfarbe
1	F	G
2–5	F	D
6	F	C
7–9	G	C
10	G	B
11–13	H	B
14	H	A
15–17	G	A
18	G	E
19–23	F	E

Alle Garne: Jamieson & Smith 2ply Jumper Weight

Original-Farbkombination
Farbe A: Nr. 101
Farbe B: Nr. 95
Farbe C: Nr. 1283
Farbe D: Nr. FC22
Farbe E: Nr. 1A
Farbe F: Nr. 141
Farbe G: Nr. FC62
Farbe H: Nr. FC24

Alternative Farbkombination
Farbe A: Nr. 203
Farbe B: Nr. 27
Farbe C: Nr. FC61
Farbe D: Nr. 366
Farbe E: Nr. 1A
Farbe F: Nr. 36
Farbe G: Nr. 21
Farbe H: Nr. FC41

Strickschriften

ANMERKUNGEN ZU DEN STRICKSCHRIFTEN

Die Mütze wird rundgestrickt, daher werden alle Reihen der Strickschriften von rechts nach links gelesen.

STRICKSCHRIFT E

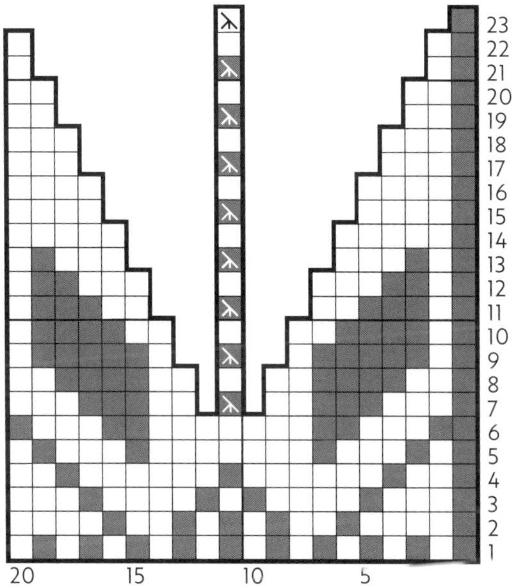

ZEICHENERKLÄRUNG

- **In der Musterfarbe; re M**
- **In der Hintergrundfarbe; re M**
- **In der angegebenen Farbe; li M**
- **In der angegebenen Farbe; 1 M abh, 2 M re zus, abgeh M überz**

STRICKSCHRIFT C

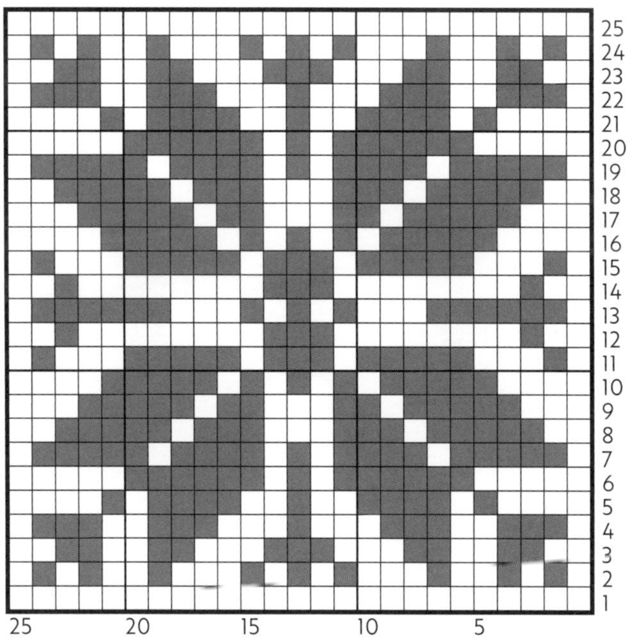

STRICKSCHRIFT D

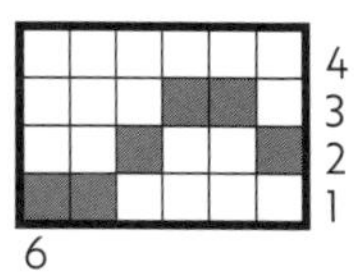

STRICKSCHRIFT B

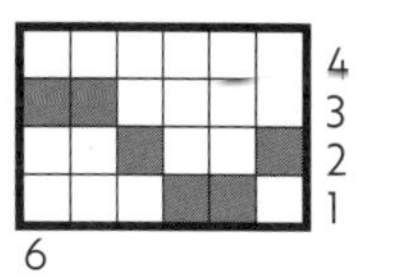

STRICKSCHRIFT A:
L & XL

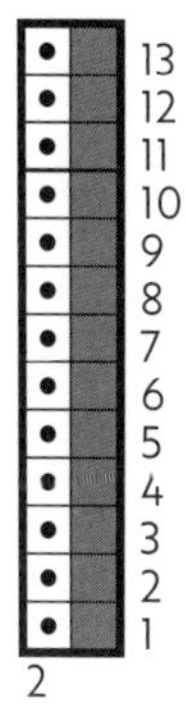

STRICKSCHRIFT A:
S & M

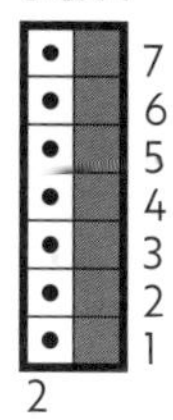

Sommer

Juni

TECHNIK **Stickereien auf Strick**
PROJEKT **Schal Patina**
DESIGNER **Jeanette Sloan**

Juli

TECHNIK **Vikkel-Flechtborten (Vikkel Braids)**
PROJEKT **Fäustlinge Burnished**
DESIGNER **Lily Kate France**

August

TECHNIK **Beidseitiges Zopfmuster**
PROJEKT **Tuch Lustrous**
DESIGNER **Noma Ndlovu**

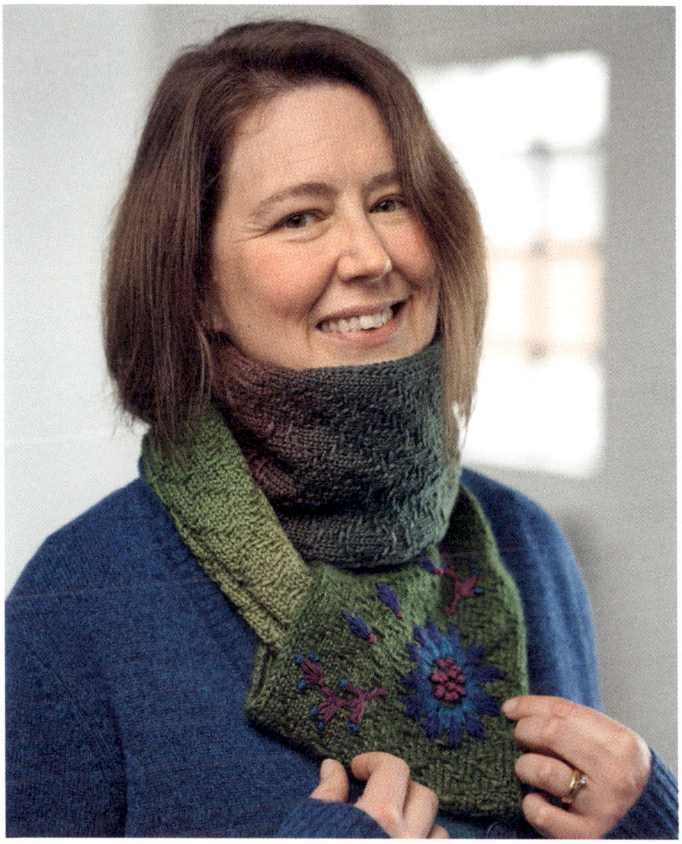

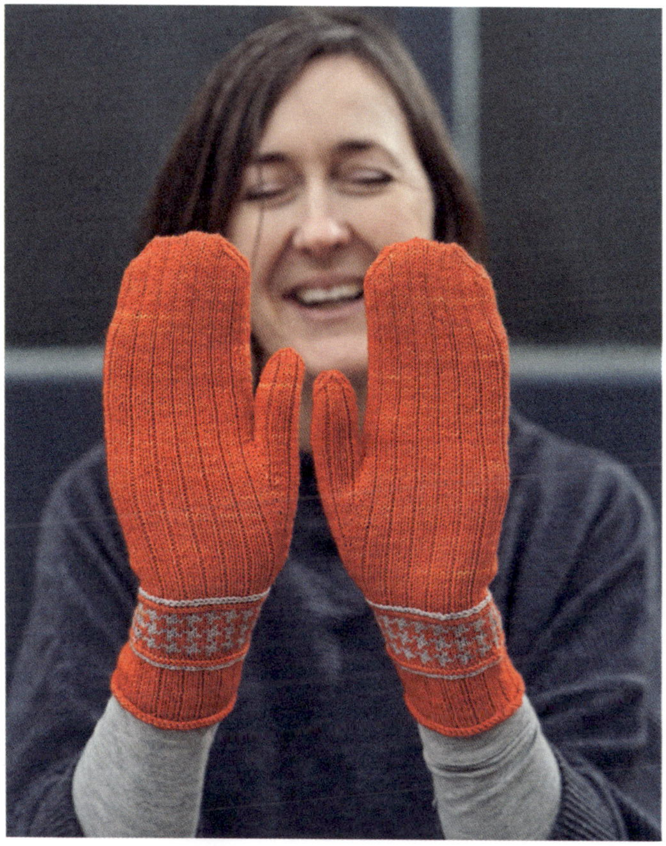

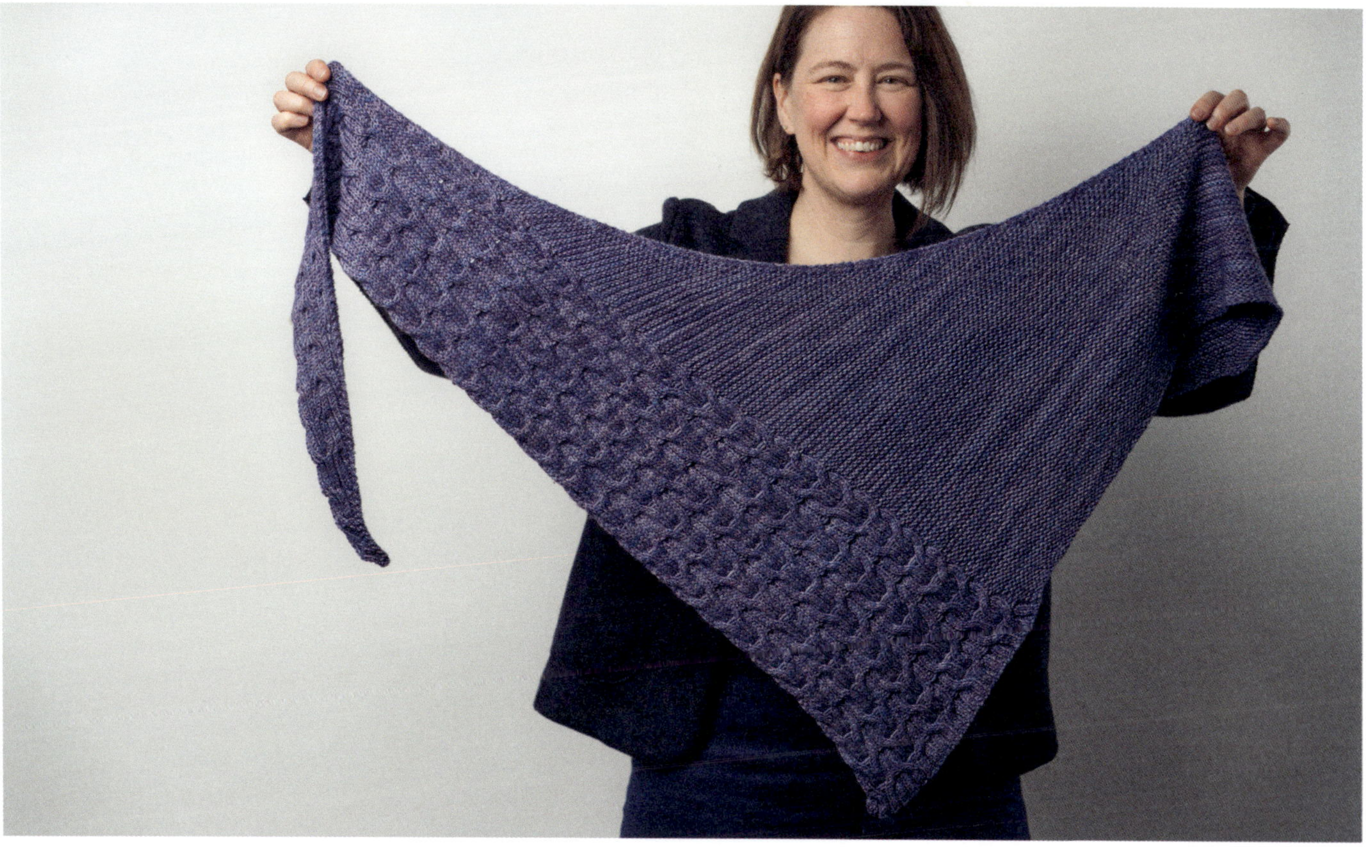

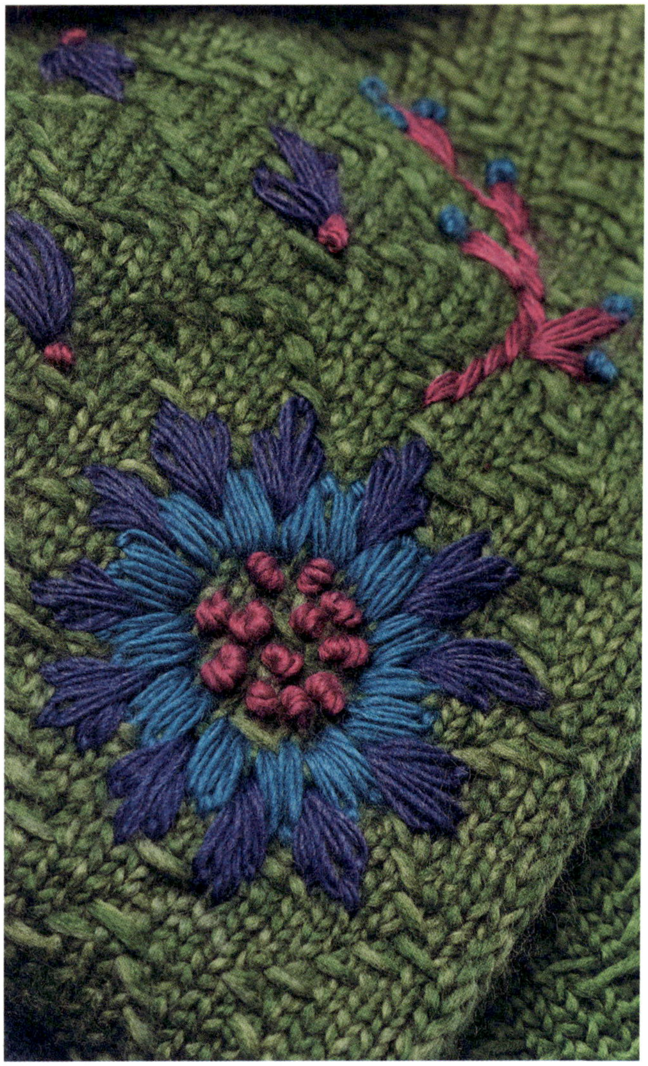

TECHNIK
STICKEREIEN AUF STRICK

Ich muss gestehen, dass mir die Technik des Stickens früher ein bisschen Angst gemacht hat. Das liegt wahrscheinlich daran, dass man es nicht mit Stricknadeln macht! Wenn Ihnen bei der Vorstellung auch etwas unbehaglich wird, keine Sorge – Sie werden sehen, dass Sie Ihre Strickarbeiten ohne große Mühe geradezu spektakulär verschönern können.

Der Wendepunkt für mich kam, als ich ein paar unglaublich schöne Strickprojekte sah, die durch Stickereien auf eine ganz andere Ebene gehoben wurden. Da wusste ich, dass ich meine Hemmschwelle überwinden und mich an die Sticknadel herantrauen musste. Jeanette Sloans Patina-Schal ist das perfekte Beispiel für ein fantastisches Modell, das aber gut zu bewältigen ist, wenn man Schritt für Schritt vorgeht.

Nehmen Sie sich ein bisschen Zeit, in der Sie ungestört sind, damit Sie in Ruhe experimentieren können. Rechnen Sie damit, dass Sie Ihre Stiche vielleicht ein paar Mal auftrennen müssen, bis Sie mit dem Ergebnis zufrieden sind. Das heißt nicht, dass Ihre Stickereien perfekt sein müssen – dieses Projekt lädt zum Improvisieren sogar geradezu ein. Ich meine nur, dass Sie sich einige Versuche zugestehen sollten, bis Sie die Fadenspannung und Stichgröße gefunden haben, die Ihnen am besten gefällt. Es gehört einfach dazu, dass nicht alles auf Anhieb klappt, und es dann noch einmal zu probieren.

HILFSLINIEN SETZEN

Sie können einfach lossticken, aber wenn Sie sichergehen wollen, dass Sie in etwa die Größe der Motive auf dem Patina-Schal erreichen, können Sie zuvor mit einem Garnrest ein Raster von Hilfslinien anbringen. Dieses entspricht dann den Hilfslinien in der Stickvorlage der Anleitung (S. 45).

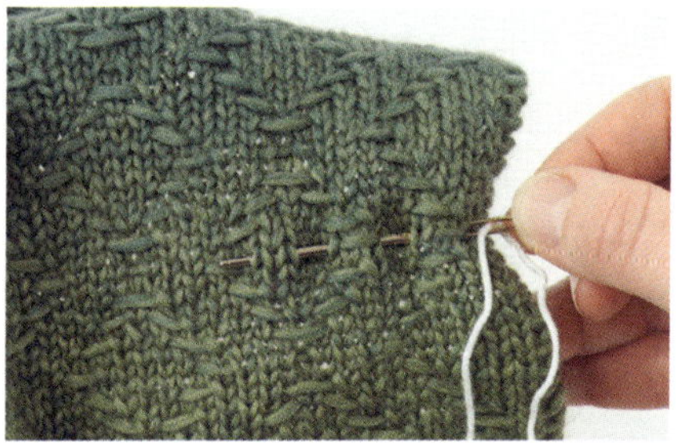

1 Einen Garnrest in einer Kontrastfarbe zum Schal in eine Sticknadel einfädeln. Entlang einer Maschenreihe etwa in der Mitte zwischen den verschließbaren Maschenmarkierern eine waagerechte Linie aus Vorstichen anbringen.

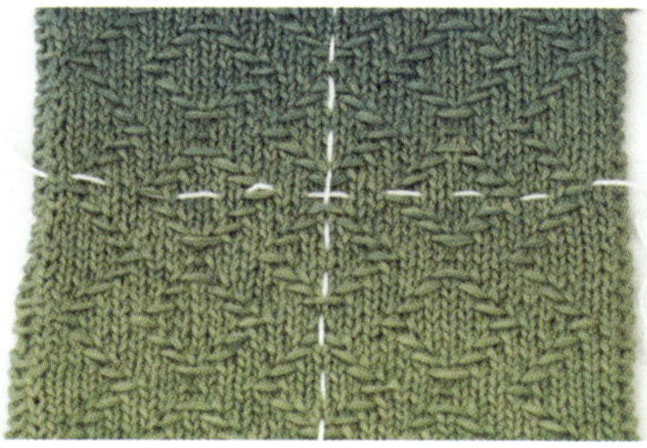

2 Auf die gleiche Weise eine senkrechte Linie in der Mitte des Schals anbringen. Dieses Kreuz hilft, die richtige Position für die einzelnen Stickmotive zu finden. Wenn die Stickerei fertig ist, die Hilfslinien einfach entfernen. Falls Sie beim Sticken durch das Hilfsgarn gestochen haben, müssen Sie es ganz vorsichtig mit der Schere herausschneiden.

MARGERITENSTICH

Das Garn stets doppelt legen.
Der Margeritenstich wird auch Einzelner Kettenstich genannt. Er wird für den mittleren Ring der Blume und für die Blütenblätter verwendet.

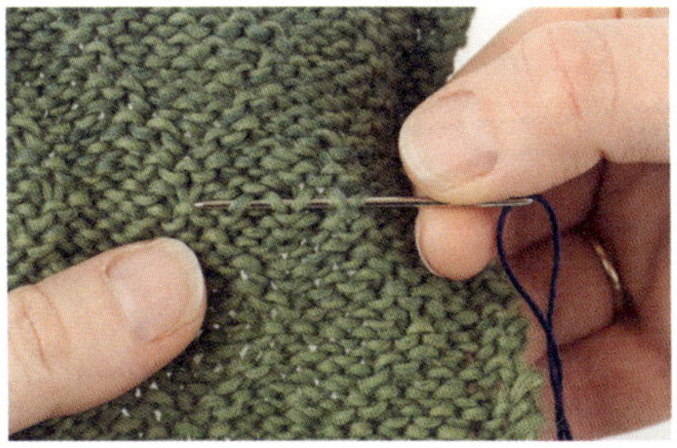

1 Das Fadenende auf links vernähen.

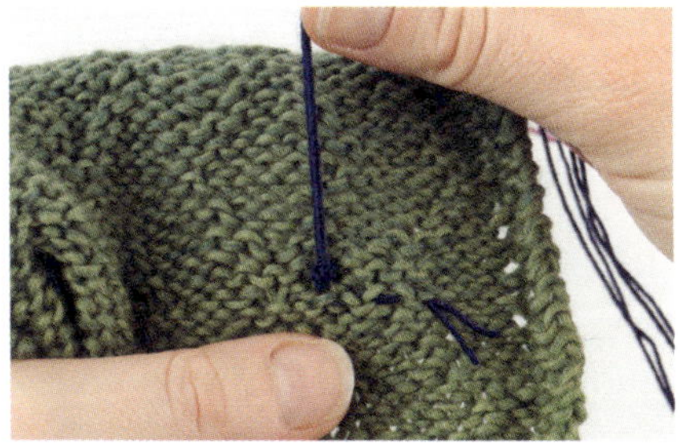

2 Auf links ein Knötchen anbringen.

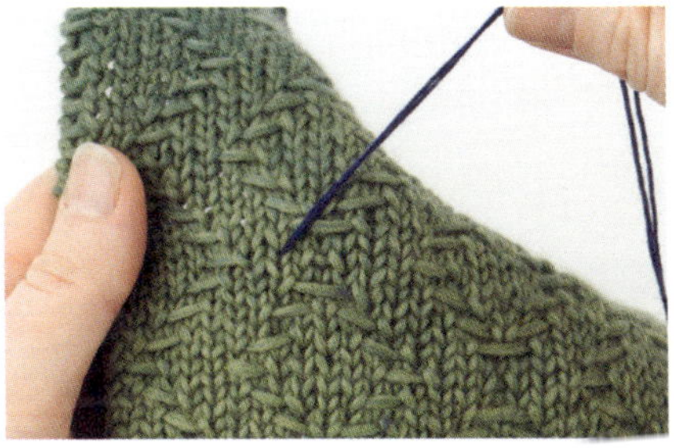

3 Die Nadel am Ansatz des Blütenblatts auf die rechte Seite der Arbeit ziehen. Den Faden leicht anziehen (aber nicht so fest, dass der Knoten mit durchgezogen wird).

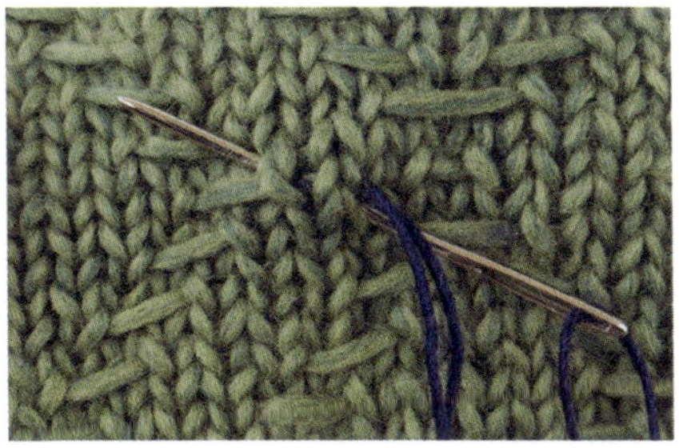

4 An derselben Stelle wieder einstechen und 1 cm entfernt herauskommen (Nadel in der Arbeit lassen).

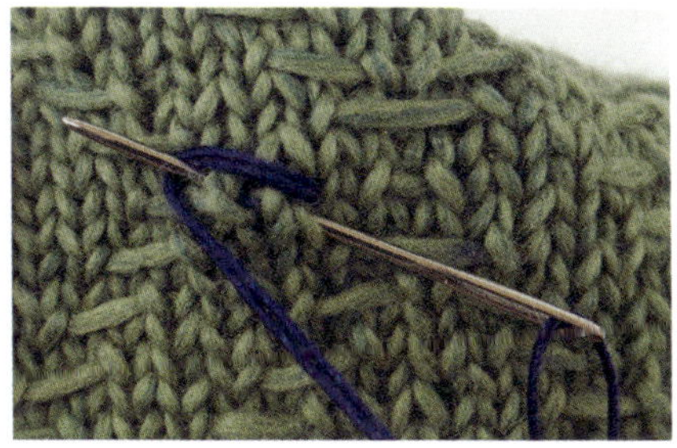

5 Den Faden so um die Nadel legen, dass er parallel zur Nadel verläuft und erst hinter der Nadelspitze herumgeführt wird.

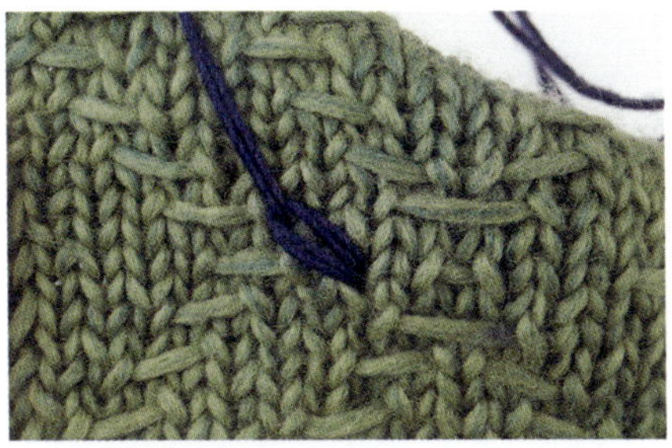

6 Die Nadel durchziehen – so entsteht eine Schlinge, die am Ende durch den Faden befestigt ist.

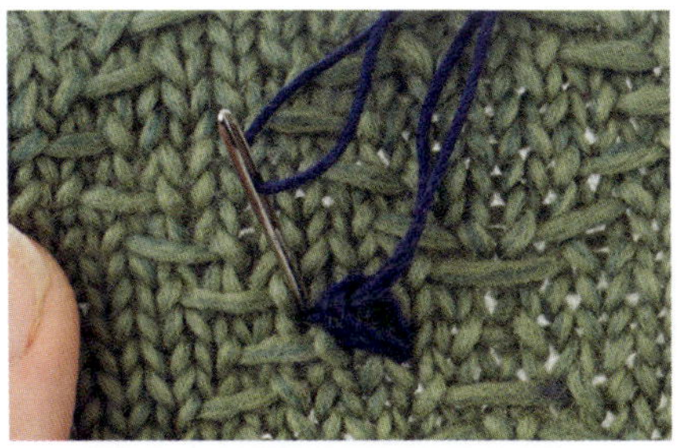

7 Genau oberhalb des Blütenblatts wieder einstechen, um es zu fixieren.

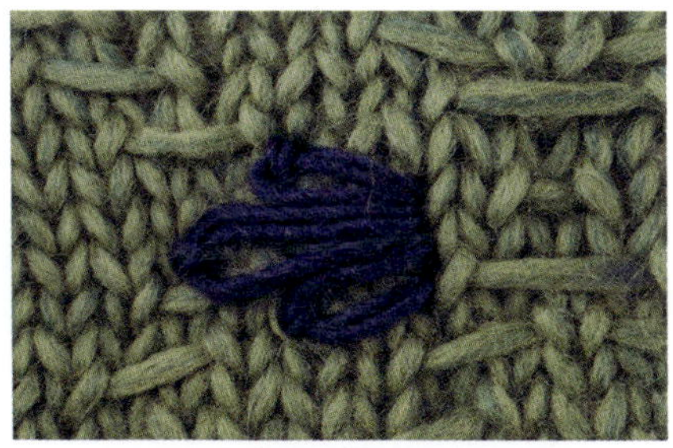

8 Für das nächste Blütenblatt die Schritte 3-7 wiederholen. Auf die gleiche Weise die gesamte Anzahl Blütenblätter sticken. Im Bild 3 einzelne Kettenstiche.

VERDREHTER KETTENSTICH

Dieser Stich wird für die Stiele verwendet.

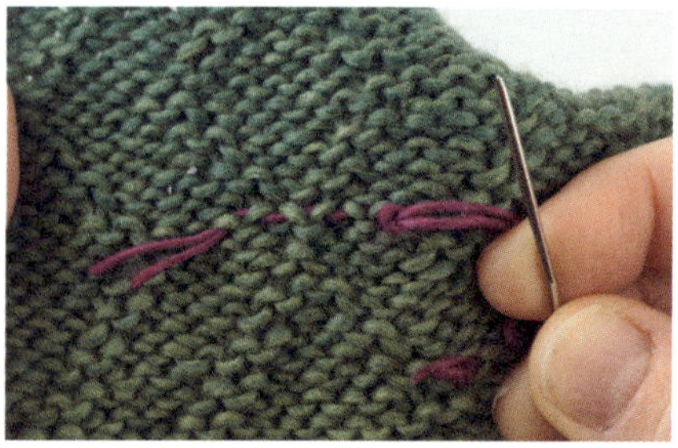

1 Den Faden auf links befestigen wie in Schritt 1-2 des Margeritenstich-Tutorials..

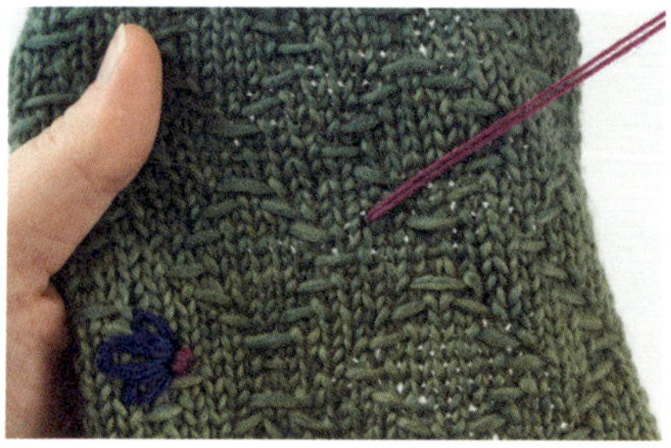

2 Die Nadel am Ansatz des Stiels auf die rechte Seite durchziehen. Fest anziehen.

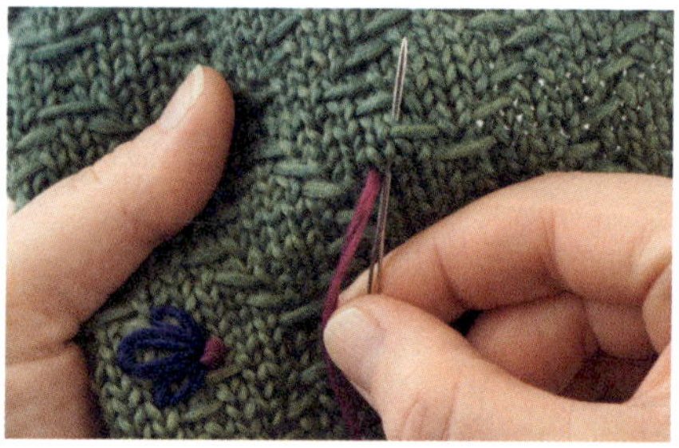

3 Knapp rechts von der Austrittsstelle wieder einstechen und 1 cm entfernt herauskommen (Nadel in der Arbeit lassen).

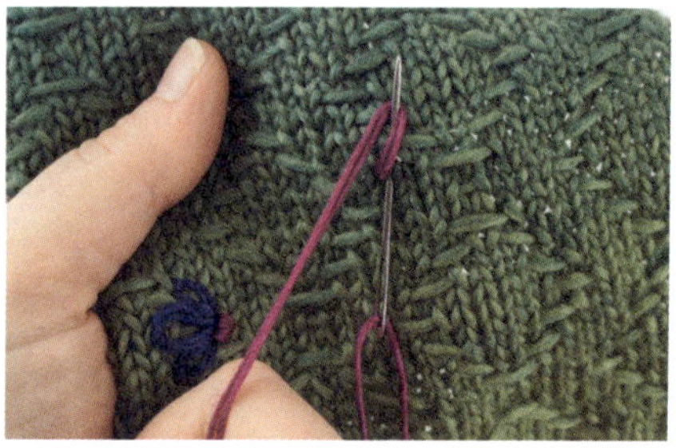

4 Den Faden kreuzweise um die Nadelspitze schlingen.

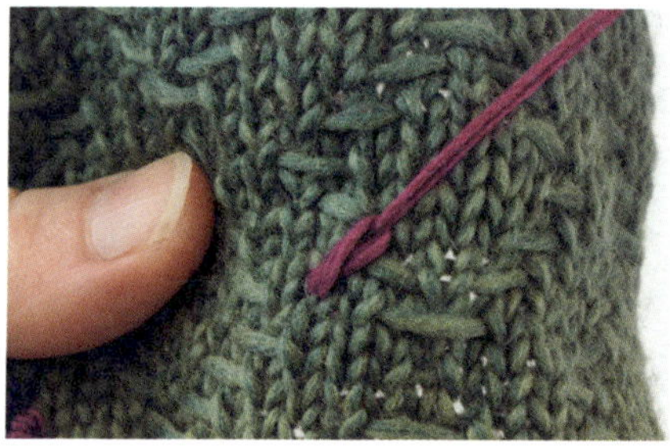

5 Die Nadel durchziehen, so dass eine verdrehte Schlinge entsteht. Dies ist der Grundstich des Blumenstiels.

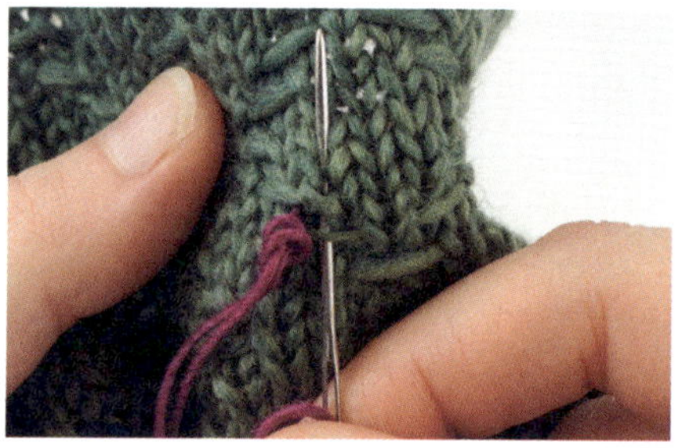

6 Knapp rechts außen oberhalb dieser Schlinge wieder einstechen und etwa 1 cm entfernt hervorkommen. Die Nadel in der Arbeit lassen.

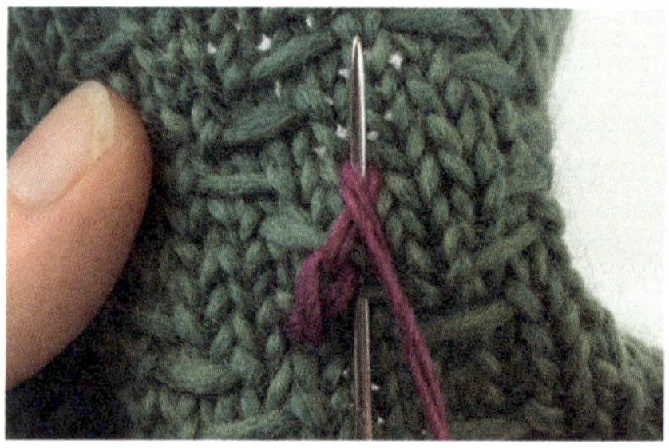

7 Den Faden wieder kreuzweise um die Nadelspitze schlingen.

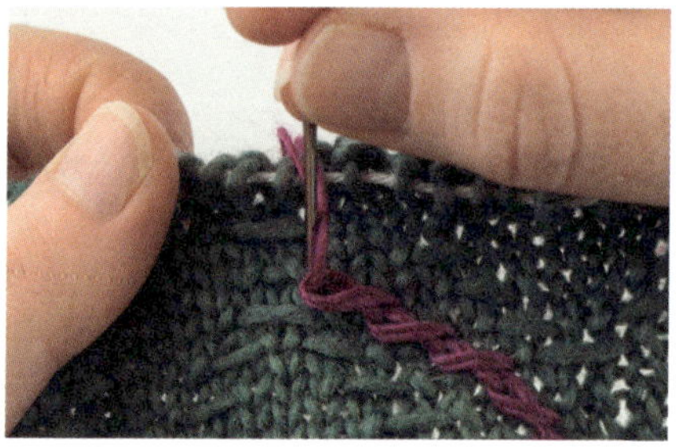

8 Die Schritte 5-7 wiederholen wie für den gewünschten Stiel erforderlich. Darauf achten, dass der Faden stets in der gleichen Richtung über die Nadel gekreuzt wird, so dass die Reihe verschränkter Kettstiche einheitlich gedreht ist. Am Ende des Stiels die Nadel knapp außerhalb des letzten Stichs auf die linke Seite durchziehen.

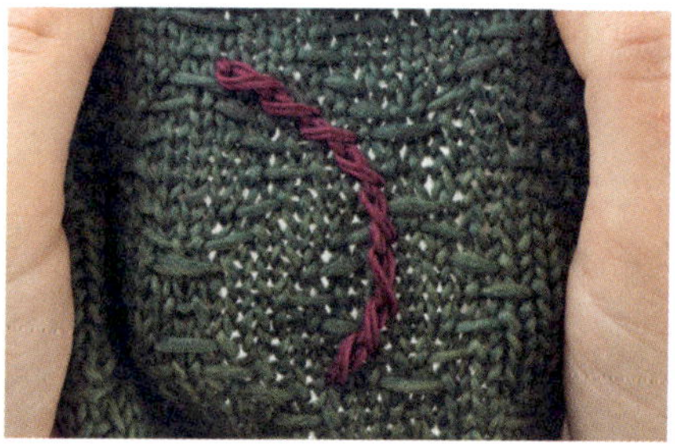

9 So sieht der fertige Stiel aus.

KNÖTCHENSTICH

Dieser Stich wird für die Mitte des Haupt-Blumenmotivs, für den Ansatz der Blütenblätter am Stiel und die Basis jeder einzelnen Gruppe von 3 Blütenblättern verwendet.

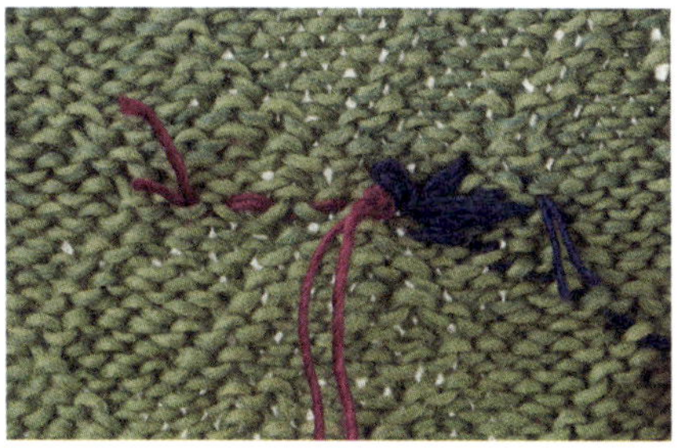

1 Den Faden auf links befestigen wie in Schritt 1-2 des Margeritenstich-Tutorials.

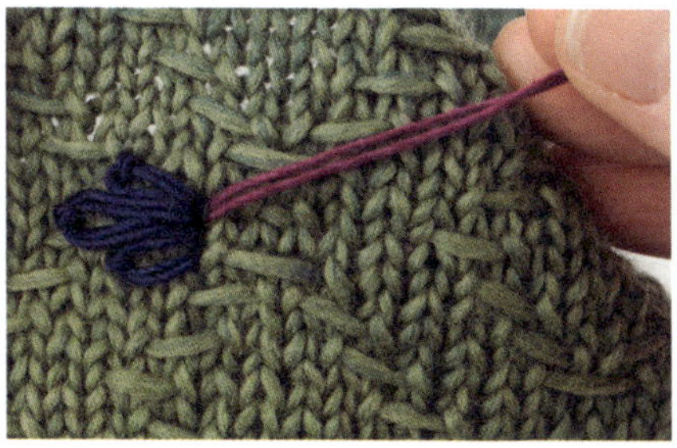

2 Die Nadel an der Stelle auf die rechte Seite durchziehen, an der das Knötchen sitzen soll.

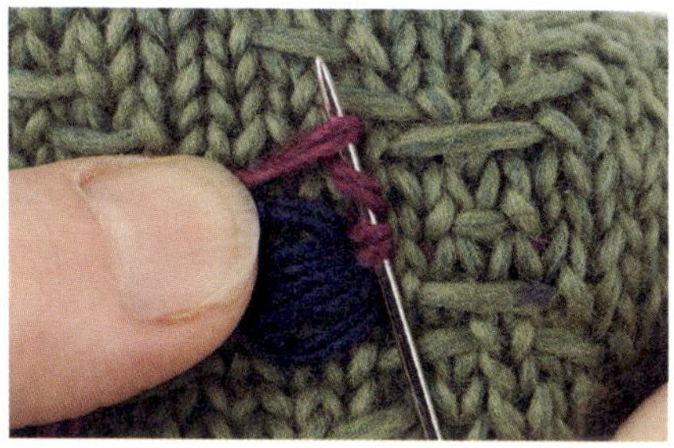

3 Den Faden 3-mal im Uhrzeigersinn eng um die Nadel wickeln. Der Trick, mit dem man ein akkurates Knötchen erhält, ist, den Faden etwas unter Spannung zu halten.

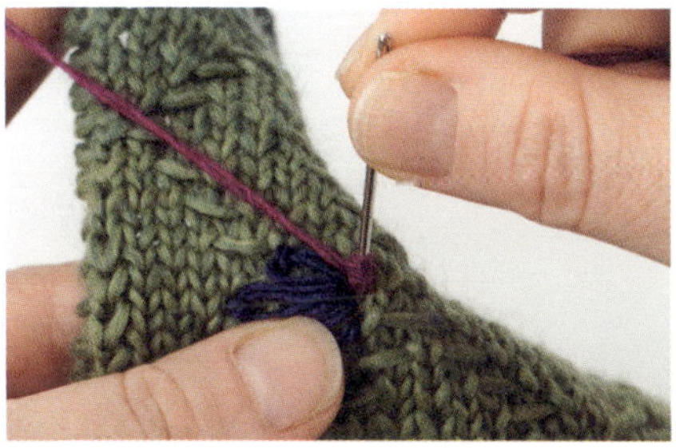

4 Das Ende der Nadel genau an der Stelle, an der es in Schritt 2 herausgekommen war, wieder auf die linke Seite durchschieben. Den Faden dabei gespannt halten.

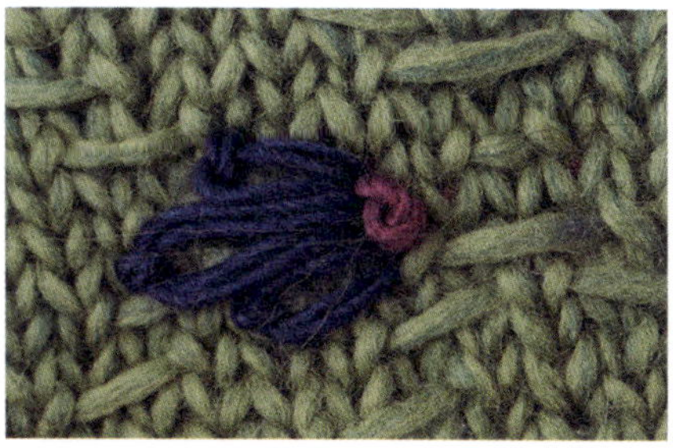

5 Die Nadel durch alle Umwicklungen hindurch ganz auf die linke Seite durchziehen.

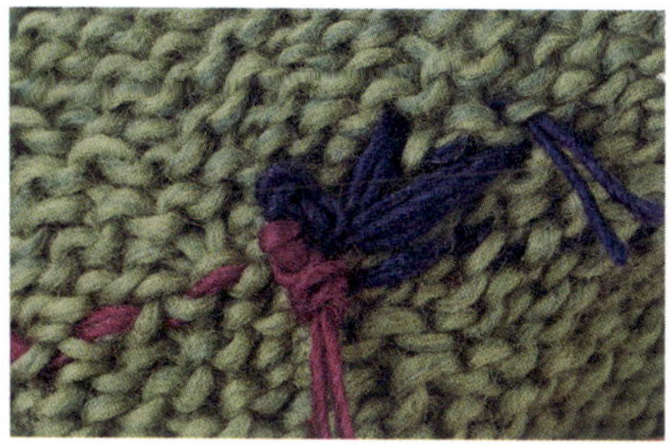

6 Auf links den Faden mit einem kleinen Knoten vernähen.

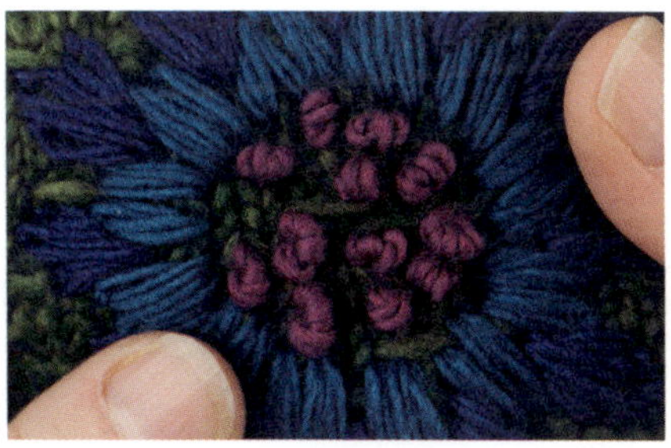

7 Die Schritte 2-6 nach Bedarf wiederholen.

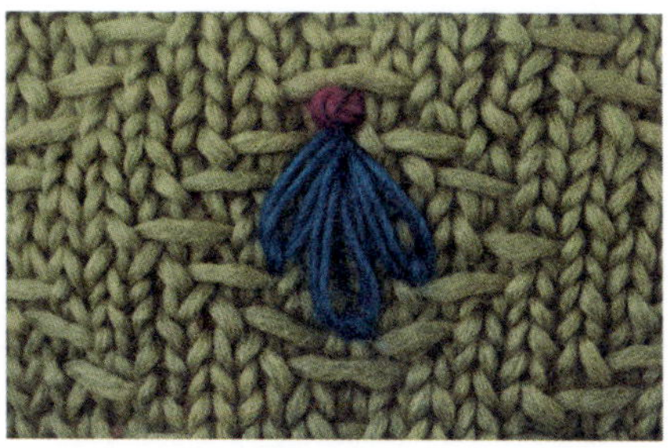

Nach Fertigstellung der großen Stickerei am umgeschlagenen Ende des Schals können Sie auch am anderen Ende ein kleines Motiv anbringen. Diese Blume besteht aus drei Margeritenstichen und einem Knötchen. Sie wurde sorgfältig genau in die Raute des Hebemaschen-Webmusters platziert.

Ich hoffe, das Besticken von Jeanettes Patina-Schal inspiriert Sie dazu, zu experimentieren und noch viele weitere Strickarbeiten mit Stickereien zu verzieren. Es ist viel einfacher, als es aussieht!

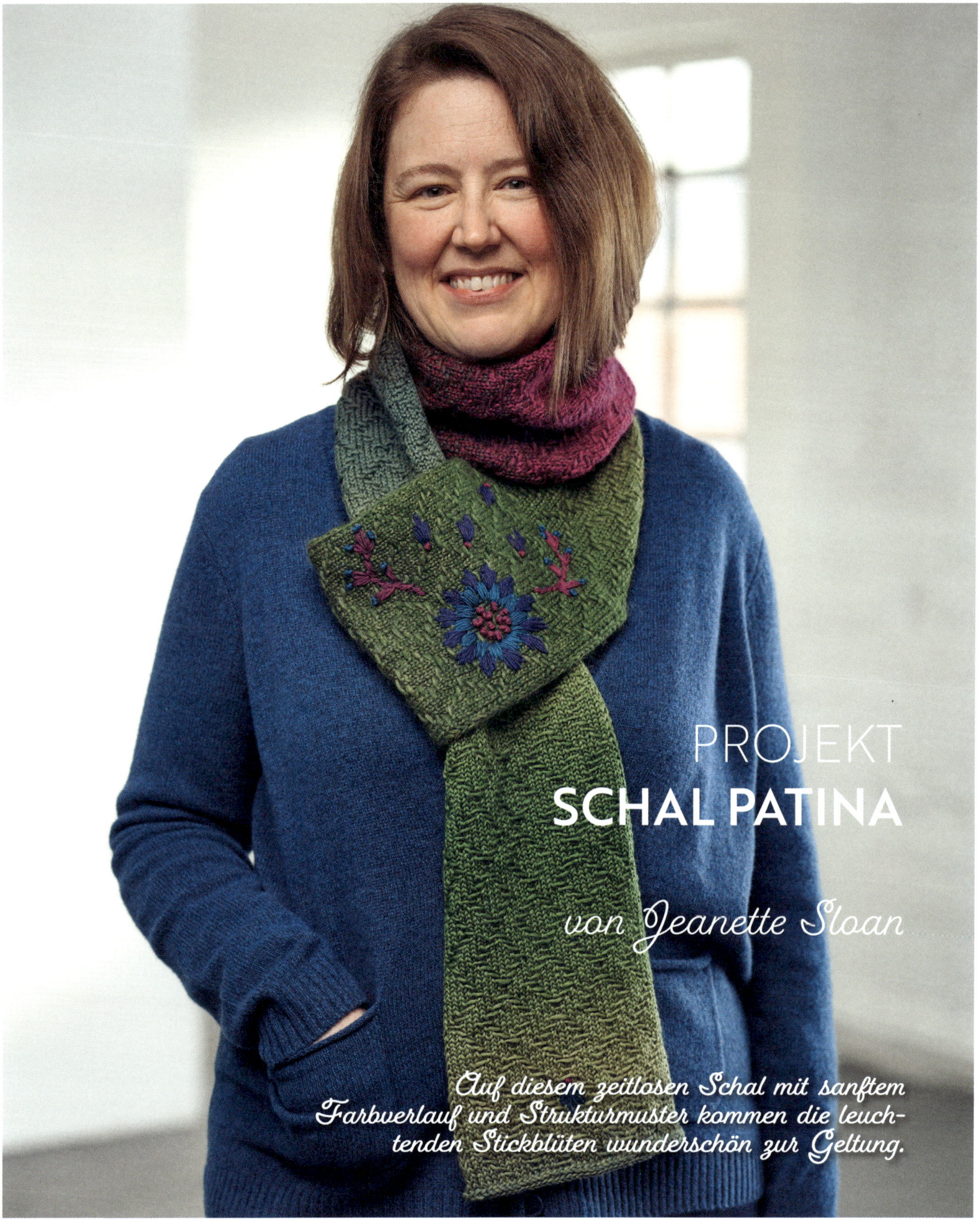

PROJEKT
SCHAL PATINA

von Jeanette Sloan

Auf diesem zeitlosen Schal mit sanftem Farbverlauf und Strukturmuster kommen die leuchtenden Stickblüten wunderschön zur Geltung.

GRÖSSE
Einheitsgröße
Breite: 18,5 cm
Länge: 161 cm

GARN
Schoppel Wolle Gradient (100 % Schurwolle; LL 260 m / 100-g-Knäuel)
Farbe A: Teezeremonie (2249); 2 x 100 g
Schoppel Wolle Zauberball (75 % Schurwolle superwash, 25 % Polyamid biologisch abbaubar; LL 420 m / 100-g-Knäuel)
Farbe B: Herbstzeitlos (2335); 1 x 100 g

Garnverbrauch
Farbe A: ca. 520 m
Farbe B: ca. 5 m von jeder der 3 verschiedenen Farbnuancen

STRICKNADELN UND ZUBEHÖR
1 Paar Stricknadeln (Stärke 4,5 mm)
1 Häkelnadel (Stärke 4,5 mm) für den provisorischen Maschenanschlag
Weicher Garnrest mittlerer Dicke
Verschließbare Maschenmarkierer
Wollnadel

MASCHENPROBE
21,5 M und 38 R = 10 x 10 cm (im Hebemaschen-Webmuster gestrickt, gewaschen und gespannt)

ABKÜRZUNGEN
Ein vollständiges Abkürzungsverzeichnis finden Sie auf S. 110.

SPEZIALTECHNIKEN
Dieses Buch enthält Foto-Tutorials für folgende Techniken:
Aufgehäkelter provisorischer Maschenanschlag (S. 9)
Margeritenstich (S. 39)
Verdrehter Kettenstich (S. 40)
Knötchenstich (S. 41)

Folgende Video-Tutorials (englischsprachig) finden Sie online unter **www.actechniques.co.uk/tutorials-1#/confident-knitting:**
Aufgehäkelter Maschenanschlag (Crochet provisional cast-on method)
Margeritenstich (Detached chain stitch)
Verdrehter Kettenstich (Twisted chain stitch)
Knötchenstich (French knots)
Zusammennähen im Maschenstich (Grafting)

ANMERKUNGEN ZUR STRICKSCHRIFT
Der Schal wird in Reihen gestrickt, daher werden alle ungeraden Reihen (Hinreihen) der Strickschrift von rechts nach links gelesen, alle geraden Reihen (Rückreihen) von links nach rechts.

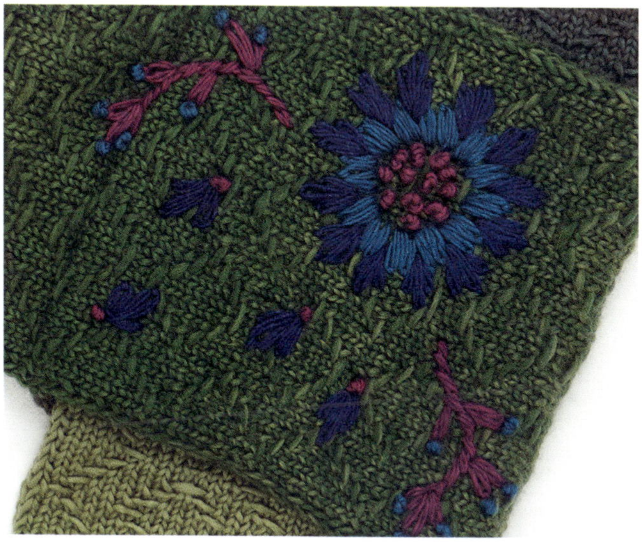

ANMERKUNGEN ZUR ANLEITUNG
Das Modell wird mit einem aufgehäkelten provisorischen Maschenanschlag begonnen. Der Hauptteil des Schals wird in einem Hebemaschenmuster gestrickt, bei dem der Arbeitsfaden auf der Vorderseite der Arbeit mitgeführt wird. Dadurch entsteht auf der Vorderseite ein Web-Effekt, auf der Rückseite ein plastisches Strukturmuster. Durch zwei abgehobene Maschen am Anfang jeder Reihe werden die Längskanten hübsch abgerundet.

Auch wenn sie kompliziert aussieht: Die Stickerei ist eine Kombination aus 3 Grundtechniken: Margeritenstich, verdrehter Kettenstich und Knötchenstich. Wenn Sie sich den Knötchenstich noch nicht zutrauen, können Sie ihn einfach durch Perlen ersetzen. Damit der Schal sich nicht verzieht, sollte er beim Sticken auf einer flachen Oberfläche liegen. Da es schwierig ist, die Rückseite der Stickerei ebenso sauber zu arbeiten wie die Vorderseite, wird die Unterkante des Schals einfach nach oben umgeklappt und im Maschenstich angenäht. So entsteht ein breiter Saum, durch den beim Tragen das andere Ende des Schals gezogen wird.

ANMERKUNGEN ZUM GARN
Schauen Sie sich vor Beginn Ihre beiden Gradient-Knäuel genau an und finden Sie heraus, welche Farbe das innere Ende jedes Knäuels hat. Beginnen Sie mit dem Knäuel, dessen innere Farbe der äußeren Farbe des anderen Knäuels am ähnlichsten ist. So entsteht beim Wechsel von einem zum anderen Knäuel ein fließender Übergang.

Kurz vor Ende des ersten Knäuels immer abwechselnd 2 Reihen mit dem ersten und 2 mit dem zweiten Knäuel stricken, bis nur noch das zweite Knäuel übrig bleibt. Der Zauberball ist eine einfache Möglichkeit, mehrere aufeinander abgestimmte Farbtöne zum Sticken zu erhalten. Alternativ dazu können Sie auch Wollreste von anderen Projekten verwenden.

SCHAL

1 MASCHENANSCHLAG UND VORBEREITUNG

Vor Beginn die Anmerkungen zum Garn lesen.
Einen Laufknoten in den Garnrest machen und auf die Häkelnadel nehmen. Dann im provisorischen aufgehäkelten Maschenanschlag (siehe S. 9) 41 M auf die Stricknadel anschlagen. Vor dem Abschneiden des Garns noch ein paar extra Luftmaschen häkeln, damit der Anschlag sich nicht aufribbelt.

Zu Farbe A wechseln.
1. Vorbereitungs-R (Hin-R): Rechts stricken.
2. Vorbereitungs-R (Rück-R): 2 M abh mFv, li M bis Ende.

Weiter mit Schritt 2 für die Anleitung mit Strickschrift oder mit Schritt 3 für die Textanleitung.

2 HAUPTTEIL DES SCHALS – ANLEITUNG MIT STRICKSCHRIFT

1. R (Hin-R): Von re nach li gelesen die 41 M der 1. R von Strickschrift A arb.
2. R (Rück-R): Von li nach re gelesen die 41 M der 2. R von Strickschrift A arb.
Weiter nach Strickschrift A arb, bis die 16. R zum 43. Mal gestrickt wurde (688 Muster-R gestrickt). Garn nicht abschneiden.

Weiter mit Schritt 4.

3 HAUPTTEIL DES SCHALS – TEXTANLEITUNG

1. R (Hin-R): 2 M abh mFh, 5 M re, 2 M abh mFv, 3 M re, 1 M abh mFv, 3 M re, 2 M abh mFv, 5 M re, 2 M abh mFv, 3 M re, 1 M abh mFv, 3 M re, 2 M abh mFv, 7 M re.
2. R und alle folg. Rück-R: 2 M abh mFv, li M bis Ende.
3. R: 2 M abh mFh, 4 M re, 2 M abh mFv, 3 M re, 3 M abh mFv, 2x [3 M re, 2 M abh mFv], 3 M re, 3 M abh mFv, 3 M re, 2 M abh mFv, 6 M re.
5. R: 2 M abh mFh, 3 M re, 2 M abh mFv, 3x [3 M re, 2 M abh mFv, 1 M re, 2 M abh mFv], 3 M re, 2 M abh mFv, 5 M re.
7. R: 2 M abh mFh, 2 M re, 3x [2 M abh mFv, 3 M re], 3 M abh mFv, 3x [3 M re, 2 M abh mFv], 4 M re.
9. R: 2 M abh mFh, 1 M re, 2 M abh mFv, 3 M re, 2 M abh mFv, 5 M re, 2 M abh mFv, 3 M re, 1 M abh mFv, 3 M re, 2 M abh mFv, 5 M re, 2x [2 M abh mFv, 3 M re].
11. R: Wie 7. R.
13. R: Wie 5. R.
15. R: Wie 3. R.
16. R (Rück-R): Wie 2. R.
Die letzten 16 Reihen bilden das Hebemaschen-Webmuster.
Weiter im Muster stricken, bis die 16. R zum 43. Mal gestrickt wurde (688 Muster-R gestrickt). Garn nicht abschneiden.

Weiter mit Schritt 4.

ZEICHENERKLÄRUNG

☐ In Hin-R re M, in Rück-R li M

☑ In Hin-R 1 M abh mFh, in Rück-R 1 M abh mFv

☒ In Hin-R 1 M abh mFv, in Rück-R 1 M abh mfh

4 ABKETTEN MIT I-CORD

3 Maschen auf die linke Nadel aufstricken (dies sind die 3 I-Cord-Maschen). 44 M.
Nun die M mit I-Cord abketten wie folgt:
*2 M re, 2 M re verschr zus (dies verbindet 1 I-Cord-M mit einer Schal-M, so dass 1 M abgekettet wird). Diese 3 M zurück auf die li Nadel heben. Ab * wh (dabei den Faden hinter der Arbeit beim Stricken der 1. M jedes Mal fest anziehen), bis nur noch 3 M verbl. Die verbl. 3 M abketten. Garn abschneiden und Fadenende durch letzte M ziehen.

5 FERTIGSTELLUNG

Alle Fäden vernähen. Den Schal behutsam auf die fertigen Maße spannen oder leicht dämpfen. Vor dem Entfernen der Stecknadeln gut trocknen oder abkühlen lassen.

6 STICKEREI

Ab der Kante des provisorischen Anschlags gemessen beidseits je 1 verschließbaren MM in 18 und 36 cm Höhe am Rand anbringen. Die Stickerei wird zwischen diesen MM platziert. Einen doppelten Faden von Farbe B in eine Wollnadel einfädeln. Mithilfe der Vorlage für die Stickerei die Blumen aufsticken wie abgebildet. Dabei die Stiche nicht zu fest ziehen, da sich sonst die Strickarbeit verziehen und wellen kann. Foto-Tutorials zu allen 3 Stickstichen siehe S. 39-41.

STRICKSCHRIFT A: Hebemaschen-Webmuster

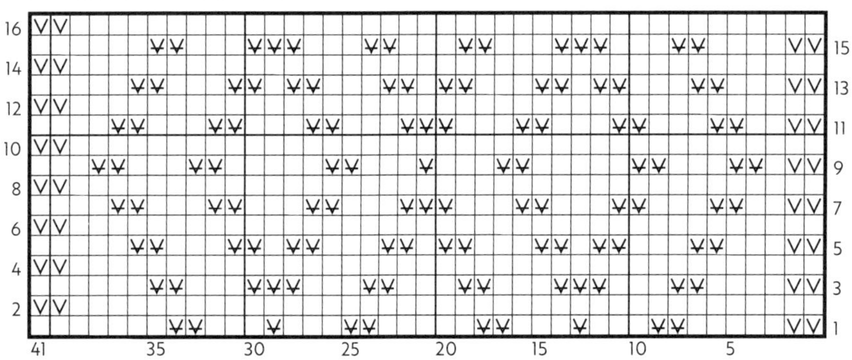

7 SAUM ANNÄHEN

Am provisorischen Maschenanschlag vorsichtig den Hilfsfaden auftrennen und die Maschen des Hauptgarns auf eine separate Nadel legen.
Entlang der U-förmigen Maschen auf der Rückseite der markierten R in 36 cm Höhe 41 M aufnehmen. Den Schal an den ersten beiden MM (in 18 cm Höhe) links auf links falten, so dass die Stickerei bedeckt ist. Mit Ihrer bevorzugten Methode die angeschlagenen M mit den aufgenommenen M unsichtbar im Maschenstich zusammennähen.
Alle übrigen Fäden vernähen.

VORLAGE FÜR DIE STICKEREI

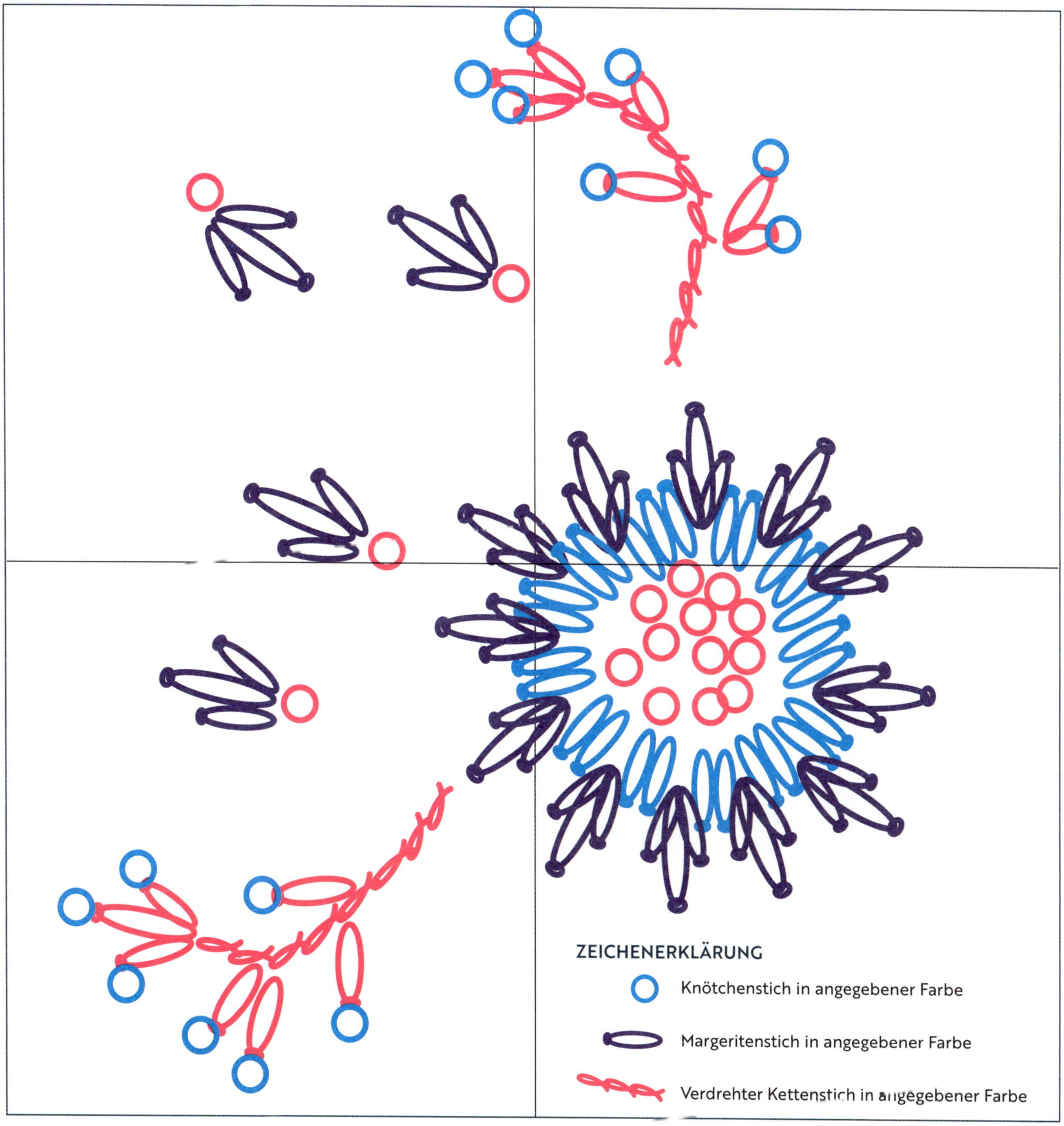

Vorlage in Originalgröße – auf 100 % eingestellt ausdrucken

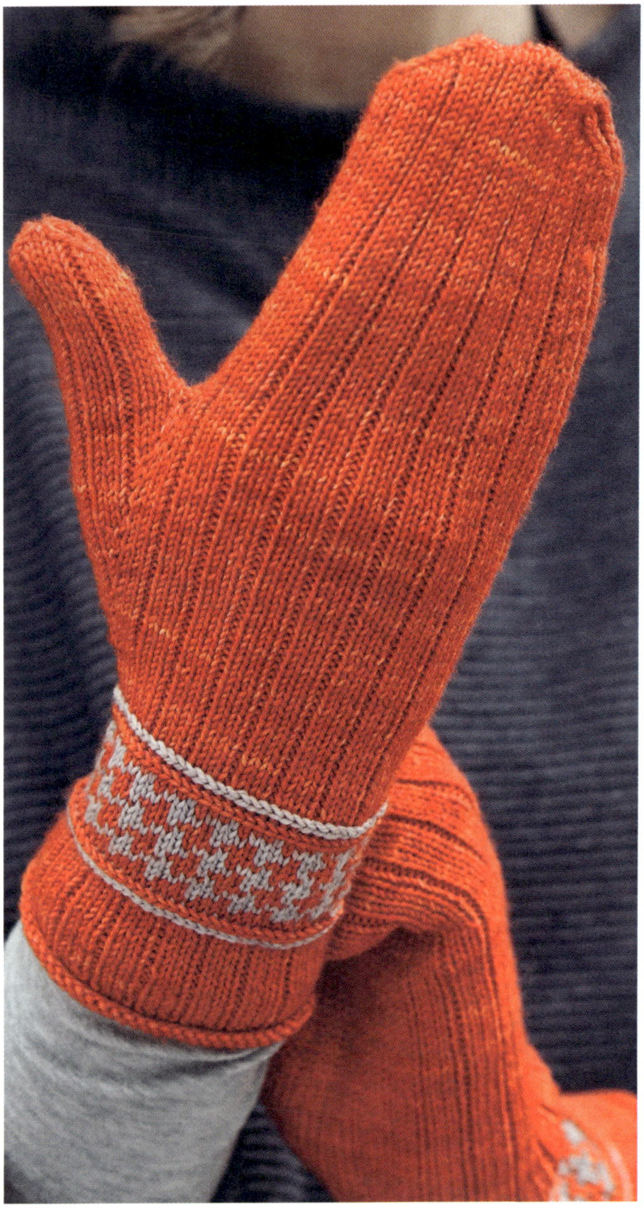

TECHNIK

VIKKEL-FLECHT-BORTEN (VIKKEL BRAIDS)

Manchmal braucht ein Strickprojekt ein gewisses Extra, um ein Muster zur Geltung zu bringen – ein solches Extra ist die Estnische Vikkel-Flechtborte! Diese Borten, schmale Streifen aus quer verlaufenden Maschen, verleihen einem Modell Struktur und eignen sich ideal zur Einfassung anderer Strickmuster.

Die Stricktechnik ähnelt dabei einem nach links gekreuzten Zopf aus 2 Maschen (1/1 lvkr), manchmal auch Z2v genannt (Zopf über 2 M vorne verkreuzt). Im Grunde wird die spezielle Bortenmasche einfach fortlaufend wiederholt, so dass kein senkrechter Zopf, sondern eine waagerechte Borte entsteht (hier rings ums Handgelenk).

Die Fadenspannung in den Bortenrunden sollte dabei nicht von der übrigen Strickarbeit abweichen. Manchmal ist es notwendig, die Flechtborte mit einer anderen Nadelgröße zu stricken, damit ein gleichmäßiges Maschenbild entsteht.

Die folgenden Tutorials beschreiben ein- und zweifarbige Vikkel-Flechtborten – bei Letzteren können Sie die Borte in einer anderen Farbe stricken als die folgenden Maschen. In den Tutorials wird die Technik ausführlich erklärt.

EINFARBIGE VIKKEL-FLECHTBORTE

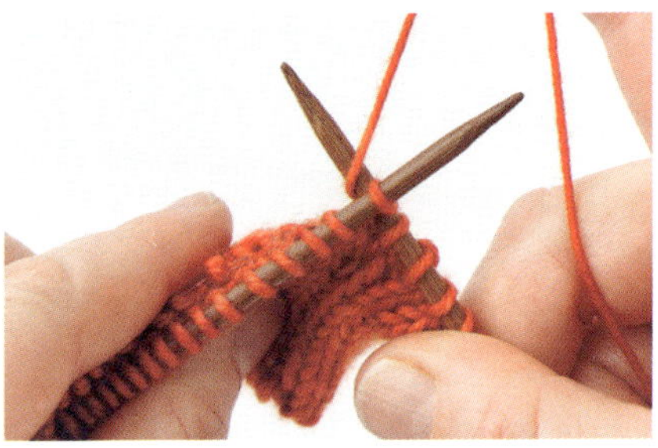

1 Mit der rechten Nadel zwischen den 2 ersten M auf der linken Nadel einstechen. Mit der rechten Nadelspitze den Faden holen.

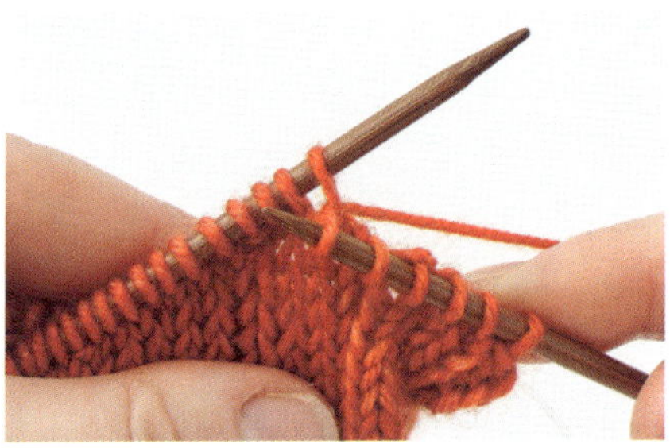

2 Den Faden durchziehen.

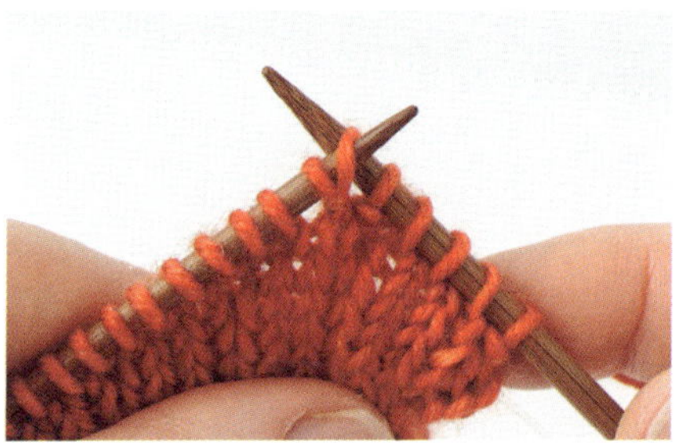

3 Die durchgezogene Schlaufe auf die linke Nadel legen. Damit wurde eine M aufgestrickt.

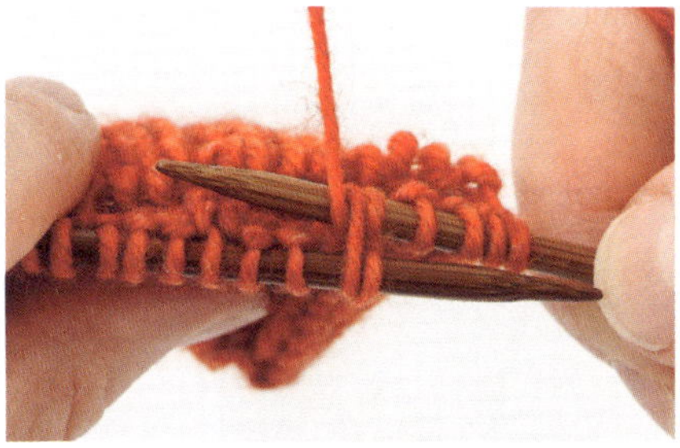

4 Mit der rechten Nadel von rechts hinten in die 2. M der linken Nadel einstechen und den Faden holen.

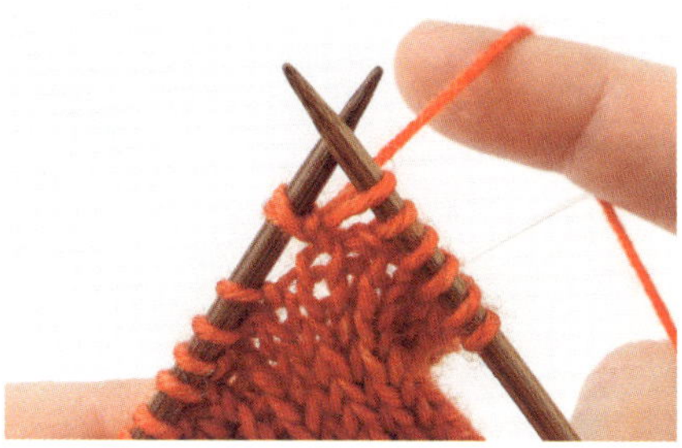

5 Den Faden durchziehen, aber die ursprüngliche M auf der linken Nadel lassen.

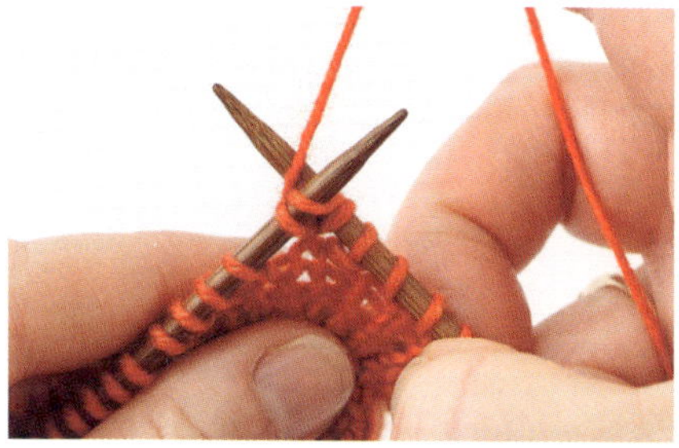

6 Die 1. M auf der linken Nadel normal rechts stricken (von vorn einstechen).

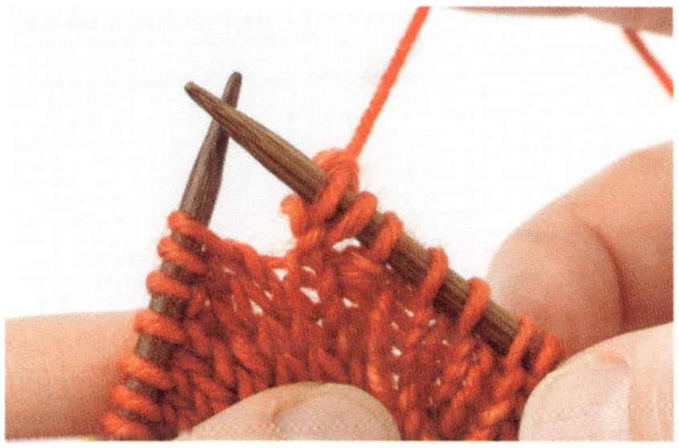

7 Beide M von der linken Nadel heben.

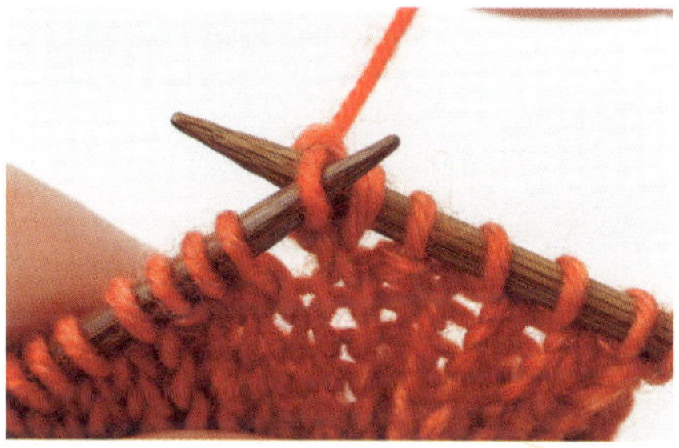

8 Die gerade gestrickte M zurück auf die linke Nadel heben.

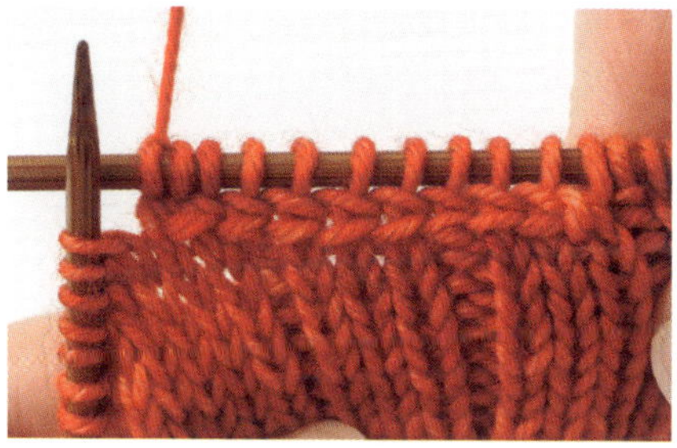

9 Durch Wiederholen der Schritte 4-8 entsteht die Vikkel-Flechtborte aus waagerecht verlaufenden M.

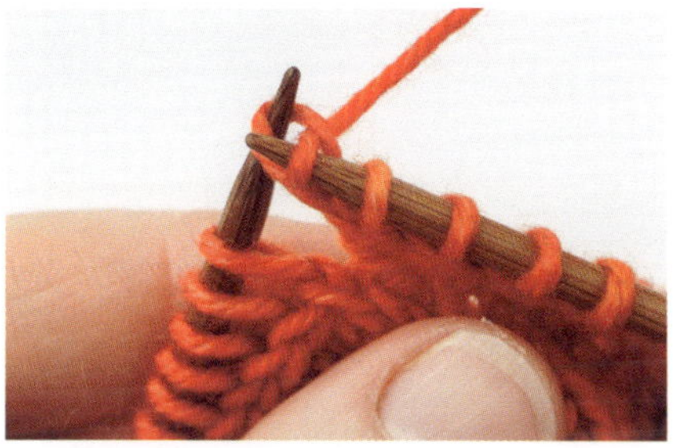

10 Wurde die letzte M der Runde in Schritt 4 gearbeitet, Schritte 5-7 stricken. Garn abschneiden und durch die letzte gestrickte M ziehen.

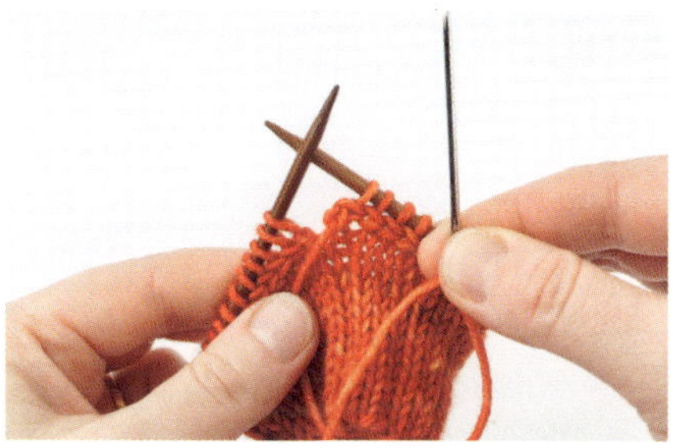

11 Das Fadenende in eine Wollnadel einfädeln.

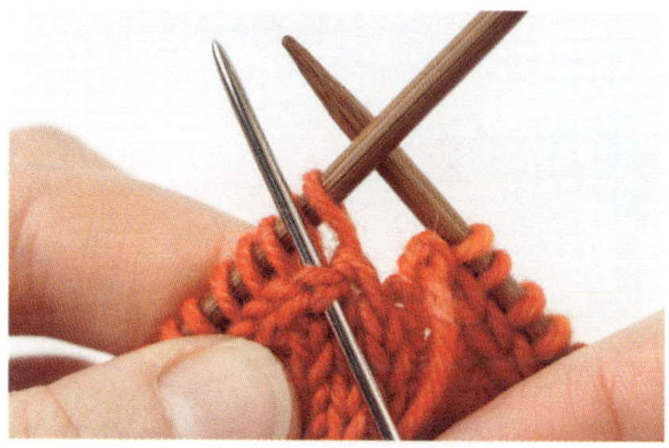

12 Die Wollnadel von unten in die beiden Glieder der ersten Bortenmasche (unter der linken Nadelspitze) führen.

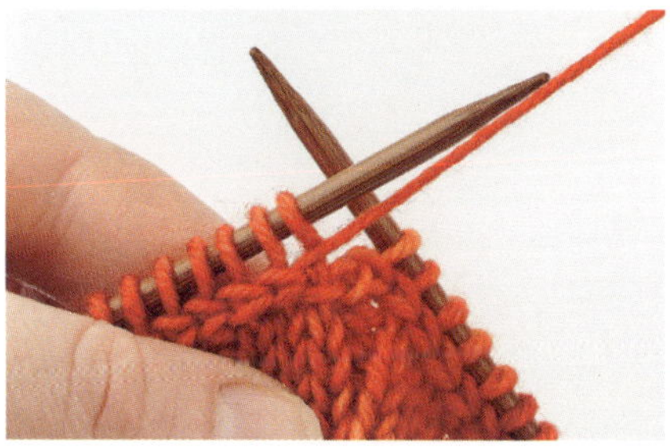

13 Den Faden so durchziehen, dass er gleich fest gespannt ist wie die benachbarten M.

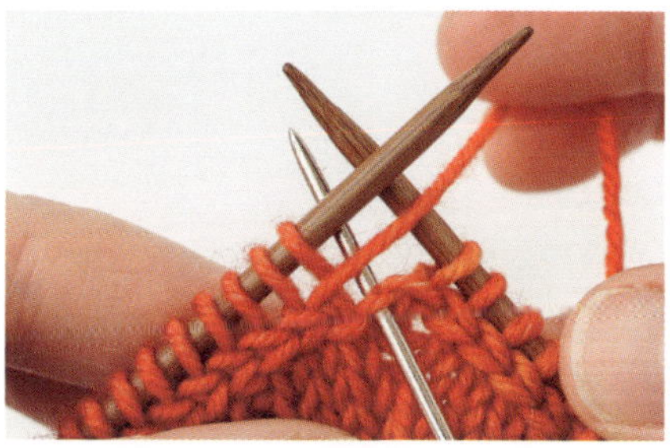

14 Mit der Wollnadel von vorn nach hinten in die letzte waagerechte Bortenmasche unter der rechten Nadelspitze einstechen.

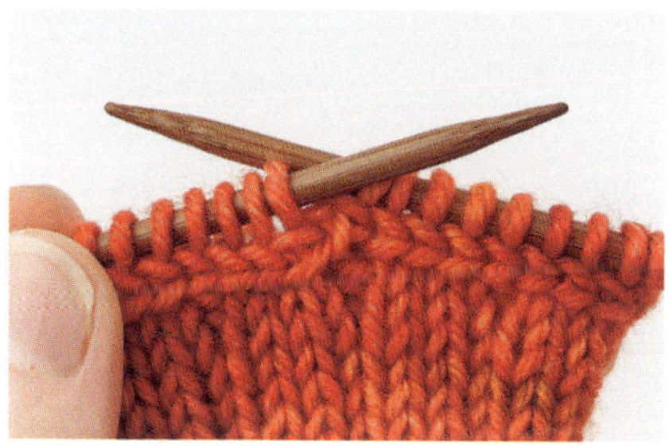

15 Das Fadenende auf links vernähen. Wenn über der Vikkel-Flechtborte weitergestrickt wird, legen sich die M schön waagerecht um das Handgelenk des Fäustlings.

ZWEIFARBIGE VIKKEL-FLECHTBORTE

In dieser Anleitung ist Farbe B diejenige, die später an der waagerechten Vikkel-Flechtborte zu sehen sein soll. A ist die Farbe, die in der 1. Maschenrunde oberhalb der Borte zu sehen sein wird. Für eine gleichmäßige Borte Farbe A oberhalb von Farbe B führen.

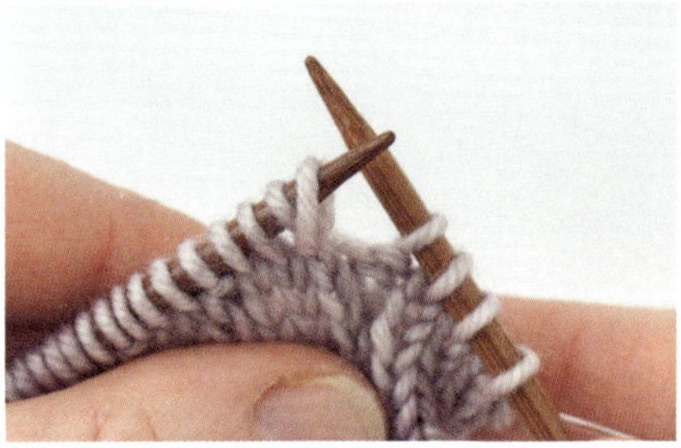

1 Mit Farbe B die Schritte 1-3 der Anleitung für die einfarbige Vikkel-Flechtborte arbeiten, um eine M auf die linke Nadel aufzustricken.

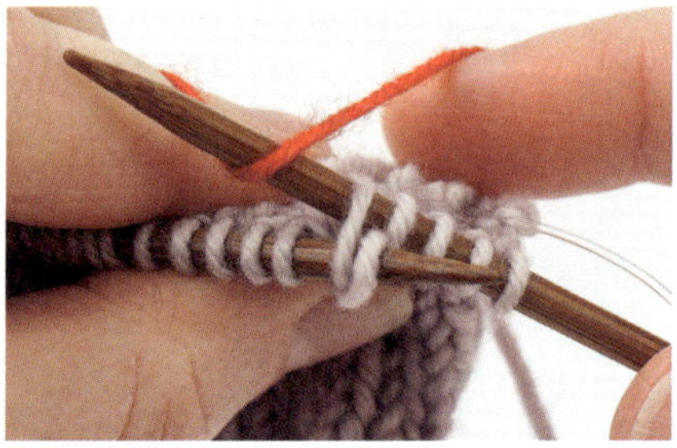

2 Mit der rechten Nadel von rechts hinten in die 2. M der linken Nadel einstechen und den Faden von Farbe A holen.

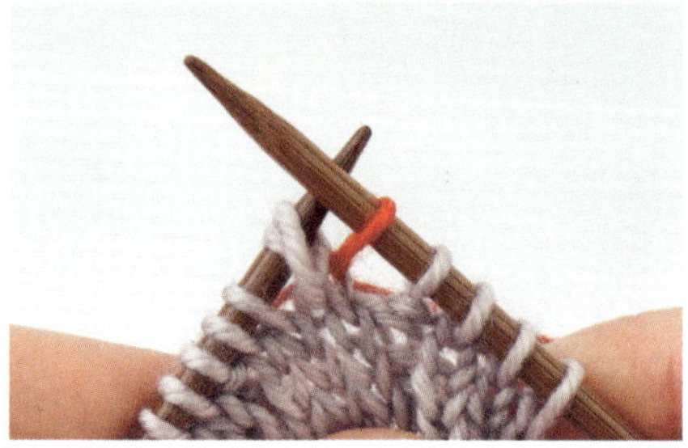

3 Den Faden von Farbe A durchziehen, aber die ursprüngliche M auf der linken Nadel lassen.

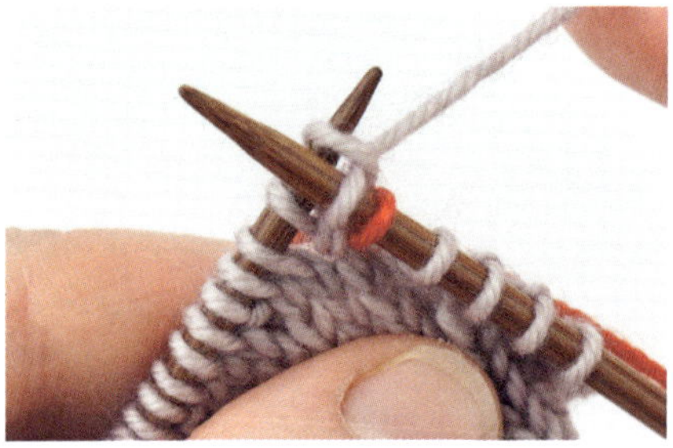

4 Die 1. M auf der linken Nadel mit Farbe B normal rechts stricken (von vorn einstechen).

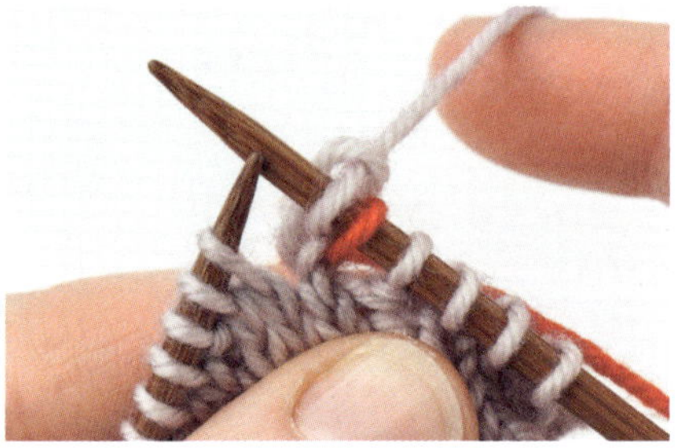

5 Beide M von der linken Nadel heben.

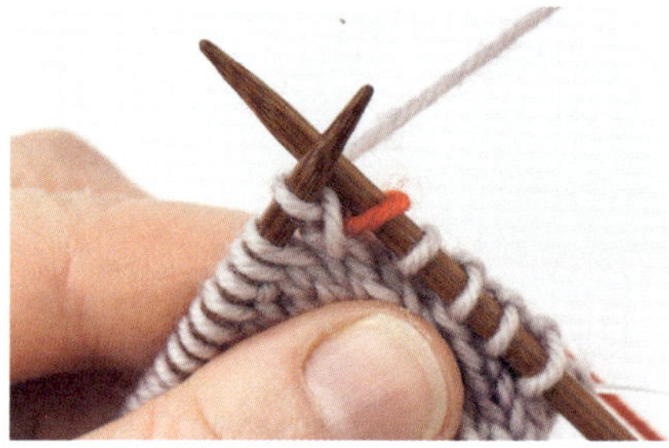

6 Die gerade gestrickte Farbe-B-M zurück auf die linke Nadel legen.

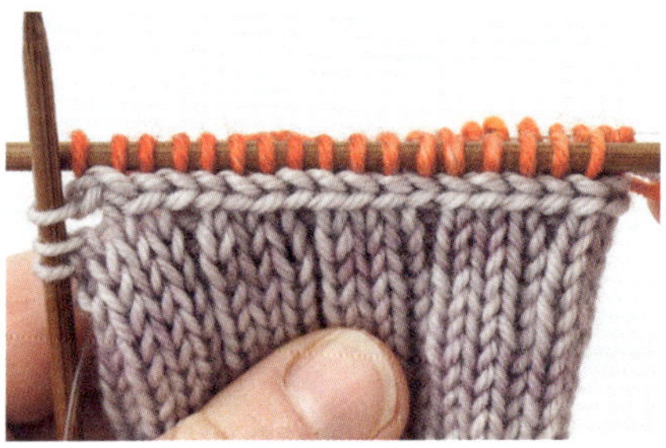

7 Durch fortlaufendes Wiederholen der Schritte 2-6 entsteht die Vikkel-Flechtborte aus waagerecht verlaufenden M in Farbe B. Auf der Nadel liegen M in Farbe A.

Nun die Schritte 10-15 der einfarbigen Vikkel-Flechtborte durchführen. Farbe B abschneiden, um die letzte M der Borte fertigzustellen und einen nahtlosen Übergang zu erhalten.

Ich hoffe, das Ausprobieren der Vikkel-Flechtborten an Lilys Burnished-Fäustlingen weckt Ihre Neugier, viele andere quer verlaufende Flechtborten zu entdecken, die man stricken kann, wie die Lettische Flechtborte.

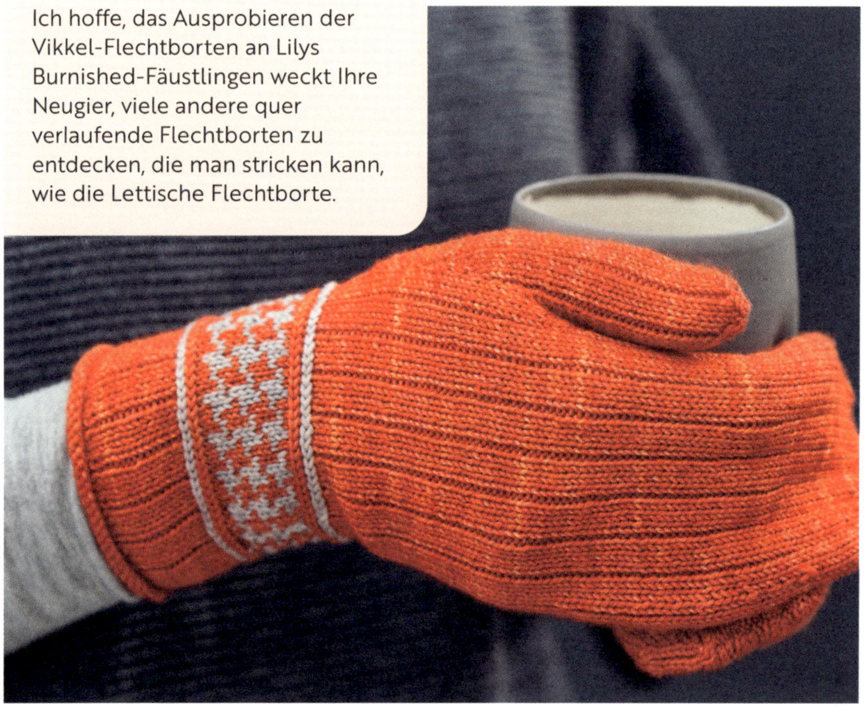

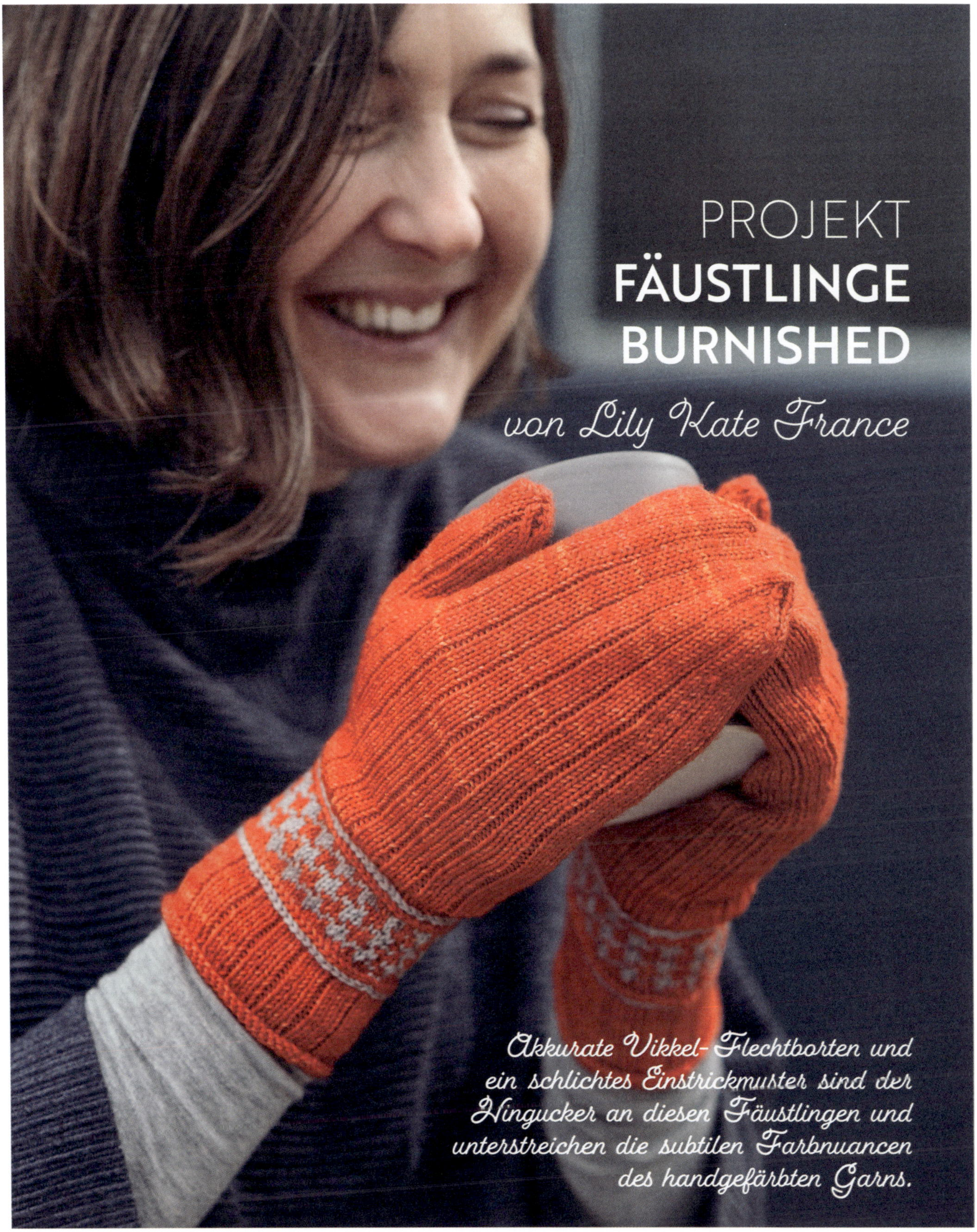

PROJEKT FÄUSTLINGE BURNISHED

von Lily Kate France

Akkurate Vikkel-Flechtborten und ein schlichtes Einstrickmuster sind der Hingucker an diesen Fäustlingen und unterstreichen die subtilen Farbnuancen des handgefärbten Garns.

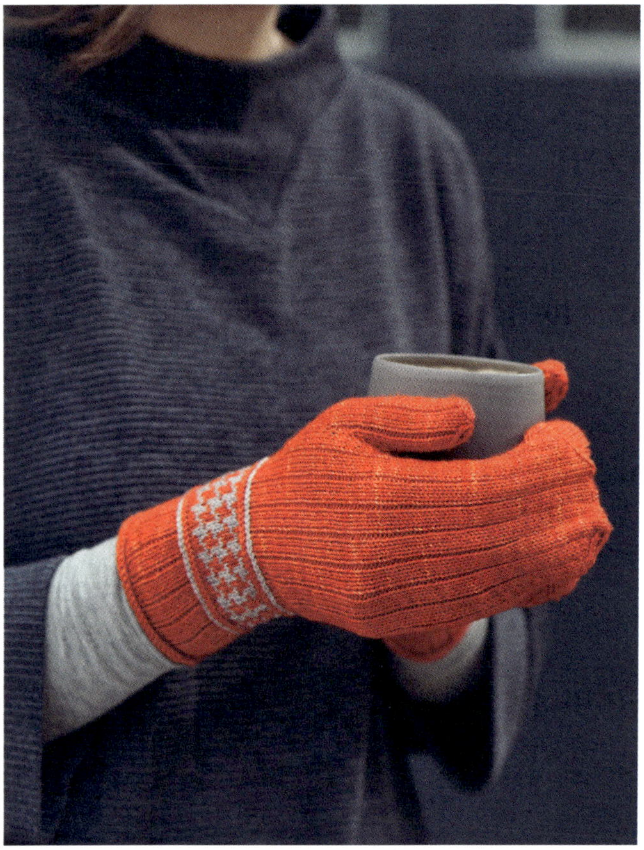

GRÖSSE
S (M, L, XL)
Passend für Handumfang oberhalb des Daumens: 16 (18, 20, 22) cm
Fertiger Handumfang oberhalb des Daumens (ungedehnt): 12 (14, 16, 18) cm
Länge: 22 (27,5, 27,5, 32,5) cm
Abgebildetes Modell: Größe L an Handumfang von 20,5 cm

GARN
Old Maiden Aunt Superwash Merino 4ply (100 % Schurwolle superwash; LL 365 m / 100-g-Knäuel und 73 m / 20-g-Knäuel)
Farbe A: Peachy Keen; 1 x 100 g für alle Größen
Farbe B: The White Hare; 1 x 20 g für alle Größen

Garnverbrauch
Farbe A: Ca. 160 (235, 270, 355) m
Farbe B: Ca. 60 m für alle Größen

STRICKNADELN UND ZUBEHÖR
Nadelstärke 2,5 mm oder die Stärke, mit der die Maschenprobe erreicht wird: 1 Nadelspiel oder Ihre Lieblingsnadeln für kleine Runden, Maschenmarkierer, Kleiner Garnrest, Wollnadel

MASCHENPROBE
40 M und 44 Rd = 10 x 10 cm (im 3/1-Rippenmuster rundgestrickt, ungedehnt nach dem Waschen und Spannen)
40 M und 44 Rd = 10 x 10 cm (im Einstrickmuster rundgestrickt, ungedehnt nach dem Waschen und Spannen)
Eventuell müssen unterschiedliche Nadelstärken verwendet werden, damit die Maschenprobe in beiden Mustern übereinstimmt. Die Nadelstärke bitte bei Bedarf anpassen.

ABKÜRZUNGEN
Ein vollständiges Abkürzungsverzeichnis finden Sie auf S. 110.

SPEZIALTECHNIKEN
Dieses Buch enthält Foto-Tutorials für die folgenden Techniken:
Einfarbige Vikkel-Flechtborte (S. 46)
Zweifarbige Vikkel-Flechtborte (S. 48)

Folgende Video-Tutorials (englischsprachig) finden Sie online unter **www.actechniques.co.uk/tutorials-1#/confident-knitting:**
Vikkel-Flechtborten (Vikkel braids)
Zusammennähen im Maschenstich (Grafting)
Abketten mit 3 Nadeln (Three-needle bind off)

ANMERKUNGEN ZUR ANLEITUNG
Die Fäustlinge werden mit einem kleinen glatt rechts gestrickten Rollsaum begonnen, an den sich der gerippte Bund (3 M re, 1 M li) anschließt. Zu beiden Seiten des folgenden Einstrickmusters werden zwei Vikkel-Flechtborten gestrickt. Die letzte Vikkel-Flechtborte wird zweifarbig gearbeitet, damit danach für den übrigen Fäustling wieder die Maschen in der Grundfarbe auf den Nadeln liegen. Die Hand des Fäustlings wird im Rippenmuster (3 M re, 1 M li) mit einem Daumenzwickel gestrickt. Die Daumenmaschen werden stillgelegt, während die Hand fertiggestellt wird. Nach den Abnahmen für die Spitze werden die vorderen und hinteren Maschen im Maschenstich oder durch Abketten mit 3 Nadeln verbunden. Zum Schluss wird der Daumen im 3/1-Rippenmuster gestrickt und erhält an der Spitze dekorative Abnahmen.

ANMERKUNGEN ZUR STRICKSCHRIFT
Die Fäustlinge werden rundgestrickt, daher werden alle Reihen der Strickschrift von rechts nach links gelesen.

FÄUSTLINGE

Zwei identische Fäustlinge stricken.

1 MASCHENANSCHLAG UND BUND
Mit Farbe A 48 (56, 64, 72) M anschlagen. Zur Rd schließen, aufpassen, dass die M sich nicht verdrehen. MMs für Rd-Beginn.
1.-4. Rd: Rechts stricken.
5.-19. Rd: *3 M re, 1 M li; ab * fortl. wh.

2 EINSTRICKMUSTER UND VIKKEL-FLECHTBORTEN
Mit Farbe B eine einfarbige Vikkel-Flechtborte stricken (siehe Foto-Tutorial S. 46). Mit Farbe A eine einfarbige Vikkel-Flechtborte stricken.

Mustereinteilung nach Strickschrift A:
1. Rd: 12- (14-, 16-, 18-)mal die 4 M der 1. R von Strickschrift A stricken.
Weiter nach Strickschrift A arbeiten, bis die 1. R der Strickschrift zum 4. Mal gestrickt wurde (13 Rd des Einstrickmusters fertig).
Mit Farbe A eine einfarbige Vikkel-Flechtborte stricken.
Nun eine zweifarbige Flechtborte arbeiten (mit Farbe B für die waagerechten Bortenmaschen und Farbe A für die Maschen, die zum Schluss auf den Nadeln liegen; siehe S. 48).
Folg. Rd: In Farbe A *3 M re, 1 M li; ab * fortl. wh.
Die letzte Rd noch 4-mal wh (5 Runden im 3/1-Rippenmuster gestrickt).
Weiter mit Schritt 3 für die Anleitung mit Strickschrift und mit Schritt 4 für die Textanleitung.

3 DAUMENZWICKEL – ANLEITUNG MIT STRICKSCHRIFT
Vorbereitungs-Rd: 23 (27, 31, 35) M weiter im Rippenmuster str, MMs, 1 M li, MMs, verbl. 24 (28, 32, 36) M im Rippenmuster str.

Mustereinteilung nach Strickschrift B:
1. Rd (Zun): Im Rippenmuster bis MM str, MM abh, die 1. R von Strickschrift B arb, MM abh, Rippenmuster bis Ende. 2 M zugen; 50 (58, 66, 74) M.
Weiter nach Strickschrift B arb, bis die 27. (33., 33., 39.) R der Strickschrift fertig ist; dabei M zun wie angegeben. 16 (20, 20, 24) M zugen; 66 (78, 86, 98) M.
Daumen abteilen wie folgt:
Folg. Rd: Rippenmuster bis MM, MM entf, folg. 19 (23, 23, 27) M auf Hilfsfaden stilllegen, 1 M aufschlingen((R)) (Schlingenanschlag)((R)), MM entf, Rippenmuster bis Ende. 48 (56, 64, 72) M.
Weiter mit Schritt 5 für die Anleitung mit Strickschrift, mit Schritt 6 für die Textanleitung.

4 DAUMENZWICKEL – TEXTANLEITUNG
Vorbereitungs-Rd: 23 (27, 31, 35) M weiter im Rippenmuster str, MMs, 1 M li, MMs, verbl. 24 (28, 32, 36) M im Rippenmuster str.
1. Rd (Zun): Rippenmuster bis MM, MM abh, 1 re gen Zun, 1 M li, 1 li gen Zun, MM abh, Rippenmuster bis Ende. 2 M zugen; 50 (58, 66, 74) M.
2.-3. Rd: Rippenmuster bis MM, MM abh, 1 M re, 1 M li, 1 M re, MM abh, Rippenmuster bis Ende.
4. Rd (Zun): Rippenmuster bis MM, MM abh, 1 re gen Zun, 1 M re, 1 M li, 1 M re, 1 li gen Zun, MM abh, Rippenmuster bis Ende. 2 M zugen; 52 (60, 68, 76) M.
5.-6. Rd: Rippenmuster bis MM, MM abh, 2 M re, 1 M li, 2 M re, MM abh, Rippenmuster bis Ende.
7. Rd (Zun): Rippenmuster bis MM, MM abh, 1 re gen Zun, 2 M re, 1 M li, 2 M re, 1 li gen Zun, MM abh, Rippenmuster bis Ende. 2 M zugen; 54 (62, 70, 78) M.
8.-9. Rd: Rippenmuster bis MM, MM abh, 3 M re, 1 M li, 3 M re, MM abh, Rippenmuster bis Ende.
10. Rd (Zun): Rippenmuster bis MM, MM abh, 1 re gen Zun, 3 M re, 1 M li, 3 M re, 1 li gen Zun, MM abh, Rippenmuster bis Ende. 2 M zugen; 56 (64, 72, 80) M.
11.-12. Rd: Rippenmuster bis MM, MM abh, 2-mal [1 M li, 3 M re], 1 M li, MM abh, Rippenmuster bis Ende.
13. Rd (Zun): Rippenmuster bis MM, MM abh, 1 re gen Zun, 2-mal [1 M li, 3 M re], 1 M li, 1 li gen Zun, MM abh, Rippenmuster bis Ende. 2 M zugen; 58 (66, 74, 82) M.
Weiter im Muster str, dabei beidseits des Daumenzwickels in jeder 3. Rd 1 M zun, bis zw. den MM 19 (23, 23, 27) Daumen-M liegen. Die 3/1-Rippen stets über alle zugen M fortsetzen. Noch 2 Rd ohne Zun str. 8 (12, 12, 16) M zugen; 66 (78, 86, 98) M.
Insgesamt sind nun 27 (33, 33, 39) Daumenzwickel-Rd gestrickt.
Daumen abteilen wie folgt:
Folg. Rd: Rippenmuster bis MM, MM entf, folg. 19 (23, 23, 27) M auf Hilfsfaden stilllegen, 1 M aufschlingen((R)) (Schlingenanschlag)((R)), MM entf, Rippenmuster bis Ende. 48 (56, 64, 72) M.
Weiter mit Schritt 5 für die Anleitung mit Strickschrift, mit Schritt 6 für die Textanleitung.

5 HAND – ANLEITUNG MIT STRICKSCHRIFT
Mustereinteilung des 3/1-Rippenmusters:
1. Rd: *3 M re, 1 M li; ab * fortl. wh.
Weiter im 3/1-Rippenmuster gerade hoch str bis zu einer Höhe von 20 (25,5, 25,5, 30,5) cm ab Maschenanschlag (Rollrand zum Messen eingerollt lassen).

Mustereinteilung nach Strickschrift C:
Folg. Rd (Abn): *1. R von Strickschrift C str, dabei den rot markierten Rapport insges. 1- (2-, 3-, 4-)mal wh; ab * noch 1-mal wh. 4 M abgen; 44 (52, 60, 68) M verbl.
Weiter nach Strickschrift C arb, bis die 8. R fertig ist; dabei M abn wie angegeben. 28 M abgen; 16 (24, 32, 40) M verbl.
Die M so verteilen, dass die ersten 8 (12, 16, 20) M der Rd auf einer Nadel liegen, die übrigen 8 (12, 16, 20) M auf der 2. Nadel.
Die Nadeln so parallel legen (Spitzen nach rechts), dass der Arbeitsfaden an der hinteren Nadel sitzt. Die M der 2 Nadeln im Maschenstich zusammennähen oder den Fäustling auf links wenden und die M durch Abketten mit 3 Nadeln verbinden.
Weiter mit Schritt 7.

6 HAND – TEXTANLEITUNG
Mustereinteilung des 3/1-Rippenmusters:
1. Rd: *3 M re, 1 M li; ab * fortl. wh.
Weiter im 3/1-Rippenmuster gerade hoch str bis zu einer Höhe von 20 (25,5, 25,5, 30,5) cm ab Maschenanschlag (Rollrand zum Messen eingerollt lassen).
1. Rd (Abn): *AAZ, 1 M re, 1 M li, 4- (5-, 6-, 7-)mal [3 M re, 1 M li], 1 M re, 2 M re zus, 1 M li, MMs; ab * noch 1-mal wh. 4 M abgen; 44 (52, 60, 68) M verbl.
2. Rd (Abn): *AAZ, 1 M li, 4- (5-, 6-, 7-)mal [3 M re, 1 M li], 2 M re zus, 1 M li, MM abh; ab * noch 1-mal wh. 4 M abgen; 40 (48, 56, 64) M verbl.
3. Rd: *AAZ, weiter im Rippenmuster bis 3 M vor MM, 2 M re zus, 1 M li; ab * noch 1-mal wh. 4 M abgen.

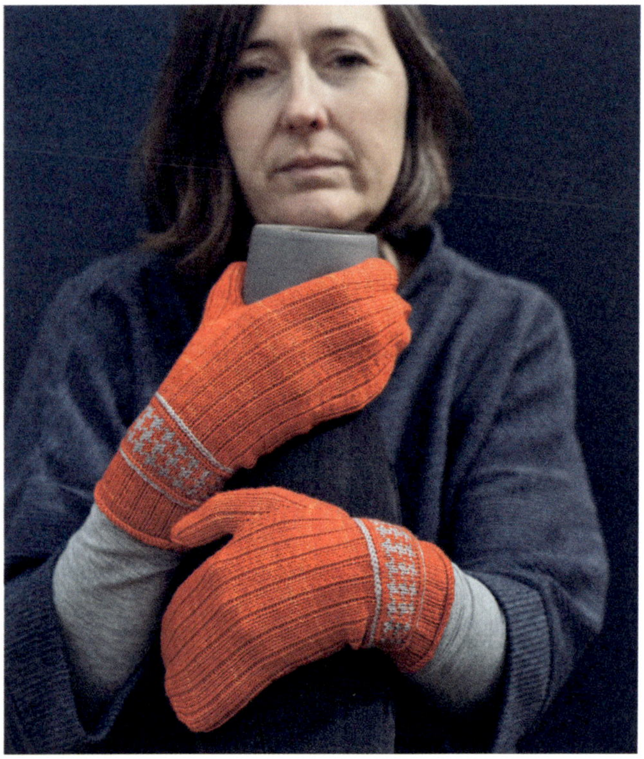

Die letzte Rd noch 5-mal wh. 24 M abgen; 16 (24, 32, 40) M verbl. Die M so verteilen, dass die ersten 8 (12, 16, 20) M der Rd auf einer Nadel liegen, die übrigen 8 (12, 16, 20) M auf der 2. Nadel. Die Nadeln so parallel legen (Spitzen nach rechts), dass der Arbeitsfaden an der hinteren Nadel sitzt. Die M der 2 Nadeln im Maschenstich zusammennähen oder den Fäustling auf links wenden und die M durch Abketten mit 3 Nadeln verbinden. Weiter mit Schritt 7.

7 DAUMEN

Die 19 (23, 23, 27) Daumen-M wieder auf die Nadeln legen und Farbe A anmaschen.

Nur Größen M und L

1. Rd: 5-mal [3 M re, 1 M li], 3 M re, in der Lücke unten am Daumenansatz 3 M aufn und re str. 26 M.
MMs und zur Rd schließen.
2. Rd (Abn): 6-mal [3 M re, 1 M li], 2 M li zus. 1 M abgen; 25 M verbl.
3. Rd (Abn): 5-mal [3 M re, 1 M li], 3 M re, 2 M li zus. 1 M abgen; 24 M verbl.
4.-19. Rd: *3 M re, 1 M li; ab * fortl. wh.
Der Daumen sollte nun 4,5 cm lang sein, d. h. 1 cm kürzer als die gewünschte Gesamtlänge. Weitere Rippen-Rd str, wenn der Daumen länger werden soll.
20. Rd (Abn): *AAZ, 1 M re, 1 M li, 3 M re, 1 M li, 1 M re, 2 M re zus, 1 M li; ab * noch 1-mal wh. 4 M abgen; 20 M verbl.
21. Rd (Abn): *AAZ, 1 M li, 3 M re, 1 M li, 2 M re zus, 1 M li; ab * noch 1-mal wh. 4 M abgen; 16 M verbl.
22. Rd (Abn): *AAZ, 3 M re, 2 M re zus, 1 M li; ab * noch 1-mal wh. 4 M abgen; 12 M verbl.
23. Rd (Abn): *AAZ, 1 M re, 2 M re zus, 1 M li; ab * noch 1-mal wh. 4 M abgen; 8 M verbl.

Nur Größen S und XL

1. Rd: 1 M re, 1 M li, 4- (-, -, 6-)mal [3 M re, 1 M li], 1 M re, in der Lücke unten am Daumenansatz 3 M aufn und re str. 22 (-, -, 30) M.
MMs und zur Rd schließen.
2. Rd (Abn): 1 M re, 1 M li, 4- (-, -, 6-)mal [3 M re, 1 M li], 1 M re, 2 M re zus, 1 M re. 1 M abgen; 21 (-, -, 29) M verbl.
3. Rd (Abn): 1 M re, 1 M li, 4- (-, -, 6-)mal [3 M re, 1 M li], 1 M re, 2 M re zus. 1 M abgen; 20 (-, -, 28) M verbl.
4.-19. Rd: 1 M re, 1 M li, *3 M re, 1 M li; ab * bis 2 M vor Ende wh, 2 M re.
Der Daumen sollte nun 4,5 cm lang sein, d. h. 0,5 (-, -, 1) cm kürzer als die gewünschte Gesamtlänge. Weitere Rippen-Rd str, wenn der Daumen länger werden soll.

Nur Größe S

20. Rd (Abn): AAZ, 3 M re, 1 M li, 1 M re, 2 M re zus, 1 M li, AAZ, 1 M re, 1 M li, 3 M re, 2 M re zus, 1 M re. 4 M abgen; 16 M verbl.
21. Rd (Abn): AAZ, 2 M re, 1 M li, 2 M re zus, 1 M li, AAZ, 1 M li, 2 M re, 2 M re zus, 1 M re. 4 M abgen; 12 M verbl.
22. Rd (Abn): AAZ, 1 M re, 2 M re zus, 1 M li, AAZ, 1 M re, 2 M re zus, 1 M re. 4 M abgen; 8 M verbl.

Nur Größe XL

20. Rd (Abn): AAZ, 2-mal [3 M re, 1 M li], 1 M re, 2 M re zus, 1 M li, AAZ, 1 M re, 2-mal [1 M li, 3 M re], 2 M re zus, 1 M re. 4 M abgen; 24 M verbl.
21. Rd (Abn): AAZ, 2 M re, 1 M li, 3 M re, 1 M li, 2 M re zus, 1 M li, AAZ, 1 M li, 3 M re, 1 M li, 2 M re, 2 M re zus, 1 M re. 4 M abgen; 20 M verbl.
22. Rd (Abn): AAZ, 1 M re, 1 M li, 3 M re, 2 M re zus, 1 M li, AAZ, 3 M re, 1 M li, 1 M re, 2 M re zus, 1 M re. 4 M abgen; 16 M verbl.
23. Rd (Abn): AAZ, 1 M li, 2 M re, 2 M re zus, 1 M li, AAZ, 2 M re, 1 M li, 2 M re zus, 1 M re. 4 M abgen; 12 M verbl.
24. Rd (Abn): AAZ, 1 M re, 2 M re zus, 1 M li, AAZ, 1 M re, 2 M re zus, 1 M re. 4 M abgen; 8 M verbl.

Alle Größen

Garn abschneiden und Fadenende mithilfe einer Wollnadel durch die verbleibenden 8 M ziehen und fest anziehen. Alle Fäden gut vernähen.

8 FERTIGSTELLUNG

Falls Sie das Ende der Vikkel-Flechtborte noch nicht fertiggestellt und vernäht haben, tun Sie es jetzt.
Alle anderen Fäden vernähen, aber nicht abschneiden.
Die Fäustlinge 20 Minuten in lauwarmem Wasser mit Wollwaschmittel einweichen. Überschüssiges Wasser ausdrücken (nicht wringen). Zwischen Handtüchern weiter trockenpressen. Akkurat am Daumen gefaltet flach trocknen lassen. Wenn die Fäustlinge ganz trocken sind, alle Fadenenden abschneiden.

STRICKSCHRIFTEN

STRICKSCHRIFT C: SPITZE DER FÄUSTLINGE

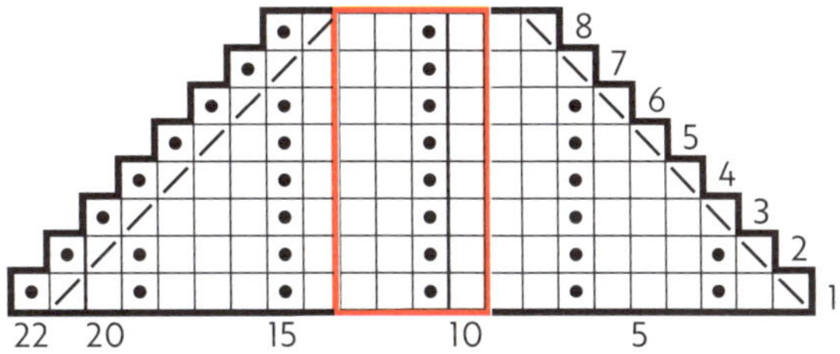

STRICKSCHRIFT B: DAUMENZWICKEL

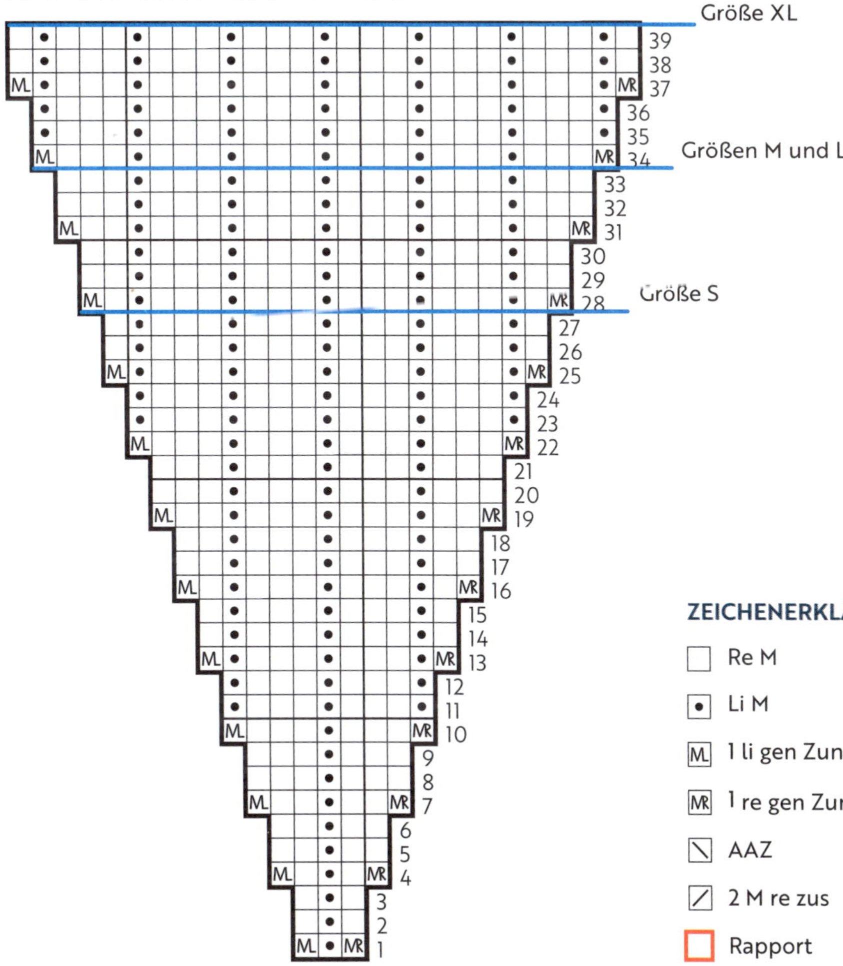

ZEICHENERKLÄRUNG

- Re M
- Li M
- 1 li gen Zun
- 1 re gen Zun
- AAZ
- 2 M re zus
- Rapport

ZEICHENERKLÄRUNG

- Farbe A (Peachy Keen); re M
- Farbe B (The White Hare); re M

STRICKSCHRIFT A: HANDGELENK

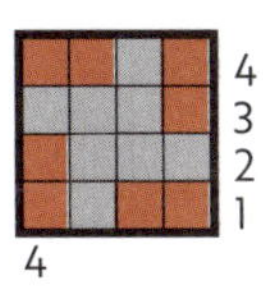

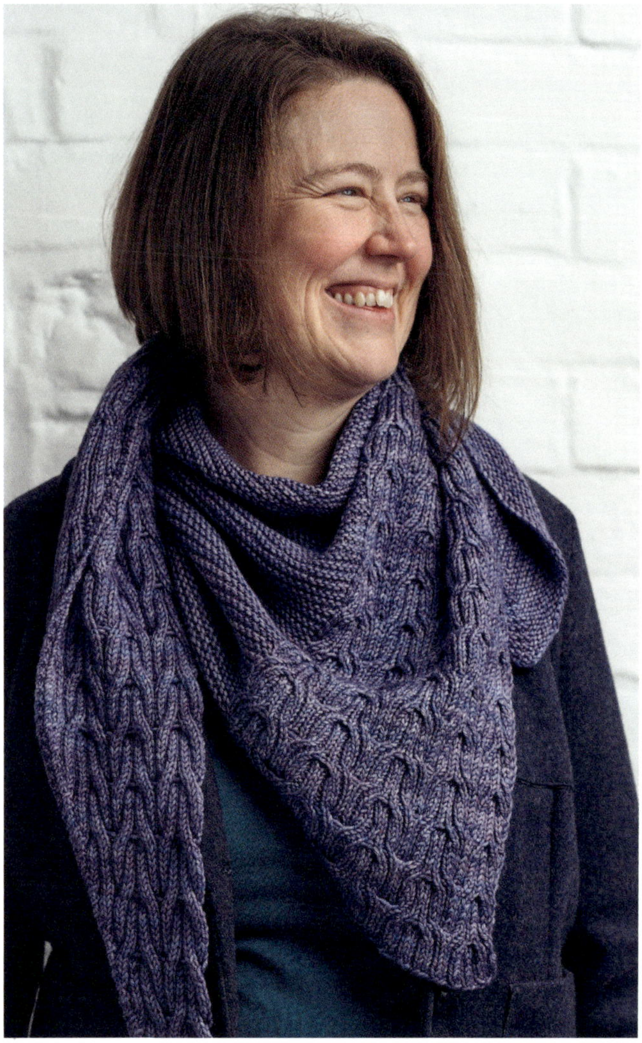

TECHNIK
BEIDSEITIGES ZOPFMUSTER

Beidseitige Zopfmuster sind genial. Sie kombinieren die Struktur von Zopfmustern mit der Vielseitigkeit von Strickarbeiten, die von beiden Seiten gut aussehen, und sind deshalb perfekt für Schals und Tücher.

Die grundsätzliche Eigenart von Zopfmustern ist, dass die Maschen dabei in einer anderen Reihenfolge gestrickt werden als der, in der sie auf der Nadel liegen. Dazu werden die Maschen neu angeordnet, entweder mithilfe einer Zopfnadel oder, indem sie ohne Zopfnadel einfach von der Nadel geschoben und vertauscht werden. Bei breiteren Zöpfen ist das Verwenden einer Zopfnadel jedoch zu empfehlen.

Die einfachste Form eines beidseitigen Zopfmusters ist ein »rechten über linken Maschen gekreuzter« Zopf. Wenn eine Anzahl rechter Maschen über dieselbe Anzahl linker Maschen gekreuzt wird, sieht das Ergebnis auf Vorder- und Rückseite gleich aus. Damit kann man auch ein einfaches Rippenmuster enorm aufpeppen. Im Lustrous-Tuch von Noma Ndlovu wird dieses Prinzip weitergeführt, indem jeweils zwei Abschnitte des Rippenmusters miteinander gekreuzt werden. In jedem gekreuzten Abschnitt strickt man 1 M re, 2 M li, 1 M re – dadurch entstehen auf beiden Seiten der Arbeit dekorativ geschlängelte Säulen rechter Maschen. Die Abkürzung für diese Zöpfe lautet 4/4 Ripp lvkr und 4/4 Ripp rvkr.

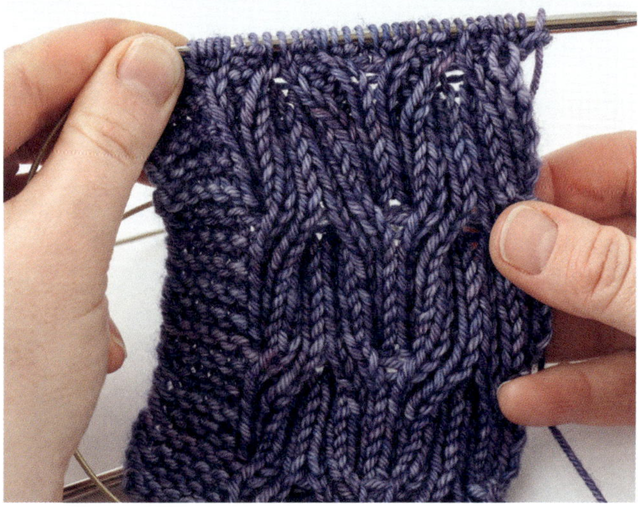

Auf der Vorderseite wird eine Gruppe aus 1 M re, 2 M li, 1 M re mit einer zweiten Gruppe aus 1 M re, 2 M li, 1 M re gekreuzt. Die links gestrickten M treten in den Hintergrund, so dass nur die gewundenen rechts gestrickten Maschensäulen ins Auge fallen.

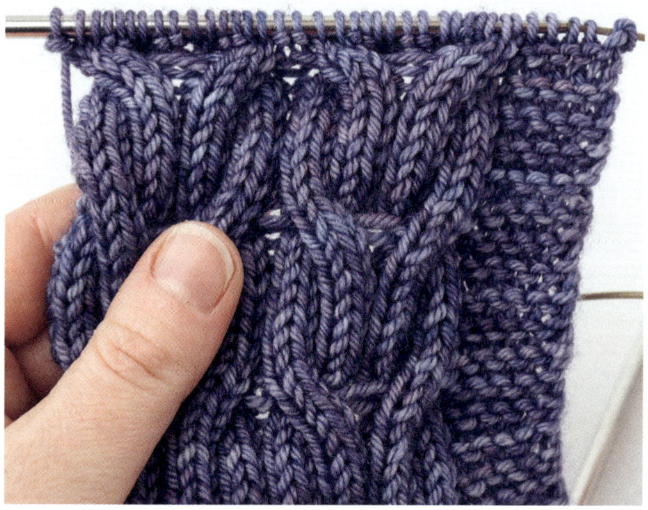

Auf der Rückseite erscheinen die Zöpfe als gekreuzte Gruppen aus 1 M li, 2 M re, 1 M li. Wieder treten die linken M (die die rechten M der Vorderseite sind) in den Hintergrund, und die sichtbaren 2-M-re-Maschensäulen winden sich umeinander.

ANLEITUNG 4/4 RIPP LVKR (ZOPF)

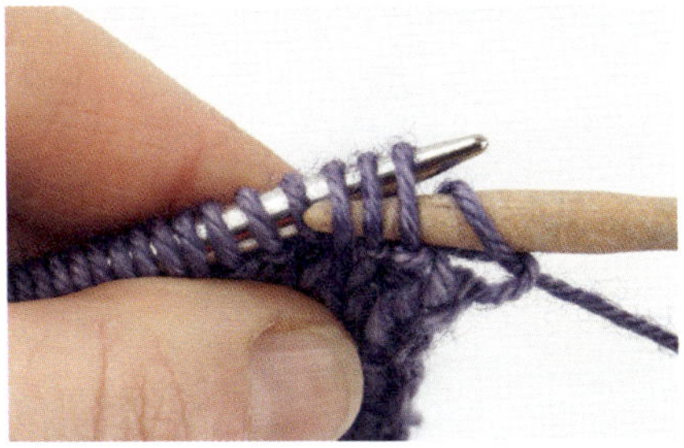

1 Die folgenden 4 M auf eine Zopfnadel legen.

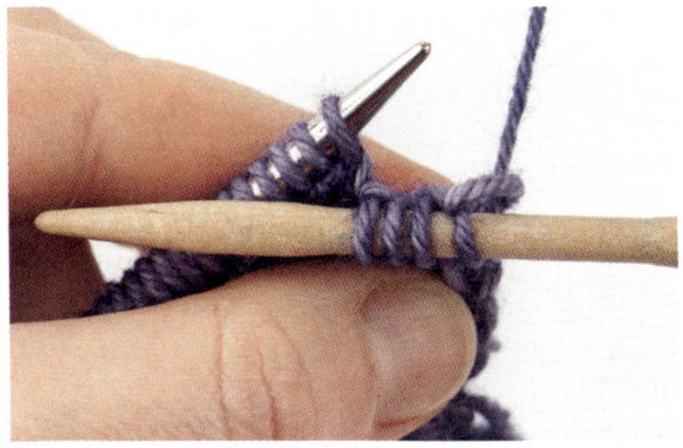

2 Die Zopfnadel vor die Arbeit legen.

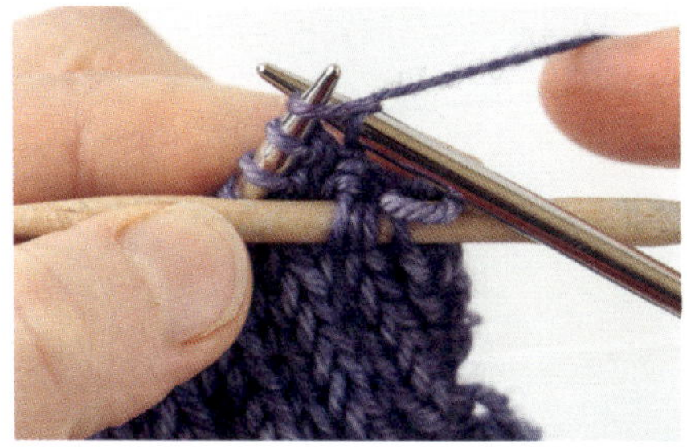

3 Arbeitsfaden fest gespannt hinter der Zopfnadel weiterführen. Erste M der linken Nadel rechts stricken.

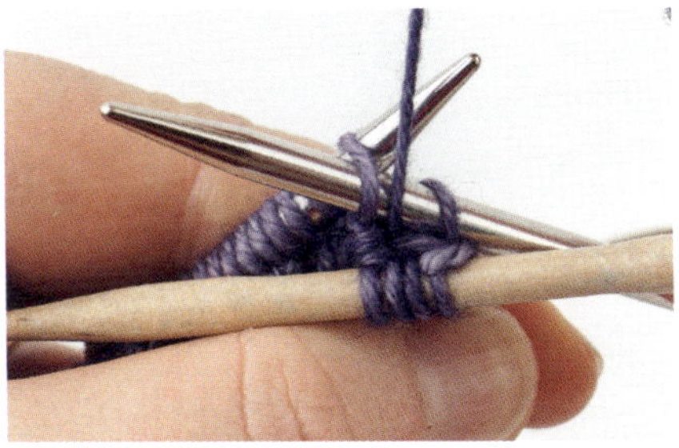

4 Die folgenden 2 M der linken Nadel links stricken.

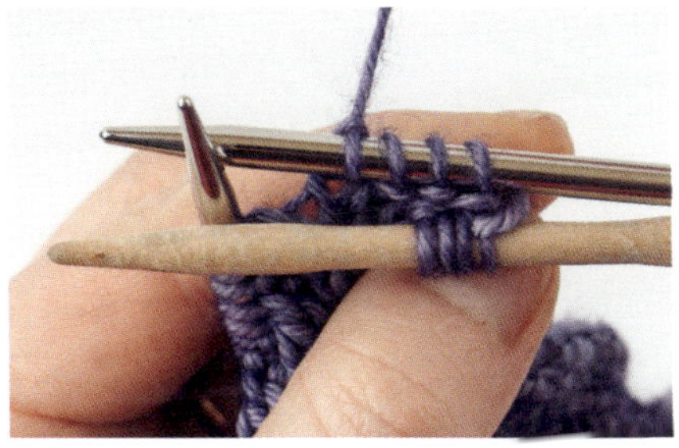

5 Die nächste M rechts stricken. Nun sind alle 4 M abgestrickt, die hinter der Arbeit gekreuzt werden.

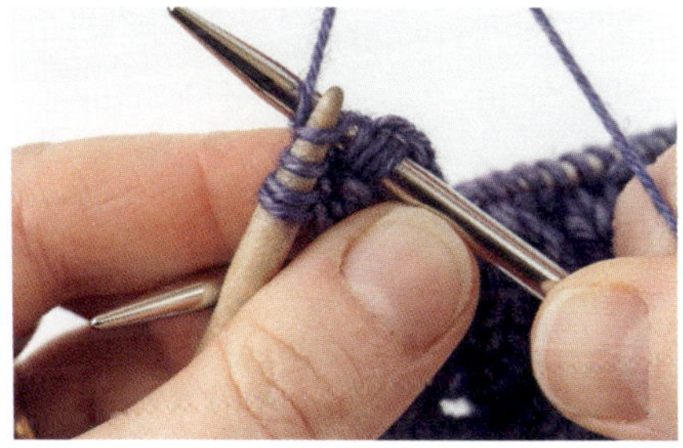

6 Die erste M der Zopfnadel rechts stricken.

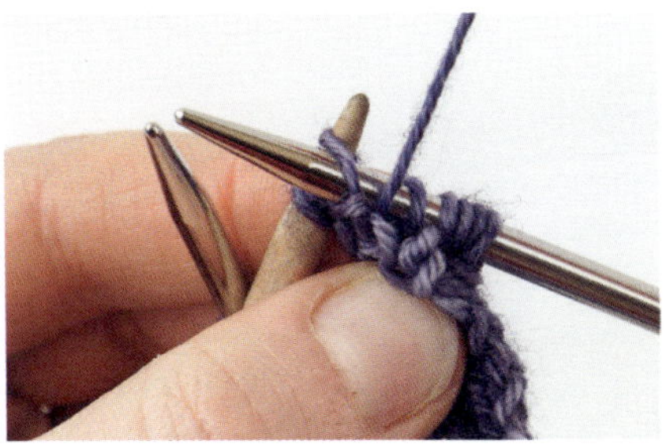

7 Die folgenden 2 M der Zopfnadel links stricken.

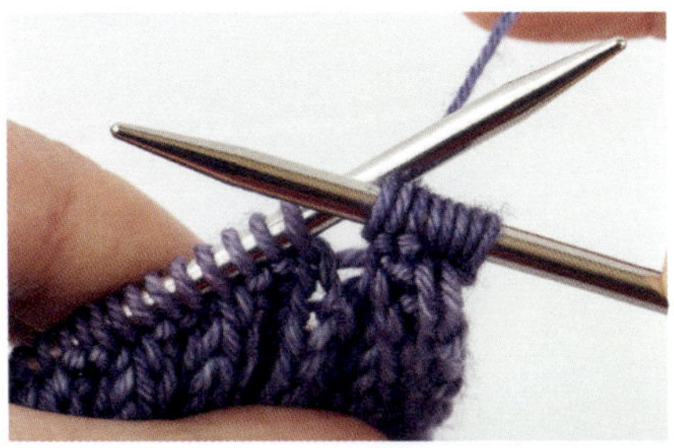

8 Die letzte M der Zopfnadel rechts stricken. Nun sind alle 4 M, die vor der Arbeit gekreuzt werden, abgestrickt und der Zopf ist fertig.

ANLEITUNG 4/4 RIPP RVKR (ZOPF)

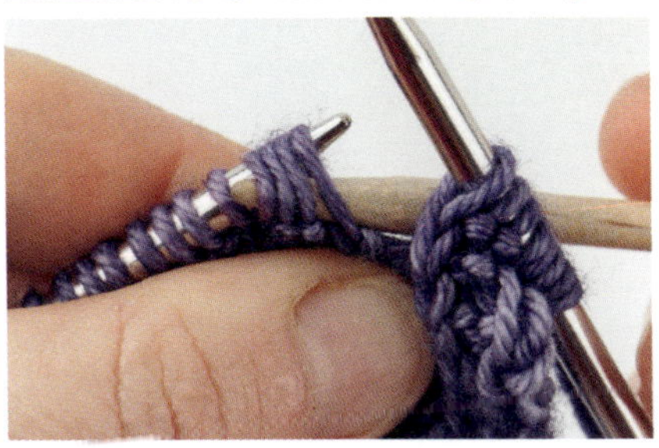

1 Die folgenden 4 M auf eine Zopfnadel legen.

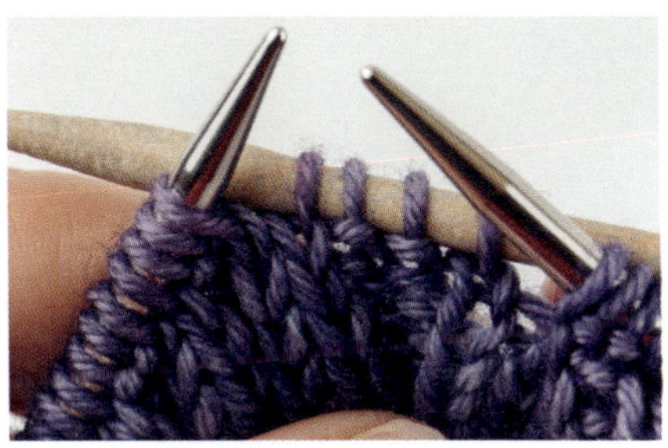

2 Die Zopfnadel hinter die Arbeit legen.

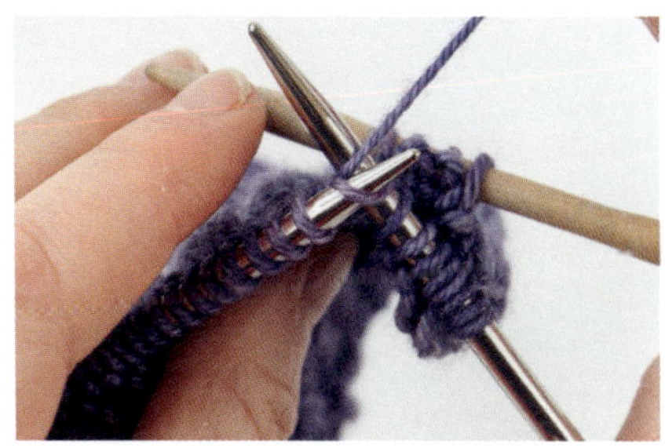

3 Arbeitsfaden fest gespannt vor der Zopfnadel weiterführen. Erste M der linken Nadel rechts stricken.

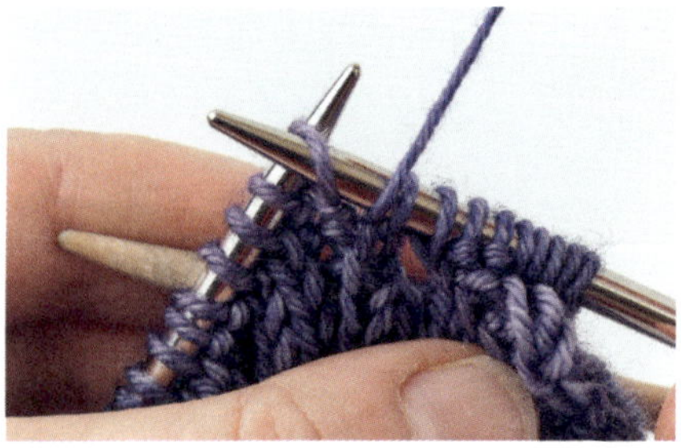

4 Die folgenden 2 M der linken Nadel links stricken.

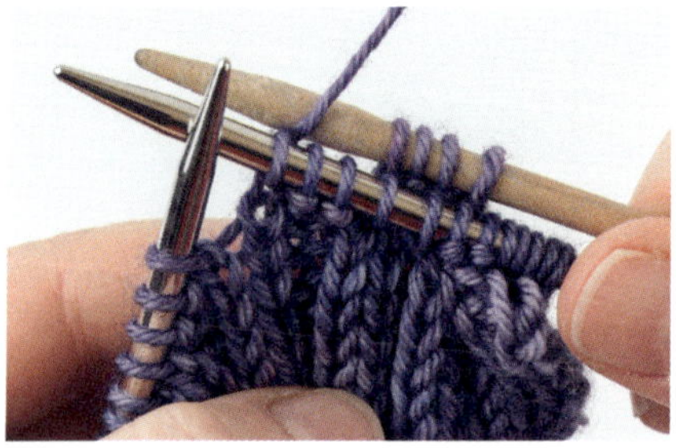

5 Die folgende M rechts stricken. Nun sind alle 4 Maschen abgestrickt, die vor der Arbeit gekreuzt werden.

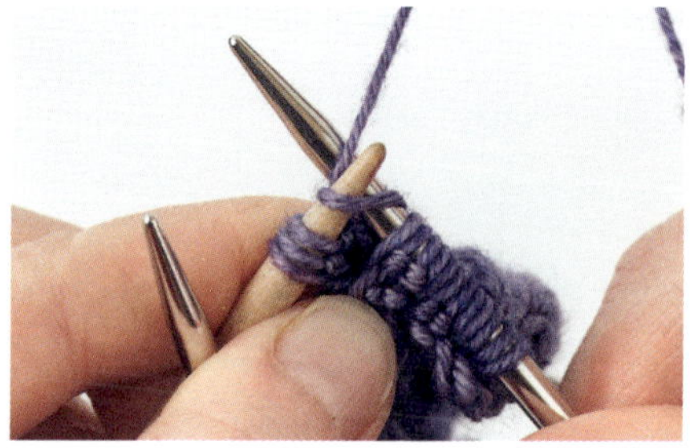

6 Die erste M der Zopfnadel rechts stricken.

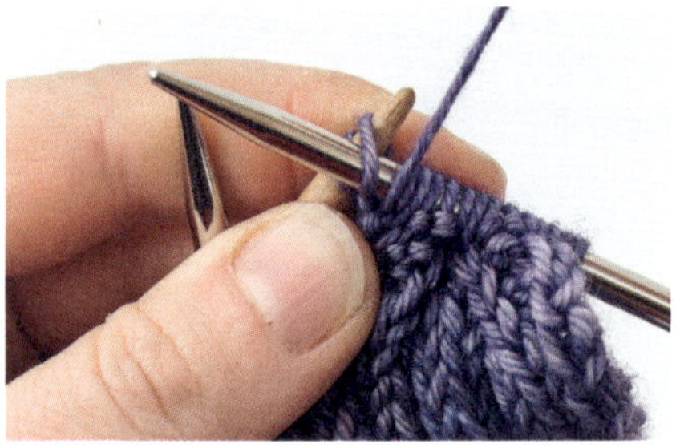

7 Die folgenden 2 M der Zopfnadel links stricken.

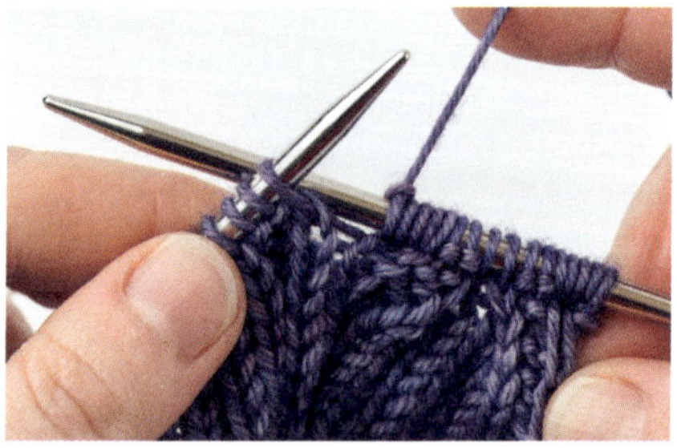

8 Letzte M der Zopfnadel rechts stricken. Nun sind alle 4 M, die hinter der Arbeit gekreuzt werden, abgestrickt und der Zopf ist fertig.

Durch die Kombination aus der kraus rechts gestrickten Partie und dem beidseitigen Zopfmuster sieht das Lustrous-Tuch von beiden Seiten gleich gut aus.

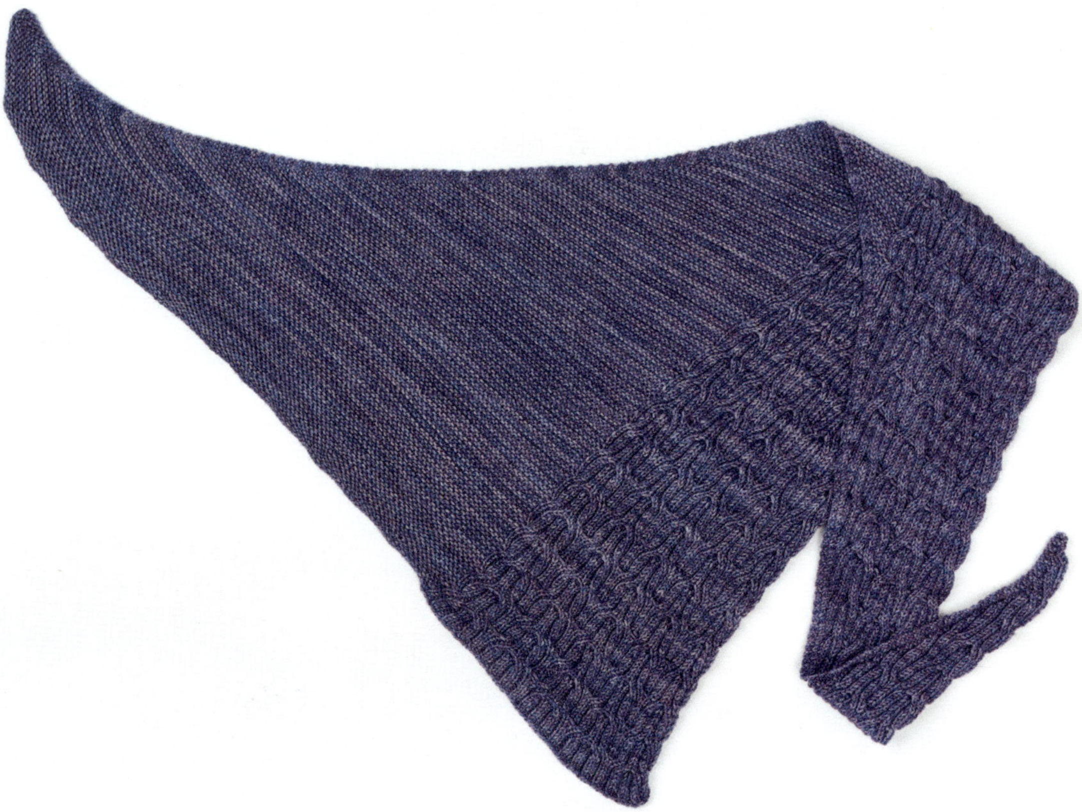

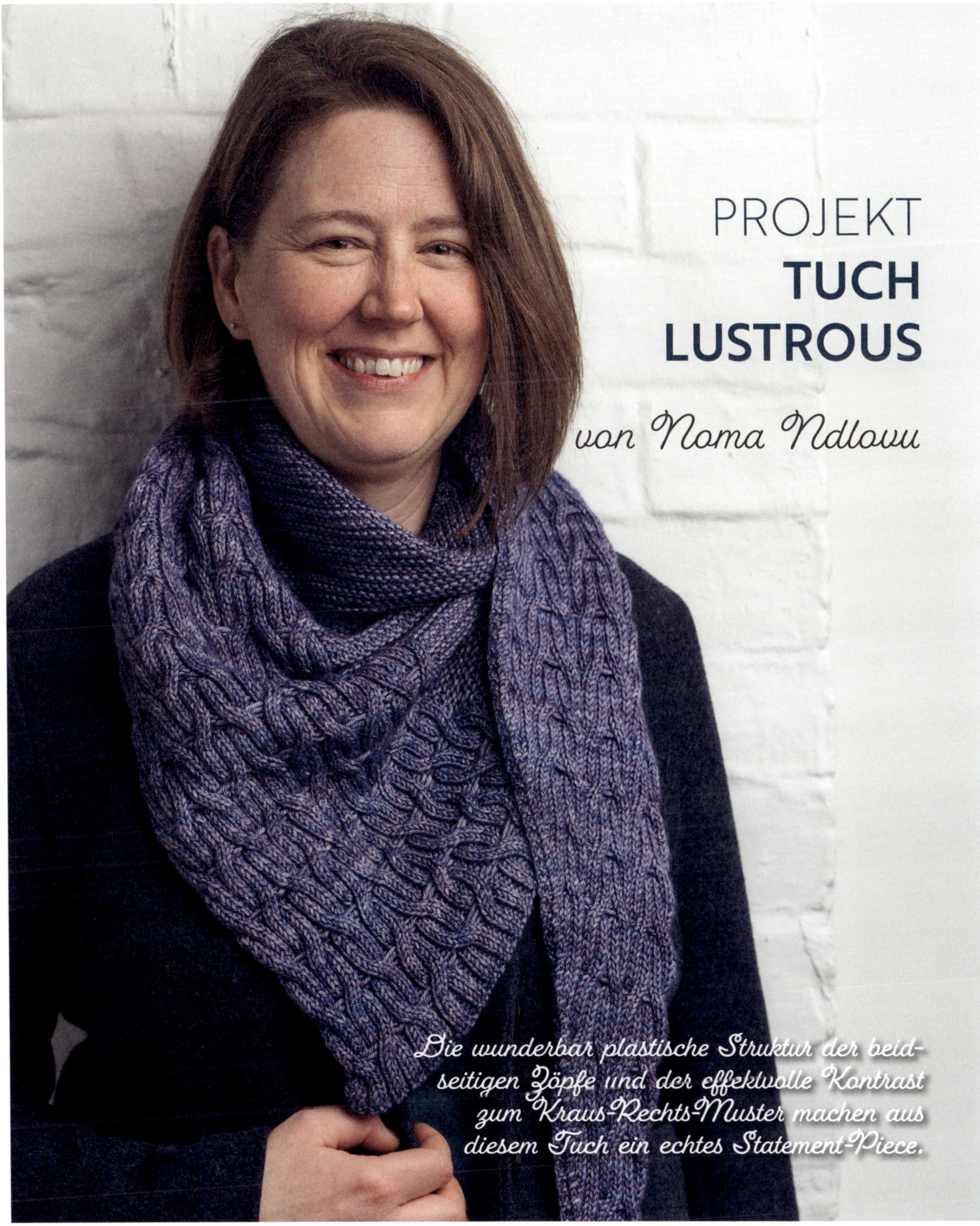

PROJEKT **TUCH LUSTROUS**

von Noma Ndlovu

Die wunderbar plastische Struktur der beidseitigen Zöpfe und der effektvolle Kontrast zum Kraus-Rechts-Muster machen aus diesem Tuch ein echtes Statement-Piece.

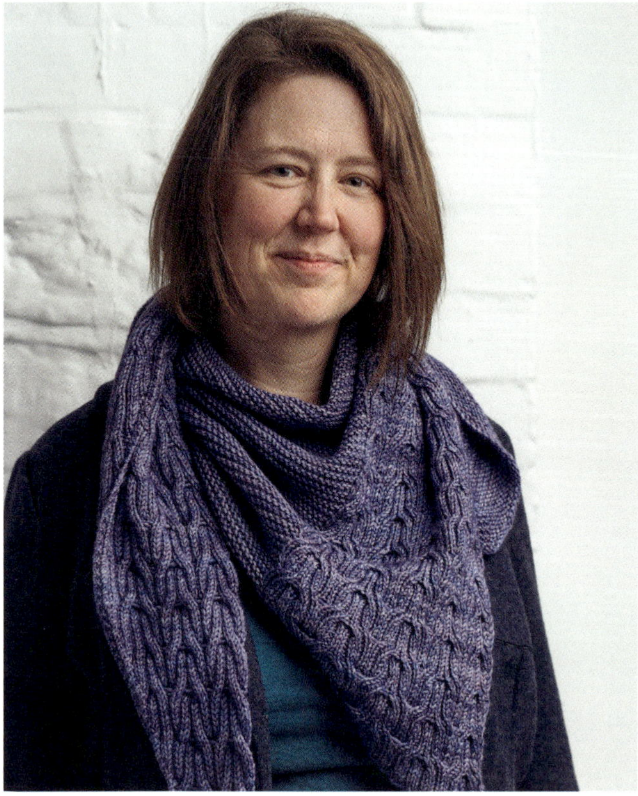

GRÖSSE

Einheitsgröße
Breite am Maschenanschlag: 73,5 cm
Länge an der geschwungenen Kante der Reihenenden: 121,5 cm

GARN

Fyberspates Vivacious DK (100 % Superwash Merinowolle; LL 230 m / 115-g-Strang)
Farbe Blueberry Imps (828); 3 x 115 g
Da durch das Zopfmuster der Garnverbrauch stärker variieren kann, empfiehlt es sich, einen zusätzlichen Strang zu kaufen (insgesamt 4 Stränge).

Garnverbrauch
Ca. 685 m

STRICKNADELN UND ZUBEHÖR

Nadelstärke 4,5 mm oder die Stärke, mit der die Maschenprobe erreicht wird: 1 Rundnadel (Länge 80 cm; Rundnadel aufgrund der großen Maschenzahl empfehlenswert)
Maschenmarkierer, Zopfnadel, Wollnadel

MASCHENPROBE

20 M und 32 R = 10 x 10 cm (kraus rechts gestrickt, ungedehnt nach dem Waschen und Spannen)
38 M und 30 R = 10 x 10 cm (im Zopfmuster gestrickt, ungedehnt nach dem Waschen und Spannen)

Die Maschenproben unbedingt erst messen, nachdem sie gewaschen und fest gespannt wurden – sonst könnte Ihnen das Garn ausgehen.

ABKÜRZUNGEN

4/4 Ripp lvkr Folg. 4 M auf Zndl vor die Arbeit legen, 1 M re, 2 M li, 1 M re; dann 1 M re, 2 M li, 1 M re von Zndl.
4/4 Ripp rvkr Folg. 4 M auf Zndl hinter die Arbeit legen, 1 M re, 2 M li, 1 M re; dann 1 M re, 2 M li, 1 M re von Zndl.
Ein vollständiges Abkürzungsverzeichnis finden Sie auf S. 110.

SPEZIALTECHNIKEN

Dieses Buch enthält Tutorials für die folgenden Techniken:
Beidseitiges Zopfmuster (S. 55)

Folgende Video-Tutorials (englischsprachig) finden Sie online unter **www.actechniques.co.uk/tutorials-1#/confident-knitting:**
Beidseitiges Zopfmuster (Reversible Cables)
und unter **www.actechniques.co.uk/tutorials-1#/something-new-to-learn-about-cables**
Reihen zählen an Zopfmustern (Keeping track of cable rows)

ANMERKUNGEN ZUR ANLEITUNG

Das Lustrous-Tuch wird an der breitesten Reihe angeschlagen. Es wird kraus rechts und im Zopfmuster mit gleichmäßigen Maschenabnahmen gestrickt. Da die Reihen immer kürzer werden, scheint man immer schneller voranzukommen – so macht Stricken Spaß!

Um Vorder- und Rückseite leichter zu unterscheiden, kann es hilfreich sein, nach einigen Reihen einen verschließbaren Maschenmarkierer auf der Vorderseite anzubringen. Aber eigentlich ist es ganz einfach: Das Zopfmuster wird immer am Anfang der Hinreihen und am Ende der Rückreihen gestrickt.

Da das empfohlene Garn handgefärbt ist, sollten beim Übergang vom 1. zum 2. Strang einige Male abwechselnd 2 R mit dem 1. und 2 R mit dem 2. Strang gestrickt werden.

Da das Tuch wendbar ist, die Fäden besonders sorgfältig möglichst unsichtbar vernähen. Dazu bieten sich die Linksmaschen im Zopfmuster an.

Für ein größeres Tuch einfach mehr Maschen anschlagen (M-Zahl teilbar durch 5) und die zusätzlichen Maschen kraus rechts stricken. Dabei unbedingt den höheren Garnverbrauch berücksichtigen, damit Ihnen nicht vor Ende der Maschenabnahmen das Garn ausgeht!

Länge und Breite des Tuchs können durch eine andere Maschenprobe (Verwendung einer anderen Nadelstärke oder eines anderen Garns) verändert werden. Vergewissern Sie sich jedoch unbedingt, dass Ihnen das gestrickte Ergebnis gefällt und Sie auch hier genügend Garn haben.
Bei der Anleitung können Sie zwischen Textform und Strickschrift wählen.

TUCH

1 MASCHENANSCHLAG UND MUSTEREINTEILUNG – ANLEITUNG MIT STRICKSCHRIFT

Für die Textanleitung weiter mit Schritt 2.

Mit Ihrem bevorzugten elastischen Maschenanschlag (hier abgebildet der Kreuzanschlag) 185 M anschlagen.

Vorbereitungs-R (Rück-R): 105 M re, MMs, 1 M li, *2 M re, 2 M li; ab * bis 3 M vor Ende wh, 2 M re, 1 M li.

Folg. 2 R: Mustereinteilung der Strickschrift, der Kraus-Rechts-Partie und der Abnahmen in den Hinreihen:
1. R (Hin-R, Abn): 5-mal [von re nach li gelesen die 16 M der 1. R der Strickschrift arb], MM abh, re M bis 4 M vor Ende, 2 M re zus, 2 M re. 1 M abgen.
2. R (Rück-R): Re M bis MM, MM abh, 5-mal [von li nach re gelesen die 16 M der 2. R der Strickschrift arb].

Weiter im Muster und nach der Strickschrift arb, bis die 3. R der Strickschrift zum 21. Mal gestrickt wurde. 102 M abgen; 83 M verbl.

Weiter mit Schritt 3.

STRICKSCHRIFT

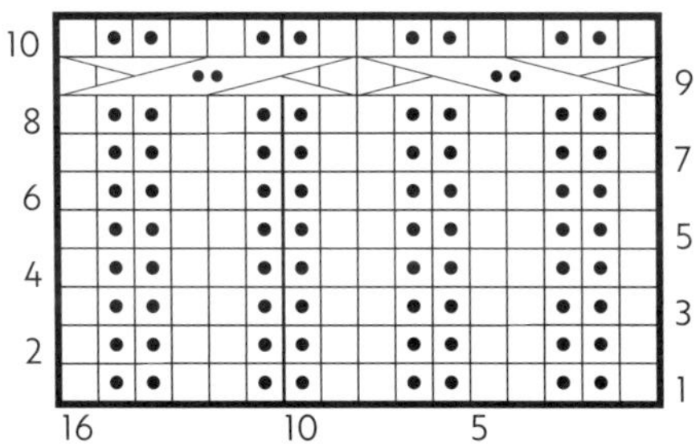

ZEICHENERKLÄRUNG

☐ In Hin-R re M, in Rück-R li M

⊡ In Hin-R li M, in Rück-R re M

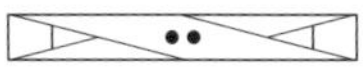 4/4 Ripp lvkr Folg. 4 M auf Zndl vor die Arbeit legen, 1 M re, 2 M li, 1 M re; dann 1 M re, 2 M li, 1 M re von Zndl.

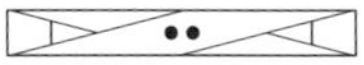 4/4 Ripp rvkr Folg. 4 M auf Zndl hinter die Arbeit legen, 1 M re, 2 M li, 1 M re; dann 1 M re, 2 M li, 1 M re von Zndl.

ANMERKUNGEN ZUR STRICKSCHRIFT

Das Tuch wird in Reihen gestrickt, daher werden alle ungeraden R (Hin-R) von re nach li gelesen, alle geraden R (Rück-R) von li nach re.

2 MASCHENANSCHLAG UND MUSTEREINTEILUNG – TEXTANLEITUNG

Mit Ihrem bevorzugten elastischen Maschenanschlag (hier abgebildet der Kreuzanschlag) 185 M anschlagen.

Vorbereitungs-R (Rück-R): 105 M re, MMs, 1 M li, *2 M re, 2 M li; ab * bis 3 M vor Ende wh, 2 M re, 1 M li.

Folg. 10 R: Mustereinteilung Zopfmuster, Kraus-Rechts-Partie und Abnahmen in den Hinreihen:
1. R (Hin-R, Abn): 1 M re, 2 M li, *2 M re, 2 M li; ab * bis 1 M vor MM wh, 1 M re, MM abh, re M bis 4 M vor Ende, 2 M re zus, 2 M re. 1 M abgen.
2. R (Rück-R): Re M bis MM, MM abh, 1 M li, *2 M re, 2 M li; ab * bis 3 M vor Ende wh, 2 M re, 1 M li.
3.-8. Rd: Die 1. und 2. R noch 3-mal wh. 3 M abgen.
9. R (Abn): 5-mal [4/4 Ripp lvkr, 4/4 Ripp rvkr], MM abh, re M bis 4 M vor Ende, 2 M re zus, 2 M re. 1 M abgen.
10. R: Wie 2. R.
Weiter im Muster arb, bis die 3. R zum 21. Mal gestrickt wurde. 102 M abgen; 83 M verbl.

Weiter mit Schritt 3.

3 ABNAHMEN IM ZOPFMUSTER

Folg. R (Rück-R): 3 M re, MM entf, 1 M li, *2 M re, 2 M li; ab * bis 3 M vor Ende wh, 2 M re, 1 M li.

Im folg. Abschnitt das Zopfmuster beibehalten. Wo nicht mehr genügend Maschen vorhanden sind, um den letzten Zopf zu arbeiten, einfach im Rippenmuster stricken.

Hinreihen (Abn): Im Muster bis 4 M vor Ende str, 2 M li zus, 2 M re. 1 M abgen.
Rückreihen: 2 M re, die übrigen M im Muster stricken.
Diese beiden Reihen wh, bis noch 3 M verbl. 80 M abgen; 3 M verbl.

Locker abketten.

4 FERTIGSTELLUNG

Fäden vernähen, aber nicht abschneiden. Da das Tuch wendbar ist, die Fäden besonders sorgfältig möglichst unsichtbar vernähen. Dazu bieten sich die Linksmaschen im Zopfmuster an.

Das Tuch 20 Minuten in lauwarmem Wasser mit Wollwaschmittel einweichen. Überschüssiges Wasser ausdrücken (nicht wringen). Zwischen Handtüchern weiter trockenpressen. Flach zum Trocknen ausbreiten; dabei alle Kanten möglichst gerade hinlegen.
Wenn das Tuch trocken ist, alle Fadenenden abschneiden.

Herbst

September

TECHNIK **Verkürzte Reihen: Krausrechte Ferse**

PROJEKT **Socken Moorland**

DESIGNER **Jen Arnall-Culliford**

Oktober

TECHNIK **Mosaikstricken**

PROJEKT **Halbhandschuhe Terrain**

DESIGNER **Marceline Smith**

November

TECHNIK **Modulares Stricken**

PROJEKT **Stola Findhorn**

DESIGNER **Emily K. Williams**

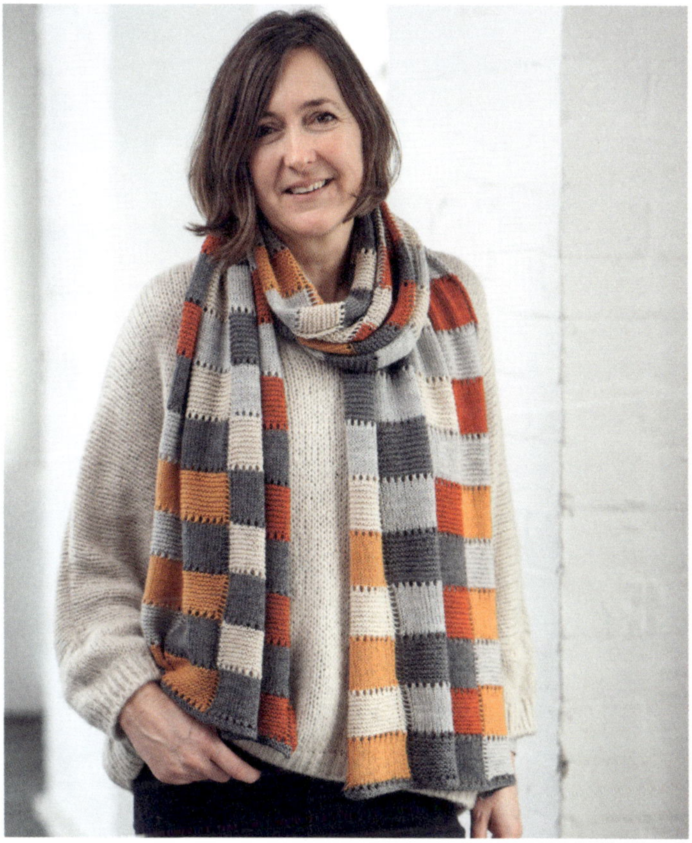
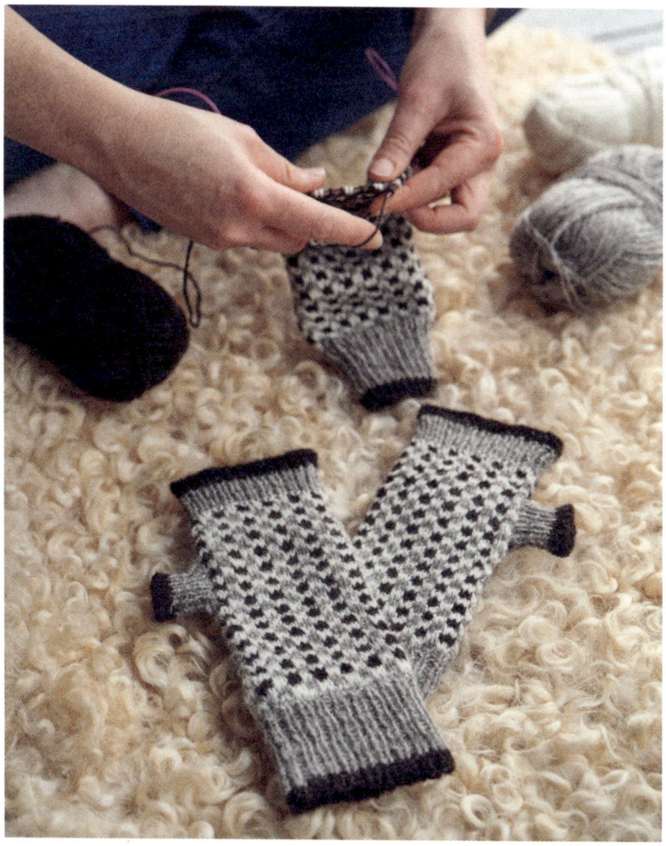
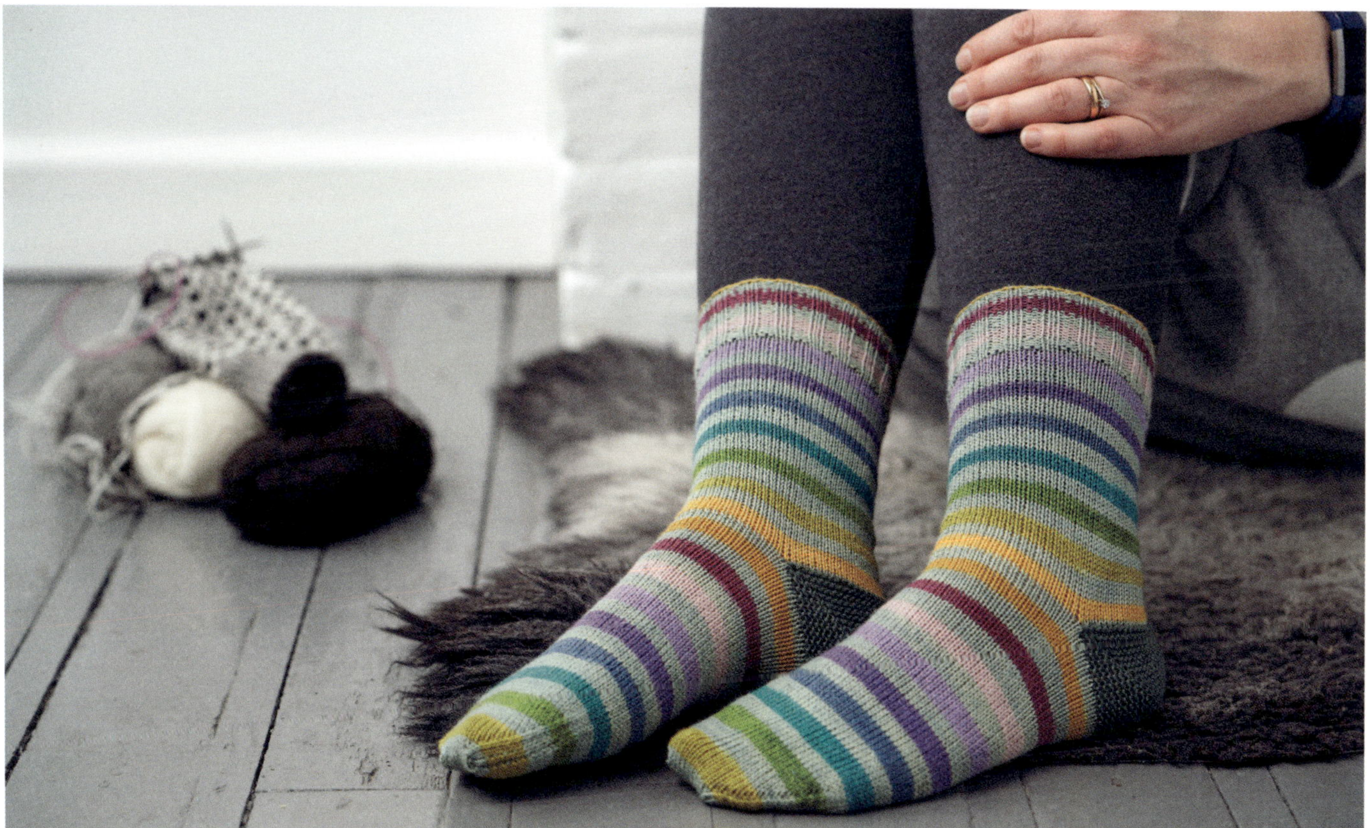

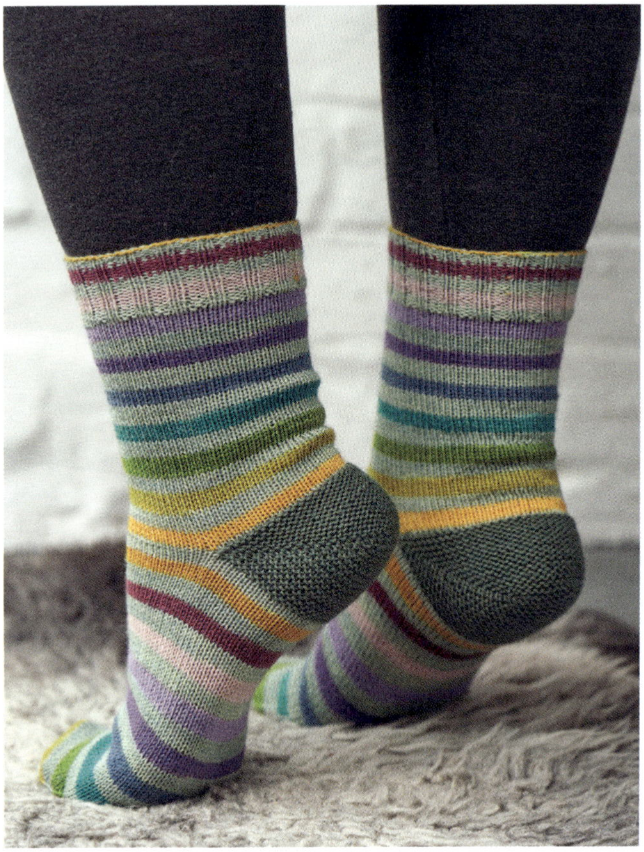

TECHNIK
VERKÜRZTE REIHEN: KRAUS-RECHTE FERSE

Sockenstricken macht mich glücklich. Um einen geraden Schlauch in eine Socke zu verwandeln, genügen einige raffinierte Tricks und Techniken – wenn man die kennt, ist es ganz einfach ...
Es gibt beim Stricken verschiedene Möglichkeiten, um die Kurve für die Ferse in den Schlauch zu bekommen: In *Masterclass Stricken 1* wurden z. B. die klassische und die nachträgliche Ferse erklärt.

In diesem Monat geht es um die krausrechte Ferse mit verkürzten Reihen. Diese Fersenkonstruktion ist besonders vielseitig, denn sie wird stets gleich gearbeitet – ob Sie Ihre Socken nun von oben oder von der Spitze her stricken.

Diese Art Ferse kann auch glatt rechts gearbeitet werden, doch die krausrechte Ferse ist sehr dehnbar.

KONSTRUKTION EINER SOCKE

Eine krausrechte Socke mit verkürzten Reihen wird in folgenden Schritten gestrickt:

BUND

Mit einem dehnbaren Maschenanschlag (z. B. Kreuzanschlag) werden Maschen angeschlagen und zur Runde geschlossen. Der Bund wird meist in einem elastischen Muster wie Rippen gestrickt.

BEIN

Das Bein wird im gewählten Strickmuster gearbeitet. Zu empfehlen ist eine Beinlänge von 16 cm oder kürzer. Bei längeren Socken müssen Sie mehr Maschen anschlagen und zum Anpassen an die Wadenform zur Ferse hin Maschen abnehmen.

FERSE

Die Ferse wird über etwa 55 % der Gesamtmaschenzahl gearbeitet. Der Rundenbeginn sitzt an der Mitte der Ferse, damit der Faden der angeschlagenen Maschen später hinten am Bein sitzt. Es wird also eine unvollständige Runde gearbeitet, bei der die Hälfte der gewünschten Fersenmaschen ungestrickt bleibt. Dann wird die Ferse über den alten Rundenanfang hinweg in Reihen gestrickt.

Es wird neues Garn angemascht, so dass mit den Fadenenden später die Ansatzstelle kaschiert werden kann. Dann wird die Ferse hin und her über immer kürzere Reihen gestrickt. Am Ende jeder Reihe wird eine Wickelmasche (wickeln und wenden) gearbeitet. Da die Wickel im krausrechten Muster kaum zu sehen sind, brauchen sie nicht abgewickelt oder in der folgenden Reihe mit der Nachbarmasche zusammengestrickt zu werden.

Die kürzeste gestrickte Reihe bestimmt die Breite der Fersenrückseite und die Höhe der Ferse. Im zweiten Teil der Ferse werden die Reihen kontinuierlich länger, bis alle Fersenmaschen gestrickt wurden. Nun wird das Fersengarn abgeschnitten; dabei wird ein Fadenende hängen gelassen, das später vernäht wird.

FUSS

Nun geht es wieder im Hauptgarn und in Runden weiter. Der Fuß wird bis zur gewünschten Länge gestrickt; dabei wird der Rundenanfang an die Fußseite gelegt, um die erforderlichen Abnahmen zu erleichtern. Am Fuß kann ein Muster gestrickt werden, doch die Sohlen werden am besten glatt rechts (oder kraus rechts) gearbeitet, da dies bequemer ist.

SPITZE

Für die Spitze werden Abnahmen gestrickt; zum Schluss werden die letzten Maschen im Maschenstich verbunden.

KRAUSRECHTE FERSE MIT VERKÜRZTEN REIHEN

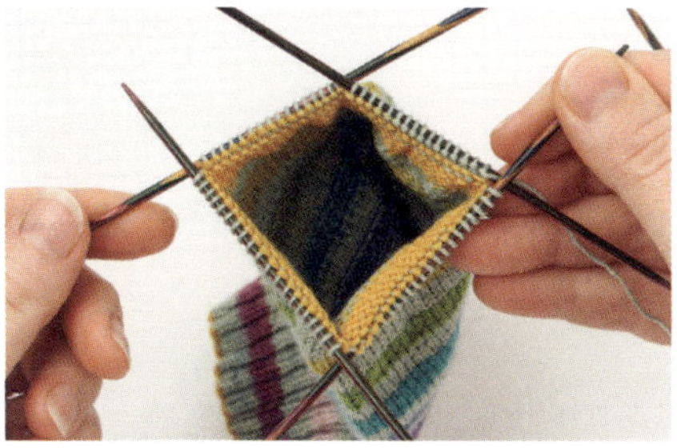

1 Bis zum Beginn der Fersenpartie stricken. Auf dem Foto liegen die Ristmaschen auf den oberen beiden Nadeln, die Fersenmaschen auf den unteren beiden Nadeln. Der Rundenbeginn liegt am Übergang zwischen den beiden unteren Nadeln.

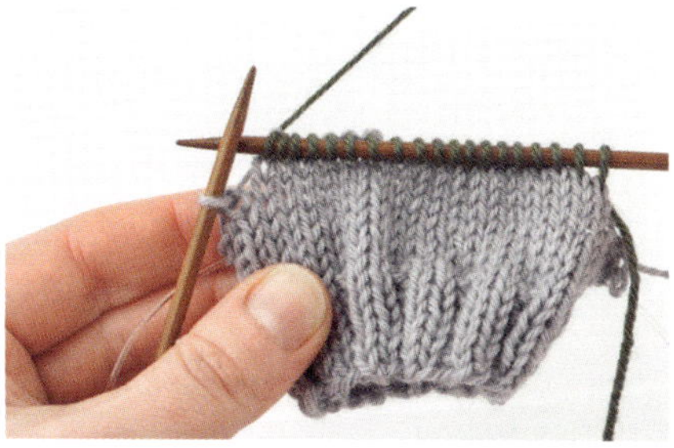

2 Neues Garn anmaschen, dabei ein Fadenende zum späteren Vernähen hängen lassen. Alle Fersenmaschen bis auf die letzte M rechts stricken.

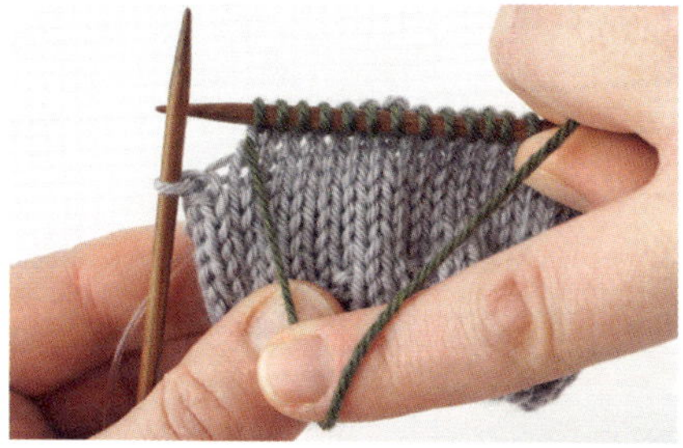

3 Den Faden zwischen den Nadelspitzen hindurch nach vorn legen.

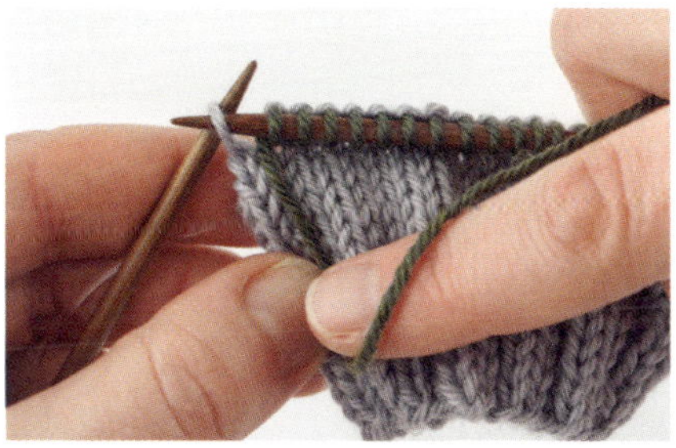

4 Die folgende M links abheben.

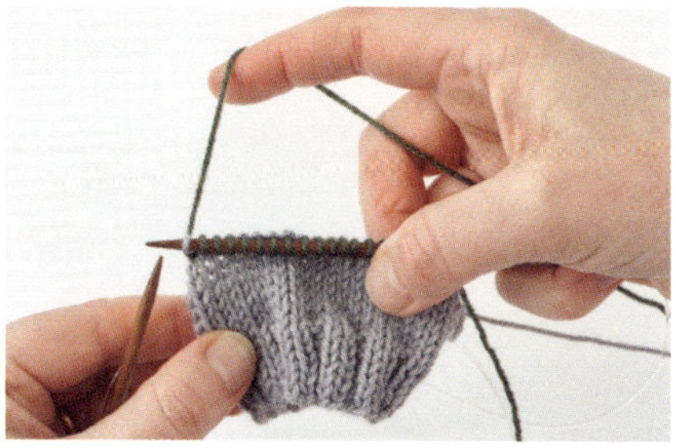

5 Den Faden zwischen den Nadelspitzen wieder nach hinten legen.

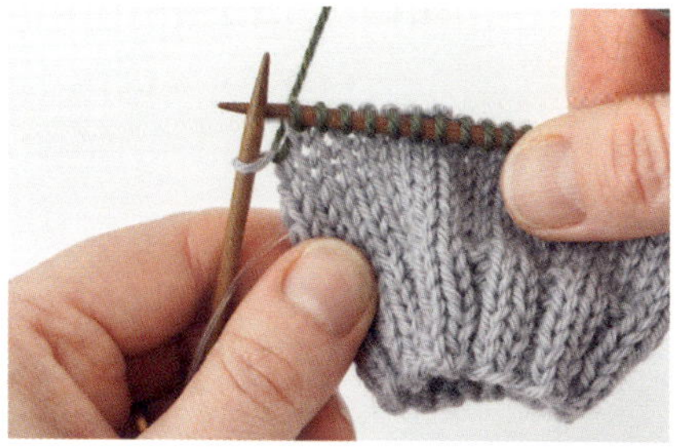

6 Die abgehobene M zurück auf die linke Nadel heben, ohne sie zu verdrehen.

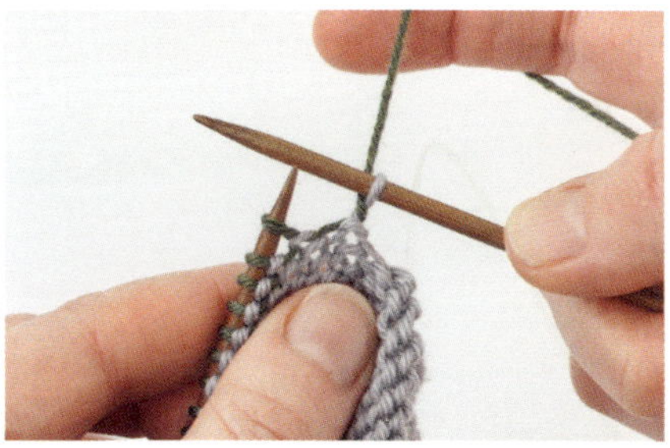

7 Wenden. Vor Beginn der Rückreihe den Faden erneut zwischen den Nadelspitzen nach hinten legen. Die Schritte 3-7 zeigen detailliert, wie die Wickelmaschen (wickeln und wenden) gearbeitet werden.

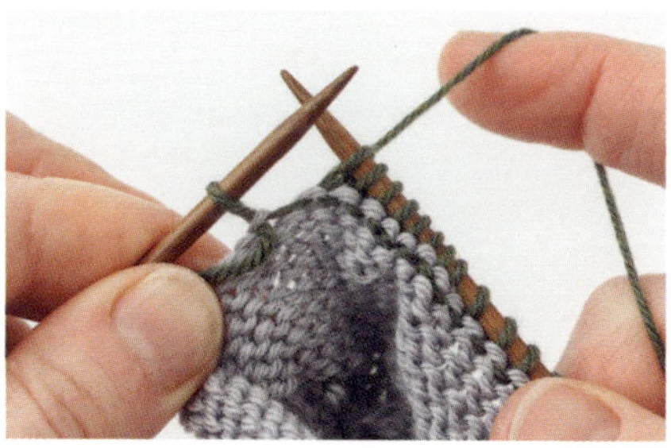

8 Bis zur ersten Fersenmasche rechts stricken.

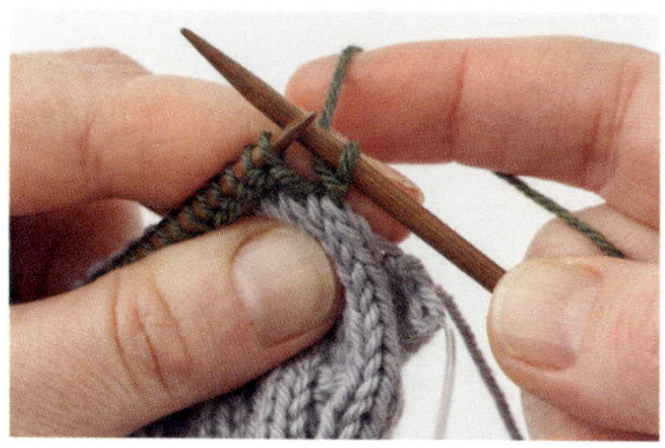

9 Diese M umwickeln, die Arbeit wenden (Schritte 3-7). Man sieht die Umwicklung unten an der M.

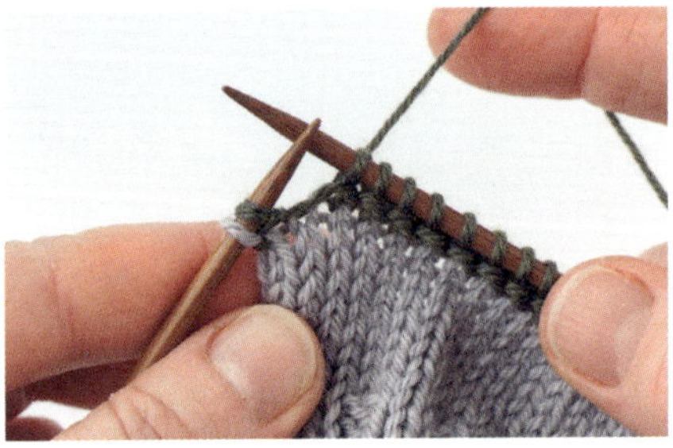

10 Bis zur letzten nicht umwickelten M rechts stricken.

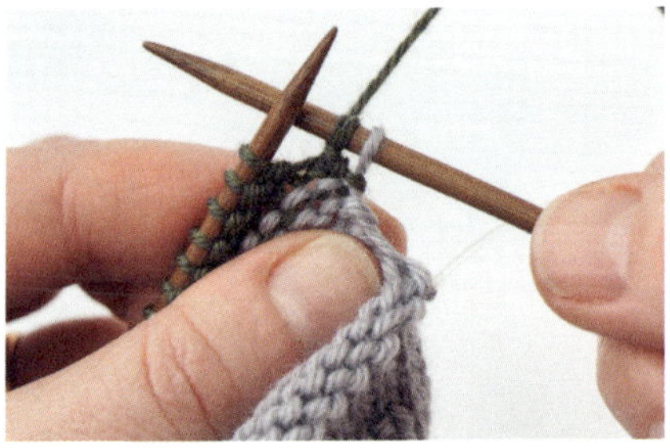

11 Diese M umwickeln, die Arbeit wenden (Schritte 3-7). Die zuvor nicht umwickelte M ist nun umwickelt.

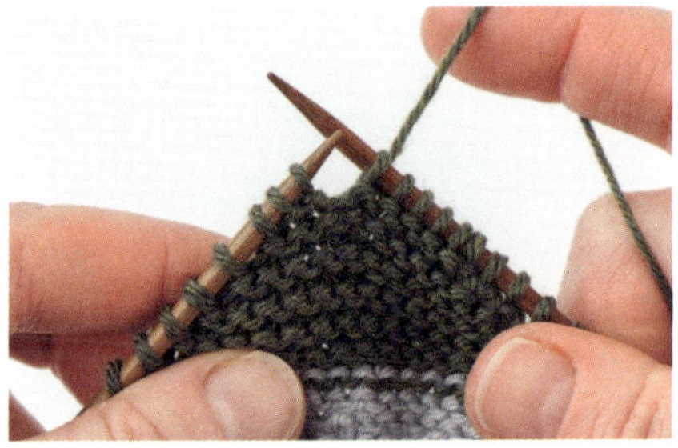

12 Weiter nach der jeweiligen Strickanleitung arbeiten, bis die kürzeste Rückreihe gestrickt wurde.

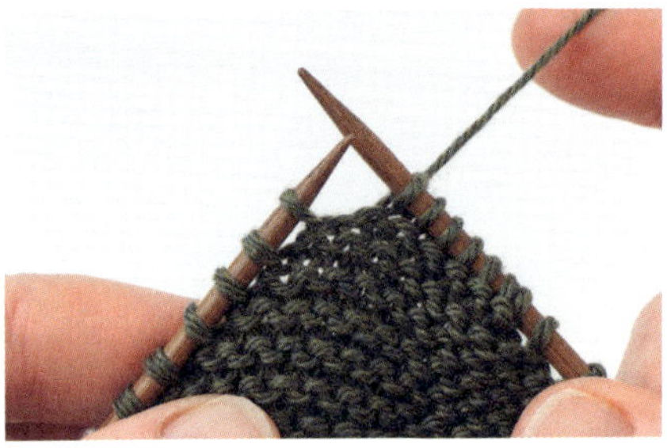

13 In der nächsten Hinreihe bis zur umwickelten M rechts stricken.

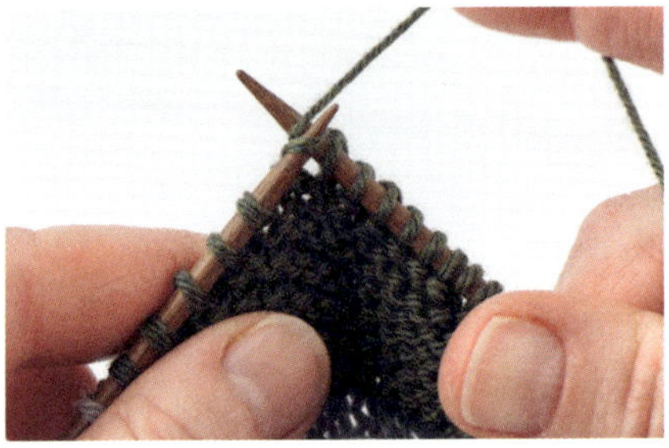

14 Die umwickelte M rechts stricken.

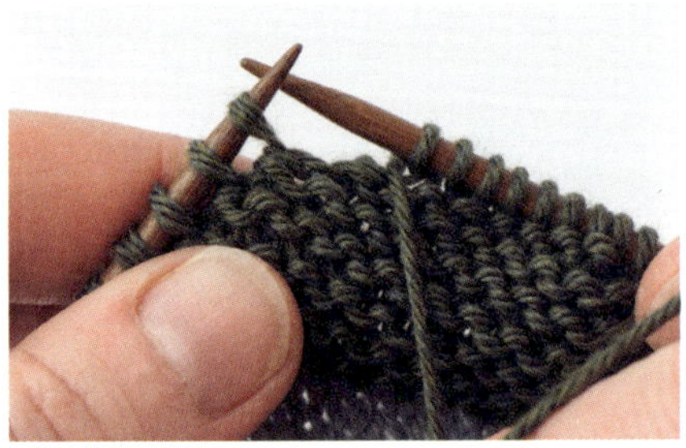

15 Den Faden zwischen den Nadelspitzen nach vorn legen.

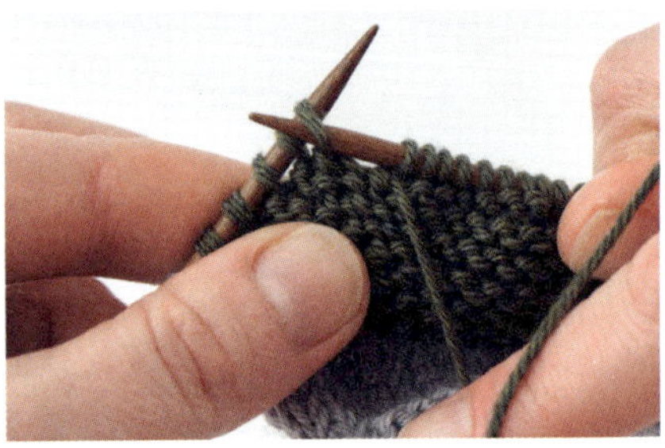

16 Die folgende M links abheben.

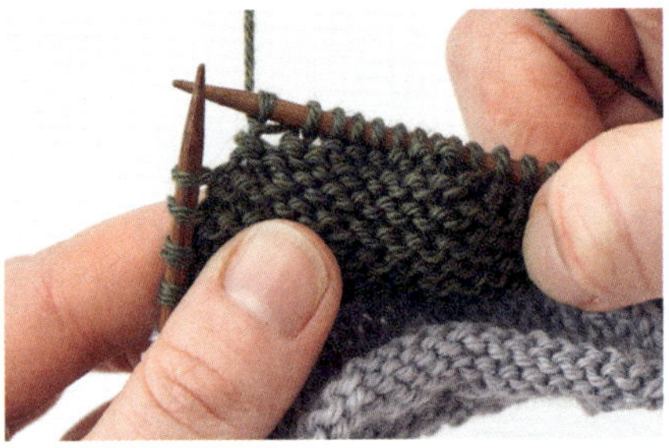

17 Den Faden zwischen den Nadelspitzen wieder nach hinten legen.

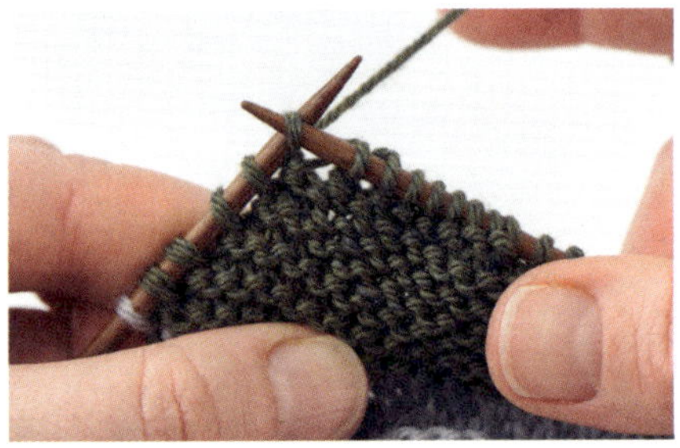

18 Die abgehobene M zurück auf die linke Nadel heben, ohne sie zu verdrehen.

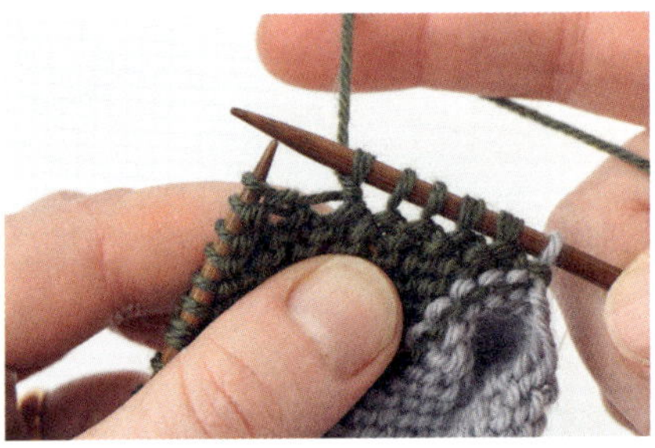

19 Wenden. Vor Beginn der Rückreihe den Faden erneut zwischen den Nadelspitzen nach hinten legen.

Die Schritte 15-19 zeigen detailliert, wie eine doppelt umwickelte M gearbeitet wird (die zuletzt umwickelte M wurde bereits während der ersten Partie der Ferse umwickelt).

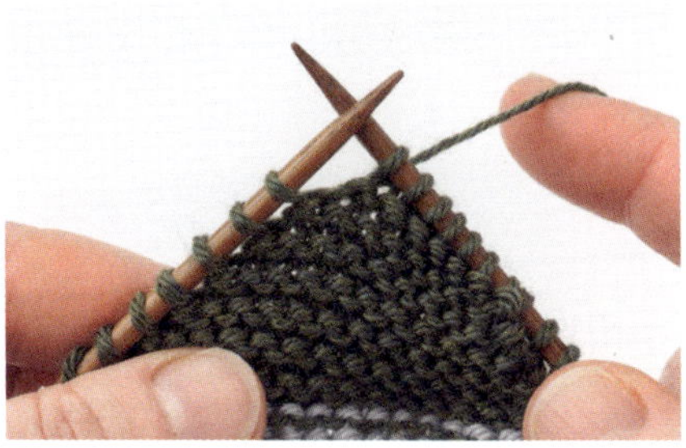

20 Bis zur ersten umwickelten M rechts stricken.

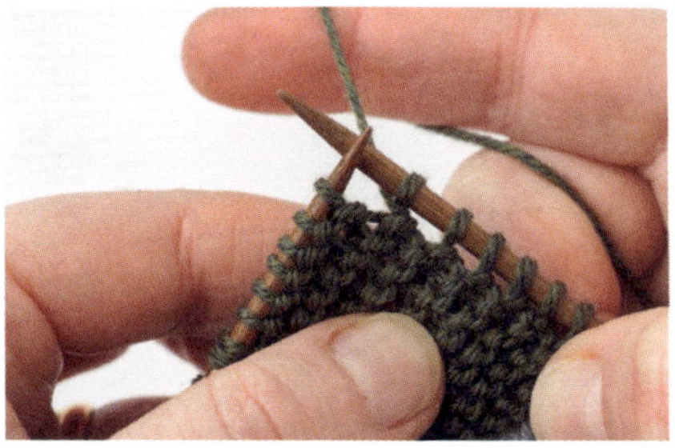

21 Die umwickelte M rechts stricken, Schritte 15-19 wh, um folgende M doppelt zu umwickeln. Wenden.

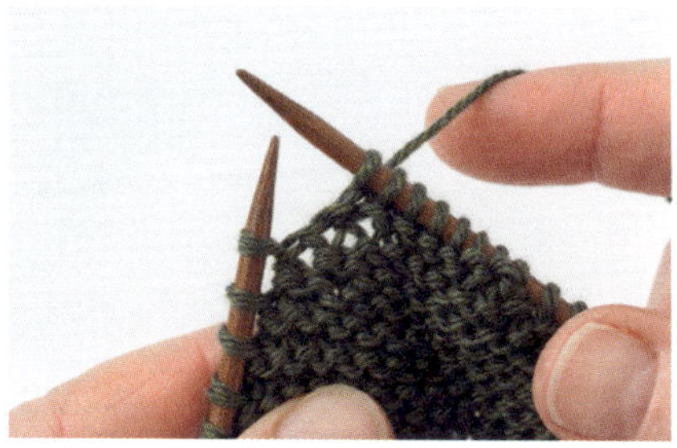

22 Bis zur doppelt umwickelten M rechts stricken.

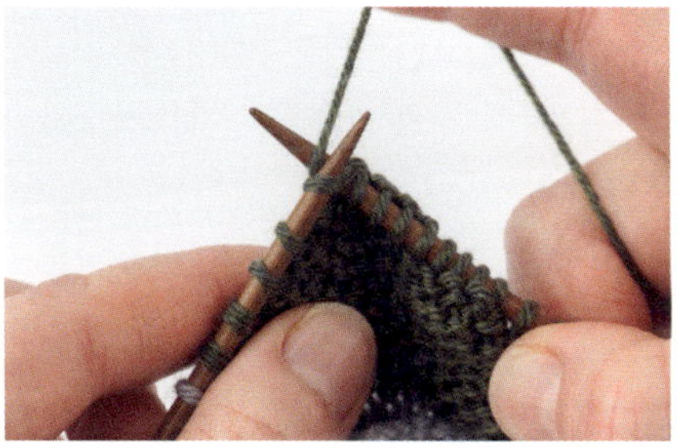

23 Die doppelt umwickelte M rechts stricken.

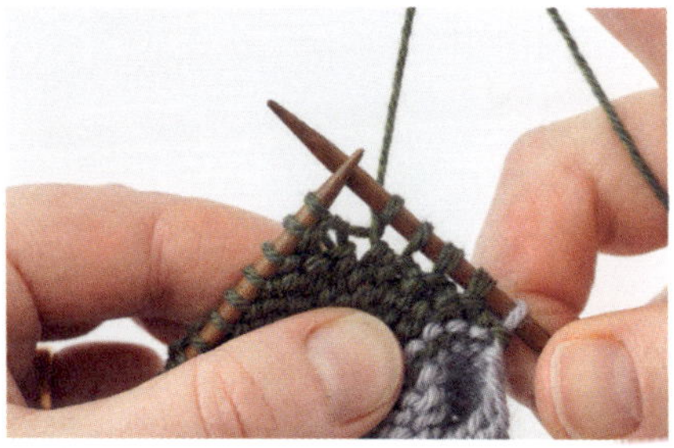

24 Die Schritte 15-19 wh, um die folgende M doppelt zu umwickeln. Wenden.

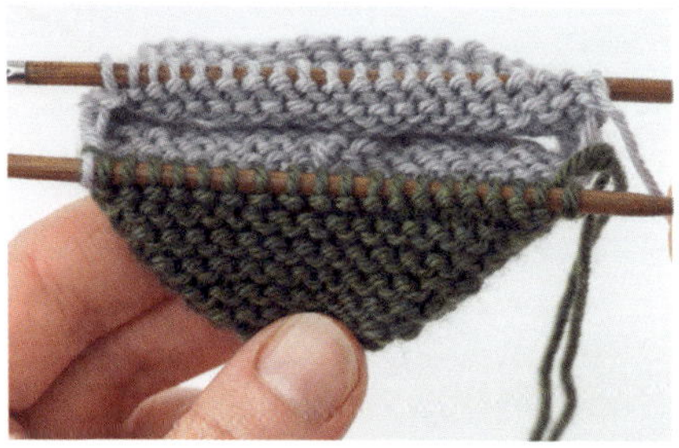

25 Auf diese Weise an den immer länger werdenden Reihen fortfahren: Stets die doppelt umwickelte M rechts stricken, dann die nächste doppelt umwickelte M bilden, bis alle Fersenmaschen gearbeitet wurden. In der letzten Rückreihe die letzte M umwickeln, aber nicht zurück auf die linke Nadel legen.

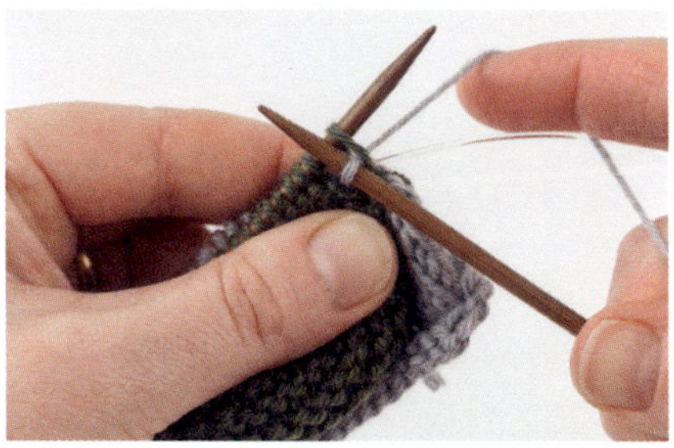

26 Fersengarn abschneiden, dabei ein Fadenende hängen lassen. Die Arbeit auf rechts wenden. Das ursprüngliche Hauptgarn wieder aufnehmen und damit die Fersenmaschen rechts stricken.

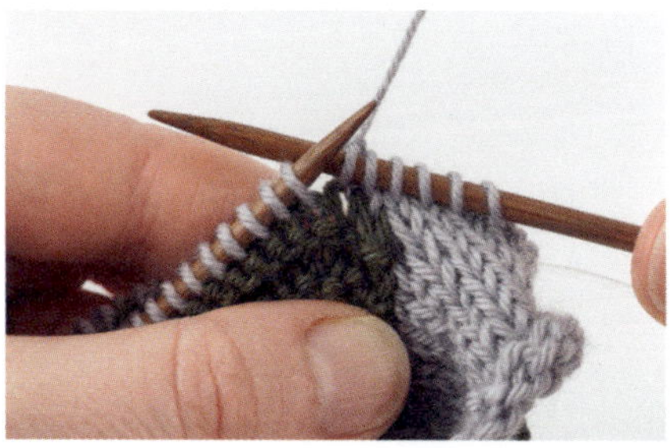

27 Den Fuß weiter rundstricken. Bei Bedarf mit den Fadenenden des Kontrastgarns eventuelle Löcher an den Ecken der Ferse schließen.

Die krausrechte Ferse mit verkürzten Reihen sieht in einer Kontrastfarbe sehr schön aus, kann aber ebenso gut im gleichen Farbton gestrickt werden wie die übrige Socke. Auch dann sollte für die Ferse das Garn neu angemascht werden, damit mit den herabhängenden Fadenenden später die Ecken versäubert werden können. Ich hoffe, es macht Ihnen Spaß, an den Moorland-Socken mit verschiedenen Farbkombinationen zu experimentieren.

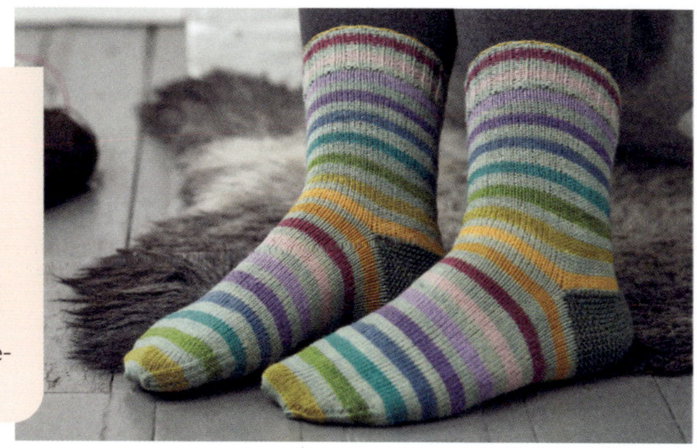

PROJEKT
SOCKEN MOORLAND

von Jen Arnall-Culliford

Die krausrechte Ferse mit verkürzten Reihen ist ein hübsches Detail an den glatt rechts gestrickten Socken. Die Farbtöne des Ringelgarns erinnern dabei an die Farben des Spätsommers im Moor.

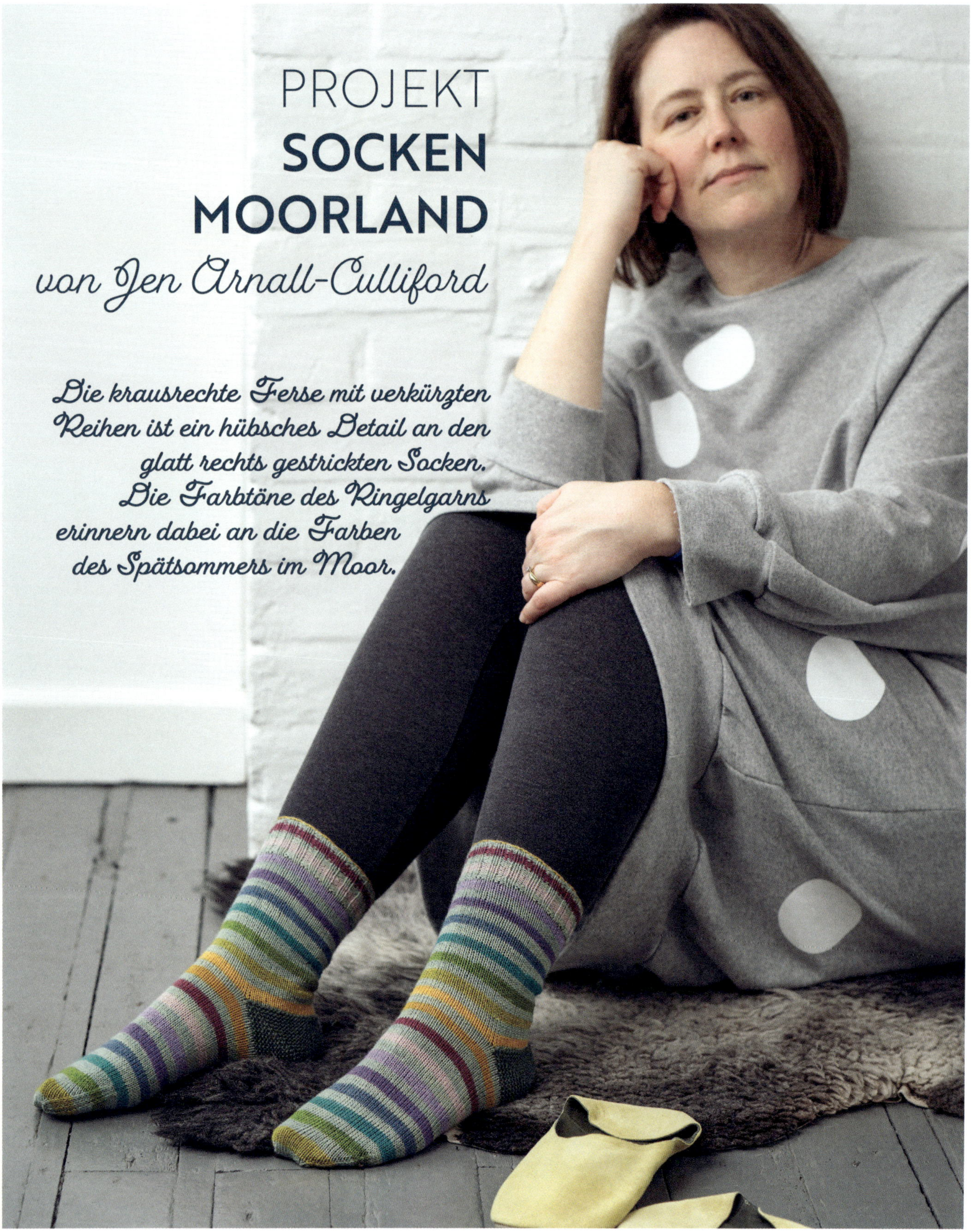

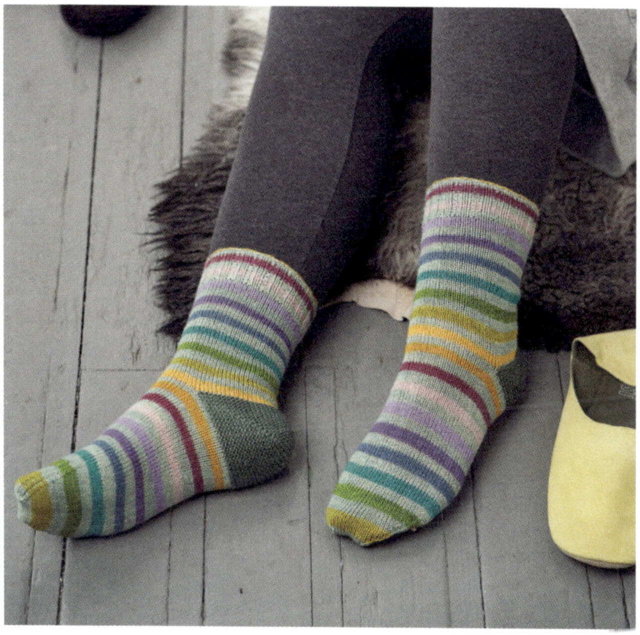

GRÖSSEN
S (M, L, XL, XXL)
Passend für Knöchel- und Fußumfang: 19,5 (22, 24, 26, 28,5) cm
Fertiger Knöchel- und Fußumfang der Socke (ungedehnt): 15,5 (18, 20, 22, 24,5) cm
Länge oberer Rand bis Oberkante Ferse: 16 cm
Fuß- und Beinlänge können beliebig angepasst werden. Die fertige Socke ist 0,5 cm kürzer als der Fuß, damit sie gut sitzt. Abgebildetes Modell: Größe L an Knöchelumfang von 24 cm und Fußumfang von 22 cm

GARN
Fab Funky Fibres Self-Striping Sock Yarn (75 % Merinowolle, 25 % Nylon; LL 425 m / 100 g)
Farbe A: Feet Firmly on the Ground; 2 x 40 g für alle Größen
Farbe B: Feet Firmly on the Ground; 1 x 20 g (Mini-Strang) passende Kontrastfarbe

Garnverbrauch
Da die Fußlänge flexibel angepasst werden kann, sind keine genauen Angaben zum Garnverbrauch möglich. 400 m müssten jedoch für alle Größen außer XXL ausreichen.

STRICKNADELN UND ZUBEHÖR
Nadelstärke 2,5 mm oder die Stärke, mit der die Maschenprobe erreicht wird: 1 Nadelspiel oder Ihre Lieblingsnadeln für kleine Runden
Maschenmarkierer
Garnrest oder Maschenhalter (optional)
Wollnadel

MASCHENPROBE
36 M und 49 Rd = 10 x 10 cm (glatt rechts rundgestrickt, gewaschen und gespannt)
36 M und 70 Rd = 10 x 10 cm (kraus rechts in Reihen gestrickt, gewaschen und gespannt)

ABKÜRZUNGEN
Ein vollständiges Abkürzungsverzeichnis finden Sie auf S. 110.

SPEZIALTECHNIKEN
Dieses Buch enthält Foto-Tutorials für die folgenden Techniken:
Krausrechte Ferse mit verkürzten Reihen (S. 63-65)

Folgende Video-Tutorials (englischsprachig) finden Sie online unter **www.actechniques.co.uk/tutorials-1#/confident-knitting:**
Kreuzanschlag mit dem Nadelspiel (Long-tail cast-on for DPNs)
Krausrechte Ferse mit verkürzten Reihen (Garter stitch short row heel)
Zusammennähen im Maschenstich (Grafting)

ANMERKUNGEN ZUR ANLEITUNG
Diese Socken werden vom Bund an abwärts gestrickt. Der Bund wird im Rippenmuster gearbeitet, das Bein glatt rechts. Für die krausrechte Ferse mit verkürzten Reihen wird das Kontrastgarn verwendet, für den glatt rechts gestrickten Fuß wieder das Hauptgarn. Den Abschluss bildet eine glatt rechts gestrickte breite Bandspitze, bei der die letzten Maschen nahtlos im Maschenstich verbunden werden.

Die Ferse mit verkürzten Reihen wird über etwas mehr als die Hälfte der Maschen gearbeitet, damit sie gut sitzt.

Die Anleitung enthält Tipps zur Verarbeitung des Ringelgarns, damit beiden Socken gleich aussehen.

Für die Größenauswahl sowohl den Knöchel- als auch den Fußumfang messen. Der Knöchelumfang wird knapp über dem Sprunggelenk gemessen, der Fußumfang rings um das Fußgewölbe. Von den oben angegebenen »Passend für«-Größen diejenige wählen, die zum größeren dieser beiden Maße passt. Dann kontrollieren, ob die entsprechende fertige Größe der Socke etwas kleiner ist als Ihr Knöchel- oder Fußumfang. Bei einem großen Unterschied zwischen Knöchel- und Fußumfang die Größe passend zum größeren der Maße wählen. Für die Partie mit dem kleineren Maß dann eine kleinere Nadelstärke verwenden, damit die fertige Größe fester gestrickt und damit kleiner wird.

Fuß- und Beinlänge können ganz einfach durch mehr oder weniger gestrickte Runden angepasst werden. Für einen kleineren oder größeren Umfang eine andere Maschenzahl (teilbar durch 4) anschlagen. In diesem Fall muss auch die Anzahl der Fersenmaschen angepasst werden. Weitere Informationen dazu im Tutorial Krausrechte Ferse mit verkürzten Reihen.

SOCKEN

2 identische Socken stricken.

1 MASCHENANSCHLAG UND BUND

Mit Farbe A 56 (64, 72, 80, 88) M anschlagen. Damit gleichmäßige Ringel entstehen, den Anschlag an einem Farbwechsel im Garn beginnen. Die 2. Socke dann an einem identischen Farbwechsel beginnen. Zur Rd schließen, dabei aufpassen, dass die M sich nicht verdrehen. MMs für Rd-Beginn.

Rippen-Rd: *2 M re, 2 M li; ab * fortl. wh.
Die Rippen-Rd noch 20-mal stricken (21 Rd). Alternativ im Rippenmuster stricken, bis 5 Ringel fertig sind.

2 BEIN UND FERSE MIT VERKÜRZTEN REIHEN

Alle Rd rechts stricken, bis die Socke ab dem M-Anschlag 16 cm lang ist. Notieren, welche Farbe der letzte Ringel hat und wie viele Rd in dieser Farbe gestrickt wurden. Das hilft später, die 2. Socke genau gegengleich zu stricken. Die Länge kann nach Wunsch geändert werden; dabei ist zu berücksichtigen, dass längere Socken an die Wade angepasst werden müssen.

Teilweise gestrickte Rd: In Farbe A 41 (46, 52, 57, 63) M re.

Ab diesem Punkt beginnt die Ferse. Diese wird nur mit Farbe B (Kontrastfarbe) in Reihen gestrickt. Beim Anmaschen von Farbe B einen Faden zum späteren Vernähen hängen lassen. Weitere Informationen zur Ferse mit verkürzten Reihen: siehe Tutorial (ab S. 63).

Im Laufe der folgenden Partie werden die gestrickten Reihen immer kürzer; an beiden Enden bleiben Maschen ungestrickt.

1. verk. R (Hin-R): In Farbe B 29 (35, 39, 45, 49) M re (dabei den MM des Rd-Beginns entf), w&w. Wenn gewünscht, die verbl. 26 (28, 32, 34, 38) Rist-M nach der Wickel-M auf eine separate Nadel oder einen Hilfsfaden legen, während die Ferse gestrickt wird.
2. verk. R (Rück-R): 28 (34, 38, 44, 48) M re, w&w.
3. verk. R (Hin-R): 27 (33, 37, 43, 47) M re, w&w.
4. verk. R (Rück-R): 26 (32, 36, 42, 46) M re, w&w.
5. verk. R (Hin-R): Re M bis 1 M vor Wickel-M, w&w.
6. verk. R (Rück-R): Re M bis 1 M vor Wickel-M, w&w.
Die letzten 2 R noch 8- (11-, 13-, 15-, 17-)mal wh. Die letzte Rück-R str wie folgt: 8 (8, 8, 10, 10) M re, w&w.

Im Laufe der folgenden Partie werden die gestrickten Reihen immer länger; an beiden Enden bleiben Maschen ungestrickt.
1. verk. R (Hin-R): 8 (8, 8, 10, 10) M re, folg. M (= umwickelte M) re, w&w (= 2. Wickel für die bereits umwickelte M).
2. verk. R (Rück-R): 9 (9, 9, 11, 11) M re, Wickel-M re str, w&w (= 2. Wickel für die bereits umwickelte M).
3. verk. R (Hin-R): 10 (10, 10, 12, 12) M re, doppelt umwickelte M re, w&w (so entsteht eine neue doppelt umwickelte M).
4. verk. R (Rück-R): 11 (11, 11, 13, 13) M re, doppelt umwickelte M re, w&w (so entsteht eine neue doppelt umwickelte M).
5. verk. R (Hin-R): Re M bis doppelt umwickelte M, doppelt umwickelte M re str, w&w (so entsteht eine neue doppelt umwickelte M).
6. verk. R (Rück-R): Re M bis doppelt umwickelte M, doppelt umwickelte M re str, w&w (so entsteht eine neue doppelt umwickelte M).
Die letzten beiden R noch 7- (10-, 12-, 14-, 16-)mal wh. Die letzte Rück-R str wie folgt: 27 (33, 37, 43, 47) M re, doppelt umwickelte M re str, letzte M (= die 1. M der Ferse) umwickeln, aber nicht zurück auf die li Nadel heben.
Arbeit auf rechts wenden. Farbe B abschneiden, dabei einen Faden zum späteren Vernähen hängen lassen.

3 FUSS UND SPITZE

Falls erforderlich die 26 (28, 32, 34, 38) Rist-M zurück auf die Nadeln legen.
Teilweise gestrickte R: In Farbe A 1 (2, 2, 3, 3) M re.

Neuen MM des Rd-Beginns setzen. Der Rd-Beginn liegt nun an der Seite von Fuß und Spitze. Die übrige Socke wird nur in Farbe A gestrickt.

Alle Rd re str, bis die Socke vom unteren Fersenansatz gemessen 3 (4, 4, 5, 5,5) cm kürzer als die gewünschte Fußlänge ist. Notieren, welche Farbe der letzte Ringel hat und wie viele Rd in dieser Farbe gestrickt wurden. Dies hilft später, die 2. Socke genau gegengleich zu stricken.

1. Rd (Abn): *1 M re, AAZ, 22 (26, 30, 34, 38) M re, 2 M re zus, 1 M re, MMs; ab * noch 1-mal wh. 4 M abgen; 52 (60, 68, 76, 84) M verbl.
2. Rd: Fortl. re M, dabei MM abheben.
3. Rd (Abn): *1 M re, AAZ, re M bis 3 M vor MM, 2 M re zus, 1 M re, MM abh; ab * noch 1-mal wh. 4 M abgen.
Die letzten 2 Rd noch 7- (9-, 10-, 12-, 13-)mal wh. 32 (40, 44, 52, 56) M abgen; 20 (20, 24, 24, 28) M verbl.

Die ersten 10 (10, 12, 12, 14) M auf eine Nadel legen, die übrigen 10 (10, 12, 12, 14) M auf eine zweite Nadel. Farbe A abschneiden, dabei 30 cm Faden hängen lassen. Beide Nadeln parallel halten (Spitzen nach rechts) und die Maschen im Maschenstich zusammennähen.

4 ZWEITE SOCKE

Für die zweite Socke die Schritte 1-3 wiederholen; dabei die Notizen zu den Farben der Ringel bei den Garnwechseln beachten, damit beide Socken gleich aussehen.

5 FERTIGSTELLUNG

Alle Fäden vernähen, aber nicht abschneiden. Die Socken 20 Minuten in lauwarmem Wasser mit Wollwaschmittel einweichen. Überschüssiges Wasser ausdrücken (nicht wringen). Zwischen Handtüchern weiter trockenpressen. Flach zum Trocknen ausbreiten oder auf Sockenspanner ziehen.
Wenn die Socken ganz trocken sind, alle Fadenenden abschneiden.

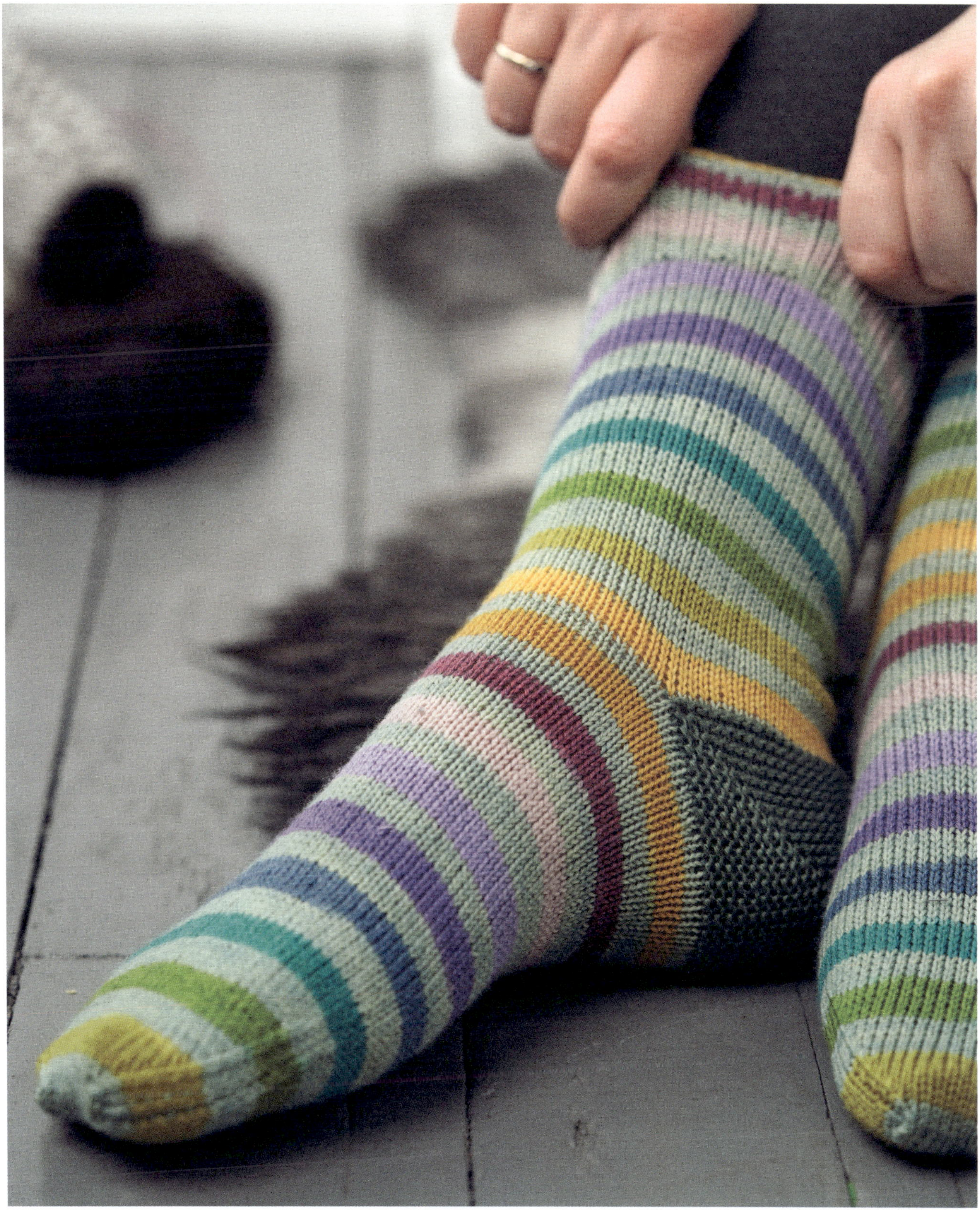

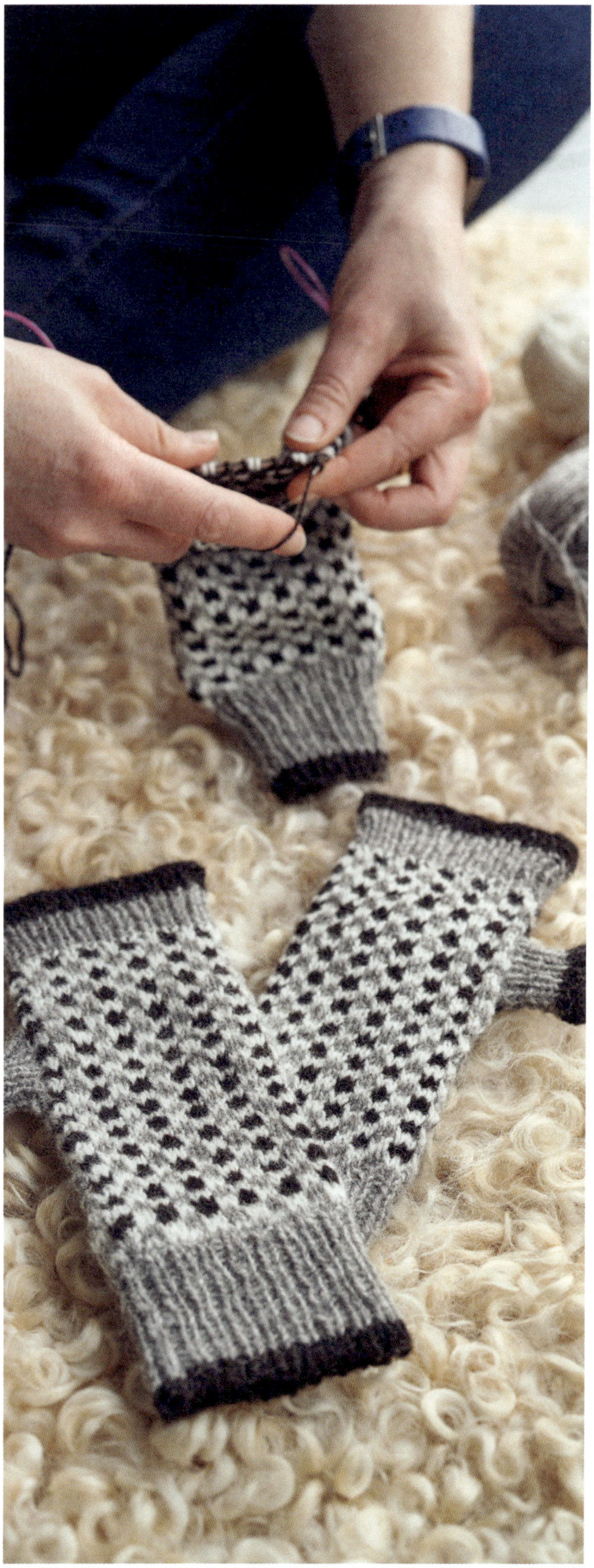

TECHNIK
MOSAIKSTRICKEN

Das Mosaikstricken ist eine der cleversten Stricktechniken, die Ihnen je begegnen werden. Damit gelingen Ihnen wunderschöne mehrfarbige Modelle, die total kompliziert aussehen – und dabei stricken Sie nie mit mehr als einer Farbe gleichzeitig. Das ist nicht schwerer als das Stricken von Streifen, aber es gibt unendlich viele verschiedene Muster.

Für Mosaikmuster werden im Prinzip Streifen gestrickt, doch anstatt alle Maschen rechts (oder links) zu stricken, heben Sie einige Maschen nur ab. Reihen oder Runden mit solchen Hebemaschen werden paarweise gestrickt; dabei werden in der zweiten Reihe oder Runde dieselben Maschen abgehoben wie in der ersten. Das vereinfacht das Stricken enorm, da man bei der zweiten Reihe oder Runde jedes Paars nicht in die Strickanleitung zu schauen braucht. Am Ende eines fertigen Musterrapports wurde in allen Maschensäulen dieselbe Anzahl Maschen gearbeitet. In Marceline Smiths schönen Terrain-Fäustlingen wird zum Beispiel in dem Rapport von 6 Reihen jede Masche viermal gestrickt und zweimal abgehoben. Beim Abheben wird der Arbeitsfaden stets auf der Rückseite geführt, so dass dort die Spannfäden liegen. Und das ist auch schon alles! Mosaikstricken sieht so viel komplizierter aus, als es ist.

MOSAIKSTRICKEN IN RUNDEN

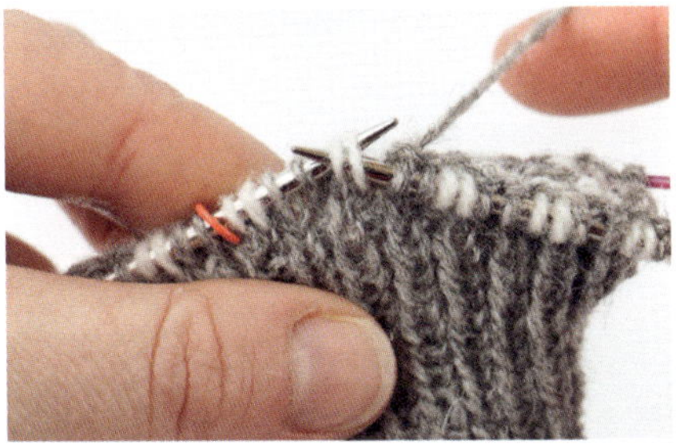

1 Die Hebemaschen werden stets links abgehoben, der Arbeitsfaden wird hinten mitgeführt. Bei mehr als 1 Hebemasche kann es einfacher sein, die M zusammen abzuheben. Hier werden 2 M zusammen abgehoben.

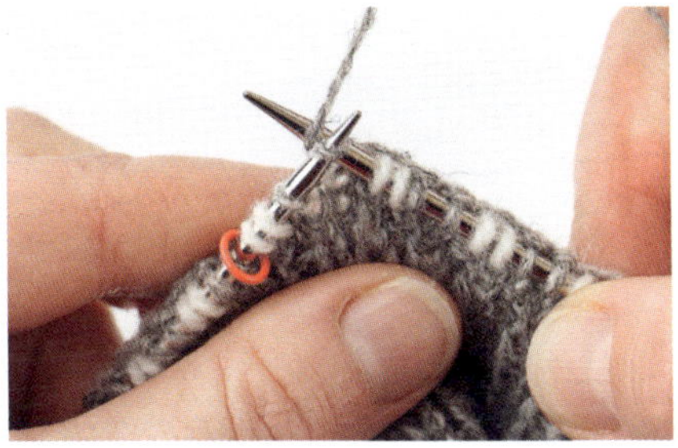

2 Die folg. M rechts stricken. Darauf achten, dass die M auf der rechten Nadel weit genug auseinander liegen, so dass der Spannfaden auf der Rückseite nicht zu straff ist.

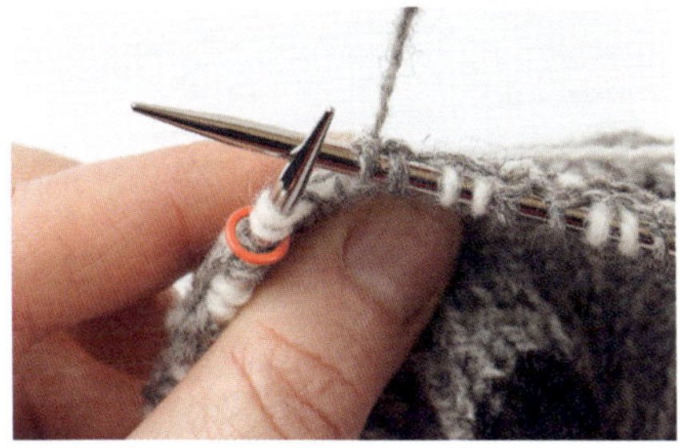

3 Zwischendurch öfters die zuletzt gestrickten M darauf kontrollieren, dass die Fadenspannung überall gleichmäßig ist – vor allem hinter den Hebemaschen.

MOSAIKSTRICKEN IN REIHEN

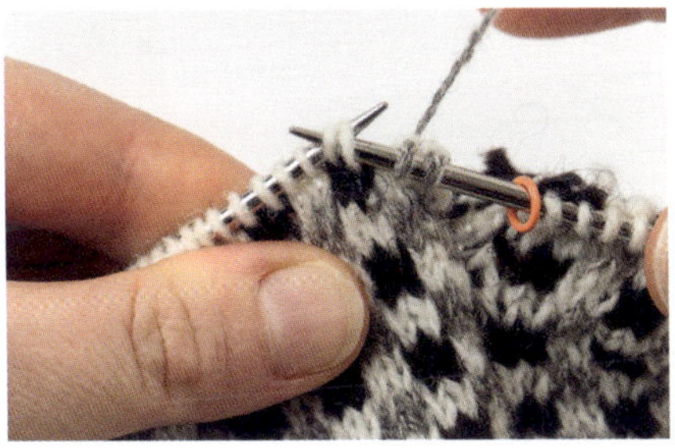

1 In den Hinreihen werden die Hebemaschen genauso gearbeitet wie beim Rundstricken. Die Hebemaschen werden links abgehoben, der Arbeitsfaden liegt hinten.

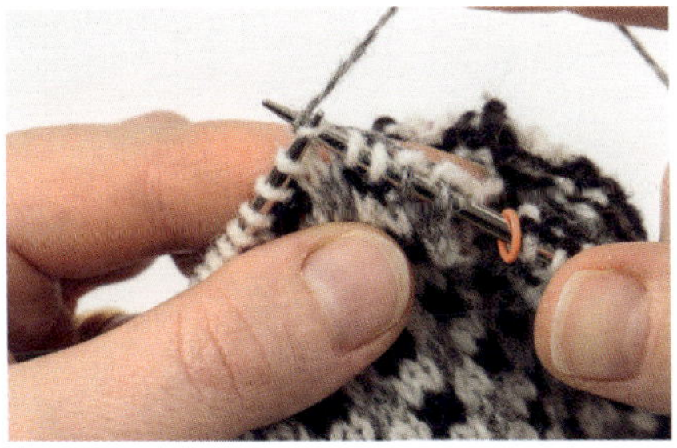

2 Die folg. M rechts stricken. Darauf achten, dass die M auf der rechten Nadel weit genug auseinander liegen und der Spannfaden auf der Rückseite nicht zu straff ist.

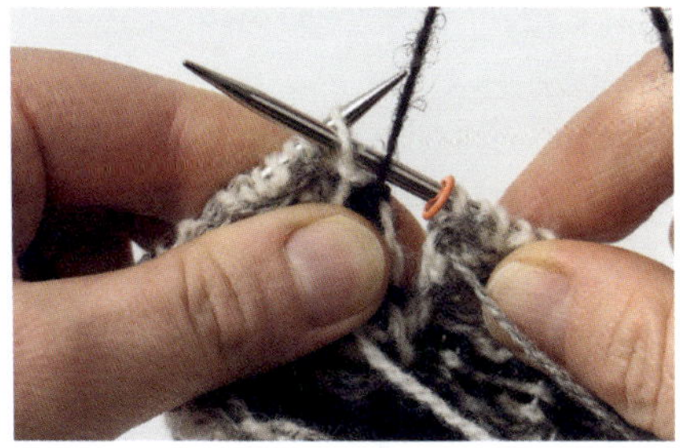

3 In den Rückreihen werden die zuvor rechts gestrickten M links gestrickt.

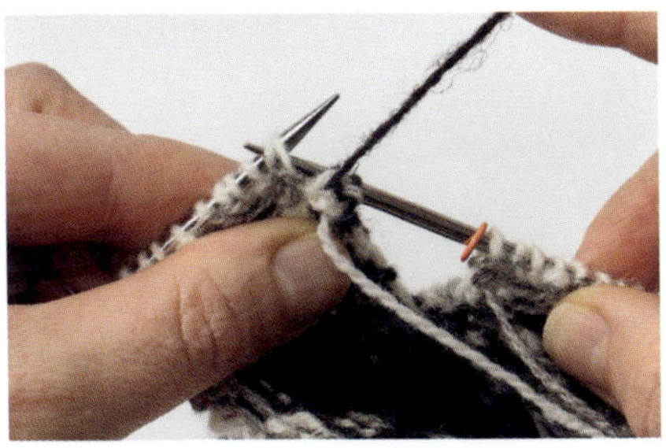

4 Die Hebemaschen werden wieder links abgehoben, jedoch mit dem Arbeitsfaden vor der Arbeit, damit die Spannfäden auf der Rückseite der Arbeit bleiben.

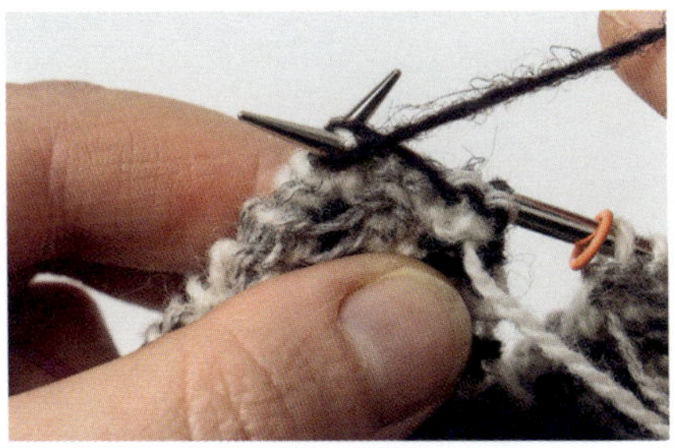

5 Die folg. M links stricken. Darauf achten, dass die M auf der rechten Nadel weit genug auseinander liegen, so dass der Spannfaden nicht zu straff ist.

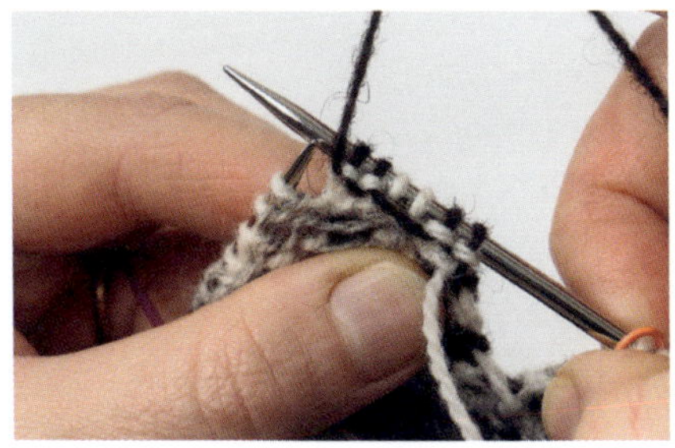

6 Die links gestrickten M und die Hebemaschen liegen gleichmäßig weit auseinander; die Spannfäden verlaufen glatt auf der Rückseite der Arbeit.

MITFÜHREN VON FÄDEN ZWISCHEN RUNDEN

Wie beim Stricken von Streifenmustern ist zu empfehlen, die nicht benutzten Fäden am Rundenbeginn einzuweben. So vermeidet man lange senkrechte Spannfäden auf der Rückseite und erhält ein gleichmäßigeres Maschenbild. Im folgenden Foto-Tutorial wird gezeigt, wie man einen oder zwei Fäden am Rundenbeginn einwebt. Wenn eine Runde in derselben Farbe gestrickt wird wie die Vorrunde, ist das Einweben der nicht benutzten Fäden nicht nötig.

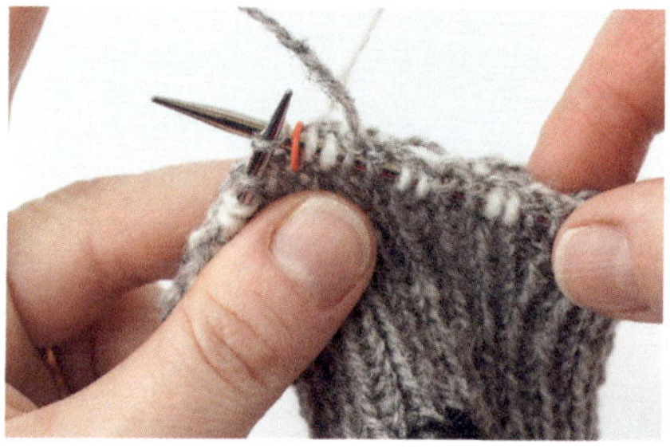

1 Bei den Terrain-Fäustlingen wurde am Ende der 3. Runde des Musters Farbe B verwendet. Die folgende Runde wird in Farbe C gestrickt. Zum Einweben Farbe B über die neue Farbe C legen.

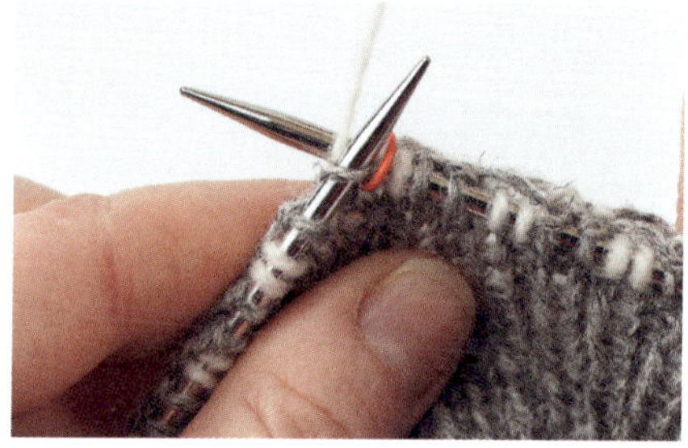

2 Nun die erste M der neuen Runde in der neuen Farbe stricken (hier Farbe C).

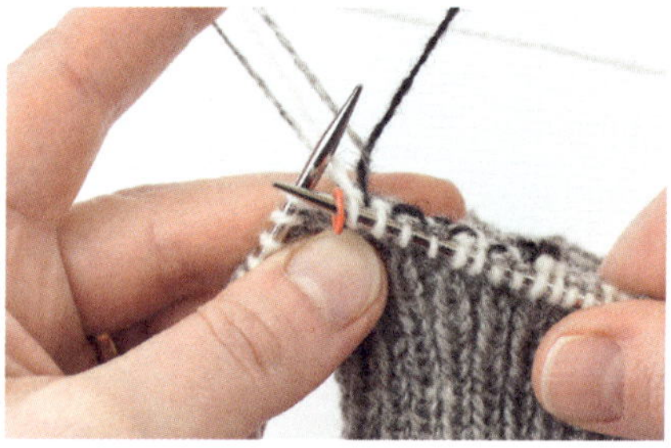

3 Wenn im Verlauf des Musters Farbe A hinzukommt, werden am Rundenbeginn beide nicht benutzten Farben (B und C) über den Faden der neuen Farbe gelegt. So werden zu lange senkrechte Spannfäden auf der Rückseite vermieden.

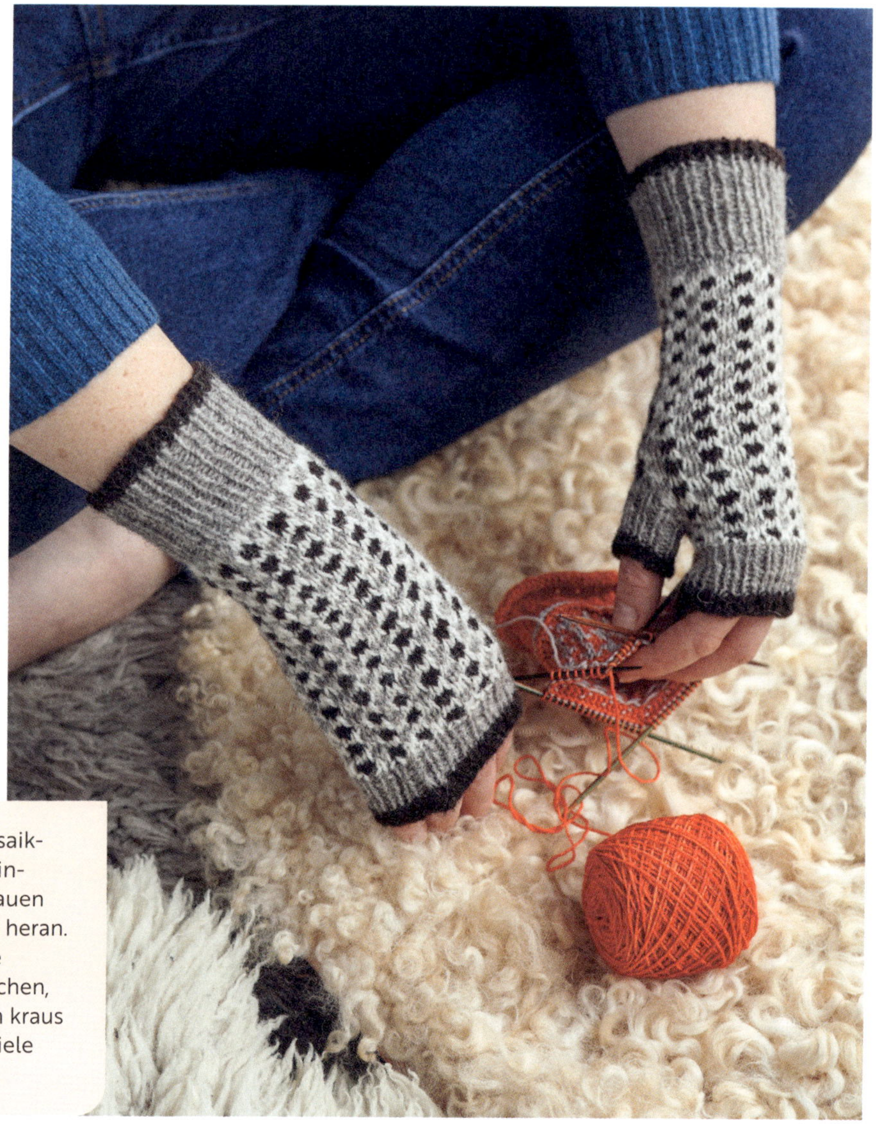

Ich hoffe, es macht Ihnen Spaß, die Mosaikmuster von Marcelines hübschen Terrain-Fäustlingen auszuprobieren, und Sie trauen sich danach an weitere Mosaikprojekte heran. Das Hebemuster der Terrain-Fäustlinge basiert auf glatt rechts gestrickten Maschen, doch Mosaikmuster funktionieren auch kraus rechts gestrickt wunderbar. Es gibt so viele Möglichkeiten!

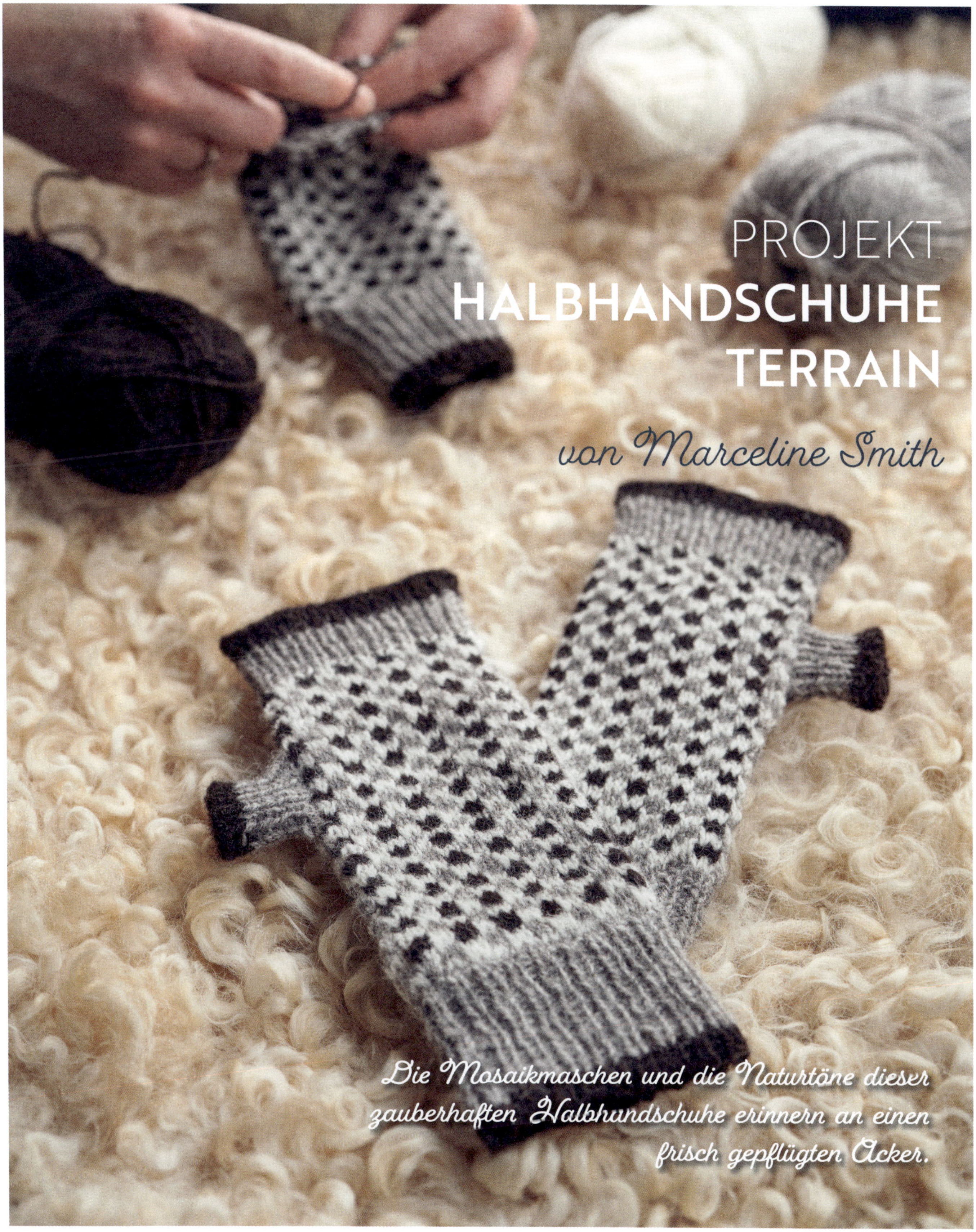

PROJEKT HALBHANDSCHUHE TERRAIN

von Marceline Smith

Die Mosaikmaschen und die Naturtöne dieser zauberhaften Halbhundschuhe erinnern an einen frisch gepflügten Acker.

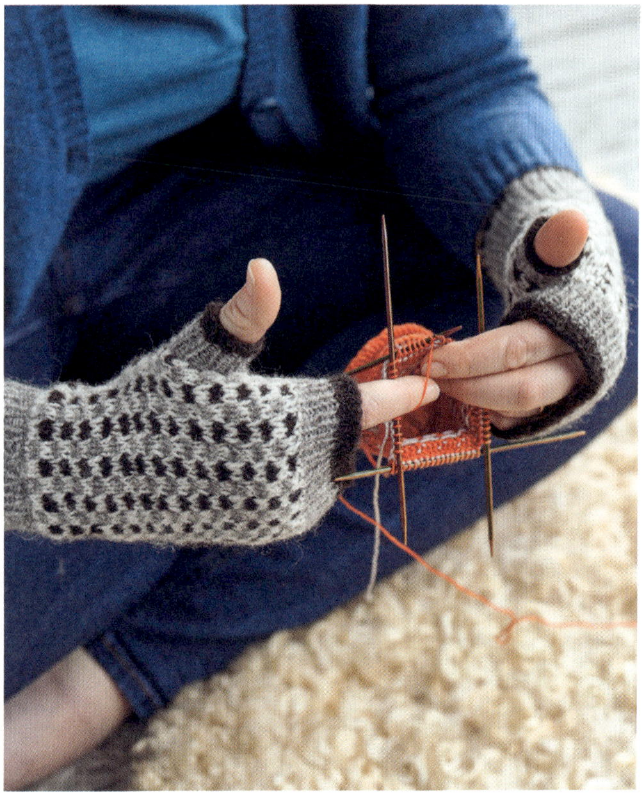

GRÖSSEN
S (M, L, XL)
Passend für Handumfang oberhalb des Daumens: 15,5 (18,5, 21, 24) cm
Fertiger Handumfang oberhalb des Daumens: 15 (18, 20,5, 23,5) cm
Länge: 21,5 (22,5, 23,5, 24,5) cm
Abgebildetes Modell: Größe M an Handumfang von 18 cm

GARN
Jamieson & Smith Shetland Supreme Jumper Weight (100 % Shetlandwolle; LL 172 m / 50-g-Knäuel)
Farbe A: Shetland Black (2005); 1 x 50 g
Farbe B: Shaela (2003); 1 x 50 g
Farbe C: White (2001); 1 x 50 g

Garnverbrauch
Farbe A: ca. 65 (80, 95, 115) m
Farbe B: ca. 75 (95, 115, 140) m
Farbe C: ca. 50 (60, 75, 90) m

STRICKNADELN UND ZUBEHÖR
Nadelstärke 2,5 mm oder die Stärke, mit der die Maschenprobe im 1/1-Rippenmuster erreicht wird: 1 Rundnadel (Länge 80 cm) für die Magic-Loop-Technik oder Ihre Lieblingsnadeln zum Rundstricken
Nadelstärke 3,25 mm oder die Stärke, mit der die Maschenprobe im Mosaikmuster erreicht wird: 1 Rundnadel (Länge 80 cm) für die Magic-Loop-Technik oder Ihre Lieblingsnadeln zum Rundstricken
Wollnadel

MASCHENPROBE
26 M und 40 Rd = 10 x 10 cm (mit den dünneren Nadeln im 1/1-Rippenmuster rundgestrickt, gewaschen und gespannt)
27 M und 57 Rd = 10 x 10 cm (mit den dickeren Nadeln im Mosaikmuster rundgestrickt, gewaschen und gespannt)

ABKÜRZUNGEN
Ein vollständiges Abkürzungsverzeichnis finden Sie auf S. 110.

SPEZIALTECHNIKEN
Dieses Buch enthält Foto-Tutorials für die folgenden Techniken:
Mosaikstricken (S. 71)
Mitführen von Fäden zwischen Runden (S. 72)

Folgende Video-Tutorials (englischsprachig) finden Sie online unter **www.actechniques.co.uk/tutorials-1#/confident-knitting:**
Mosaikstricken (Mosaic knitting)
Alternierender aufgestrickter Kordelanschlag (Alternating cable cast on)

ANMERKUNGEN ZUR ANLEITUNG
Diese Halbhandschuhe werden von unten nach oben gestrickt. Bündchen, Daumen und oberer Abschluss werden gerippt gearbeitet. Die Hauptpartie an der Hand erhält ein dreifarbiges Mosaikmuster. Die Daumenöffnung entsteht, indem das Mosaikmuster in Reihen gestrickt wird; für den gerippten Daumen werden Maschen rings um die Öffnung aufgenommen. Die fertigen Handschuhe enthalten in allen Größen 0,5 cm Minderweite.

Die Anleitung ist in vier Größen verfasst, wenn Sie sie an einen noch größeren oder kleineren Handumfang anpassen möchten, können Sie einfach eine durch vier teilbare Maschenzahl hinzufügen oder entfernen. Auch die Länge können Sie variieren, indem Sie die Anzahl der Wiederholungen des Mosaikmusters vor und nach der Daumenöffnung verändern. Alle Änderungen wirken sich auf den Garnverbrauch aus.

Bei einem Mosaikprojekt mit zwei oder mehr Farben werden die nicht benutzten Farben am besten fortlaufend am Rand oder auf der Innenseite der Arbeit mitgeführt. Ob in Reihen oder rundgestrickt – am hier vorgestellten Modell werden die Fäden eingewebt, indem das alte Garn über das neue gelegt wird. Jedes Mal wenn eine neue Farbe angemascht wird, legt man den Faden bzw. die Fäden der vorherigen Farbe(n) hinter der Arbeit über den Faden der neu angesetzten Farbe; dann wird mit der neuen Farbe im Muster weitergestrickt. Wenn mit drei Farben gearbeitet wird, ist es hilfreich, beide gerade nicht verwendeten Farben über die neue Farbe zu kreuzen, damit stets der richtige Faden parat ist, wenn er gebraucht wird. Wird mit einer Farbe eine zweite Reihe oder Runde gestrickt, brauchen die Fäden nicht erneut eingewebt zu werden.

HALBHANDSCHUHE

Zwei identische Handschuhe stricken

1 MASCHENANSCHLAG UND GERIPPTES BÜNDCHEN

Mit den dünneren Nadeln und Farbe A im alternierenden Kordelanschlag oder in Ihrer bevorzugten Methode 32 (40, 48, 56) M anschlagen. Zur Rd schließen, dabei aufpassen, dass die M sich nicht verdrehen.

1.-3. Rd: *1 M re, 1 M li; ab * fortl. wh.

Farbe A abschneiden. Zu den dickeren Nadeln und Farbe B wechseln.
4.-20. Rd: *1 M re, 1 M li; ab * fortl. wh.

21. Rd (Zun): * 3 (4, 5, 6) M re, 2 M re aus 1 M herausstr; ab * fortl. wh. 8 M zugen; 40 (48, 56, 64) M.
Farbe B nicht abschneiden.

Weiter mit Schritt 2 für die Anleitung mit Strickschrift oder Schritt 3 für die Textanleitung.

2 MOSAIKMUSTER – ANLEITUNG MIT STRICKSCHRIFT

1. Rd: Von re nach li gelesen insgesamt 10- (12-, 14-, 16-)mal die 4 M der 1. R von Strickschrift A arb.
Weiter nach Strickschrift A arb, bis die 6. R zum 8. (8., 9., 9.) Mal gestrickt wurde; dabei die Farben wechseln wie angegeben (48 [48, 54, 54] Rd im Mosaikmuster gestrickt)

Weiter mit Schritt 4.

STRICKSCHRIFT A: in Runden gestrickt

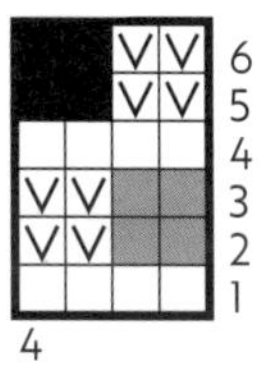

ZEICHENERKLÄRUNG

■ Farbe A (Shetland Black, 2005); re M

▨ Farbe B (Shaela, 2003); re M

□ Farbe C (White, 2001); re M

V 1 M li abh mFh

STRICKSCHRIFT B: In Reihen 1. R = Rück-R

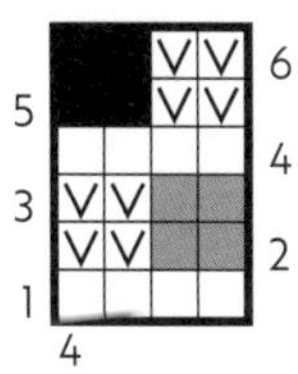

ZEICHENERKLÄRUNG

■ Farbe A (Shetland Black, 2005); in Hin-R re M, in Rück-R li M

▨ Farbe B (Shaela, 2003); in Hin-R re M, in Rück-R li M

□ Farbe C (White, 2001); in Hin-R re M, in Rück-R li M

V in Hin-R 1 M li abh mFh, in Rück-R 1 M li abh mFv

3 MOSAIKMUSTER – TEXTANLEITUNG

Mustereinteilung des rundgestrickten Mosaikmusters (folg. 6 Runden):
1. Rd: In Farbe C rechts stricken.
2.-3. Rd: In Farbe B *2 M re, 2 M li abh mFh; ab * fortl. wh.
4. Rd: In Farbe C rechts stricken
5.-6. Rd: In Farbe A *2 M li abh mFh, 2 M re; ab * fortl. wh.
Weiter im Muster str, bis die 6. R zum 8. (8., 9., 9.) Mal gestrickt wurde (48 [48, 54, 54] Rd im Mosaikmuster gestrickt).

Weiter mit Schritt 5.

4 DAUMENÖFFNUNG – ANLEITUNG MIT STRICKSCHRIFT

Im folgenden Abschnitt des Mosaikmusters wird zum Stricken in Reihen gewechselt. Dadurch entsteht die Daumenöffnung. MM am Rd-Beginn entf, die Arbeit wenden. Es folgt eine Rück-R.

Mustereinteilung nach Strickschrift B (folg. 2 Reihen):
1. R (Rück-R): Von li nach re gelesen insgesamt 10- (12-, 14-, 16-)mal die 4 M der 1. R von Strickschrift B arb.
2. R (Hin-R): Von re nach li gelesen insgesamt 10- (12-, 14-, 16-) mal die 4 M der 2. R von Strickschrift B arb.
Weiter nach Strickschrift B arb, bis die 4. R zum 3. (4., 4., 5.) Mal gestrickt wurde (16 [22, 22, 28] Reihen Mosaikmuster gestrickt). Wenn Ihre Maschenprobe in der Höhe stimmt, müsste die Öffnung nun 3 (4, 4, 5) cm hoch sein. Der Daumenumfang ist doppelt so groß wie die Öffnung, daher bei Bedarf die Anzahl der Reihen anpassen.

Weiter mit Schritt 6.

5 DAUMENÖFFNUNG – TEXTANLEITUNG

Im folgenden Abschnitt des Mosaikmusters wird zum Stricken in Reihen gewechselt. Dadurch entsteht die Daumenöffnung. MM am Rd-Beginn entf, die Arbeit wenden. Es folgt eine Rück-R.

Mustereinteilung des in Reihen gestrickten Mosaikmusters (folg. 6 Reihen):
1. R (Rück-R): In Farbe C links stricken.
2. R (Hin-R): In Farbe B *2 M re, 2 M li abh mFh; ab * fortl. wh.
3. R: In Farbe B 2 M li abh mFv, 2 M li; ab * fortl. wh.
4. R: In Farbe C rechts stricken.
5. R: In Farbe A *2 M li, 2 M li abh mFv; ab * fortl. wh.
6. R: In Farbe A *2 M li abh mFh, 2 M re; ab * fortl. wh.
Weiter im Mosaikmuster in Reihen str, bis die 4. R zum 3. (4., 4., 5.) Mal gestrickt wurde (16 [22, 22, 28] Reihen Mosaikmuster gestrickt). Wenn Ihre Maschenprobe in der Höhe stimmt, müsste die Öffnung nun 3 (4, 4, 5) cm hoch sein. Der Daumenumfang ist doppelt so groß wie die Öffnung, daher bei Bedarf die Anzahl der Reihen anpassen.

Weiter mit Schritt 6.

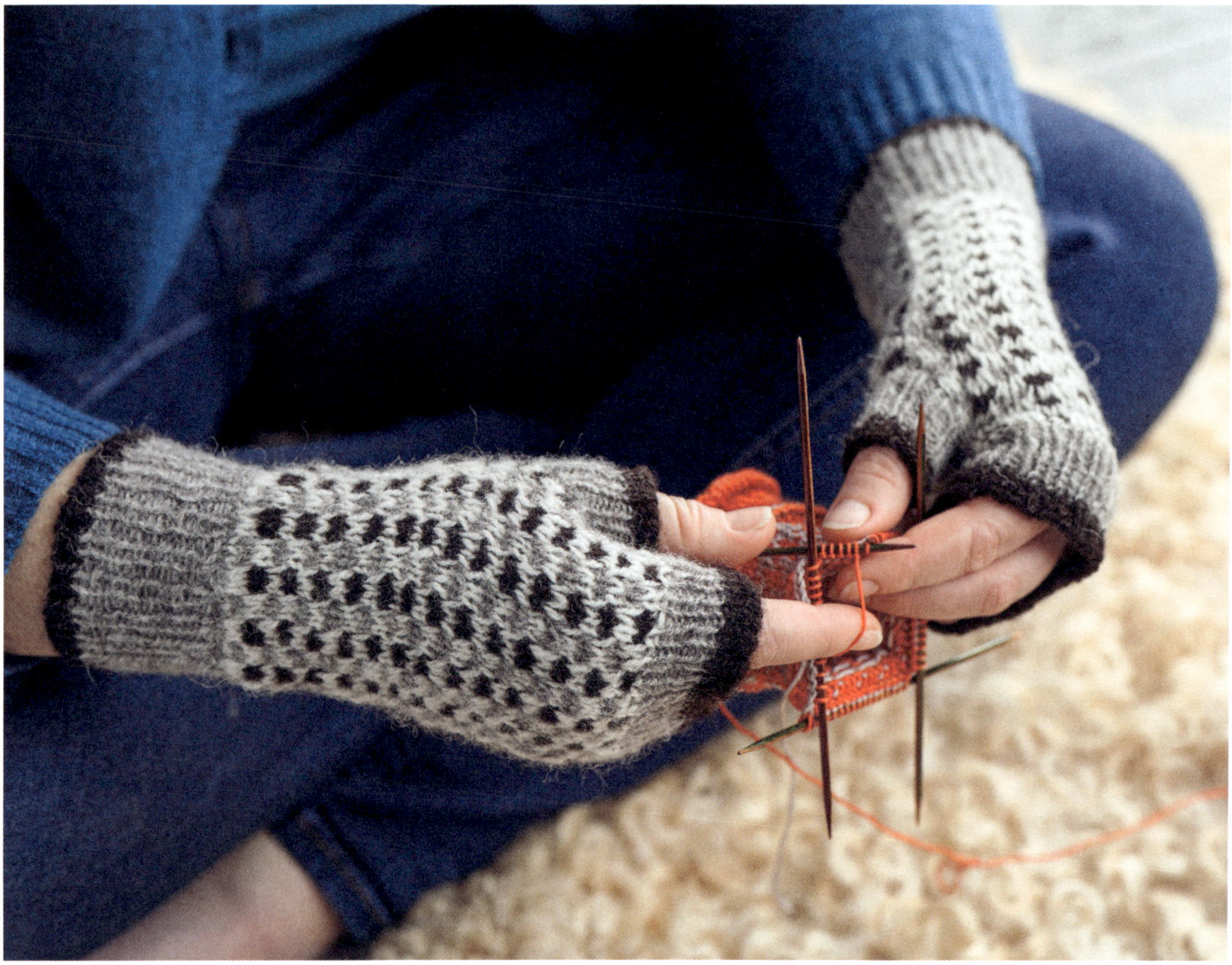

6 OBERE HANDPARTIE
Mit zugewandter Vorderseite wieder in Runden weiterstricken. MMs für Rd-Beginn.
In Farbe A und beginnend mit der 5. Rd weitere 15 Rd im Mosaikmuster in Runden str, so dass mit der 1. Rd geendet wird.

Farbe A und C abschneiden.
1.–7. Rd: In Farbe B *1 M re, 1 M li; ab * fortl. wh.

Farbe B abschneiden. Zu den dünneren Nadeln und Farbe A wechseln.
8.-10. Rd: *1 M re, 1 M li; ab * fortl. wh.
Alle Maschen locker abketten.

7 DAUMEN
Mit zugewandter Vorderseite mit Farbe B und den dünneren Nadeln unten an der Daumenöffnung beginnen. Bis zur oberen Mitte der Daumenöffnung 8 (10, 10, 13) M aufn und re str, dann entlang der anderen Seite der Öffnung weitere 8 (10, 10, 13) M aufn und re str.
16 (20, 20, 26) M.
Zur Rd schließen. MMs für Rd-Beginn.
1. Rd: Alle M re verschr str.
2.-10. Rd: *1 M re, 1 M li; ab * fortl. wh.
11.-13. Rd: In Farbe A *1 M re, 1 M li; ab * fortl. wh.
Alle Maschen locker abketten.

8 FERTIGSTELLUNG
Fäden vernähen. Die Halbhandschuhe 20 Minuten in lauwarmem Wasser mit Wollwaschmittel einweichen. Überschüssiges Wasser ausdrücken. Flach auf Maß ausbreiten und trocknen lassen.

TECHNIK
MODULARES STRICKEN

Eine modulare Strickarbeit besteht aus vielen kleinen geometrischen Formen. Diese Formen können zusammengenäht oder -gehäkelt werden, oder sie werden – wie in Emily K. Williams fantastischer Findhorn-Stola – aneinandergestrickt. Beim modularen Stricken kann man nach Herzenslust mit Farben spielen. Die Webarbeiten und die Farbpalette der Textilkünstlerin Anni Albers standen Pate für die Findhorn-Stola, bei der Sie jedoch auch ganz andere Farbkombinationen ausprobieren können.

Bei den Verbindungen an der Findhorn-Stola arbeitet Emily mit zwei Methoden. Die Stola setzt sich aus vier gestrickten Streifen zusammen, von denen jeder aus 36 Blöcken besteht. Die Blöcke werden einfach durch Farbwechsel in der fortlaufenden Arbeit gebildet. Die Streifen werden anschließend mit einer raffinierten Methode verbunden, bei der an den Kanten Umschläge gearbeitet werden. Diese werden zum Stricken des nächsten Streifens aufgenommen und rechts gestrickt. So entstehen zwischen den Blöcken dekorative Lochreihen.

Mit Umschlägen an den Kanten eines Motivs können ganz leicht viele verschiedene Formen angeschlossen werden. In den folgenden Foto-Tutorials wird erklärt, wie ein Umschlag am Reihenbeginn vor rechten und vor linken Maschen gearbeitet wird. Im nächsten Abschnitt wird dann gezeigt, wie die Umschläge aufgenommen und abgestrickt werden, um weitere Streifen anzuschließen. Zum Schluss folgt noch ein Tutorial über den russischen Fadenansatz. Da es bei dieser Stola so viele Farbwechsel gibt und das verwendete Garn sich nicht zum Spleißen eignet, ist der russische Fadenansatz eine ausgezeichnete Methode für nahezu unsichtbare Farbwechsel.

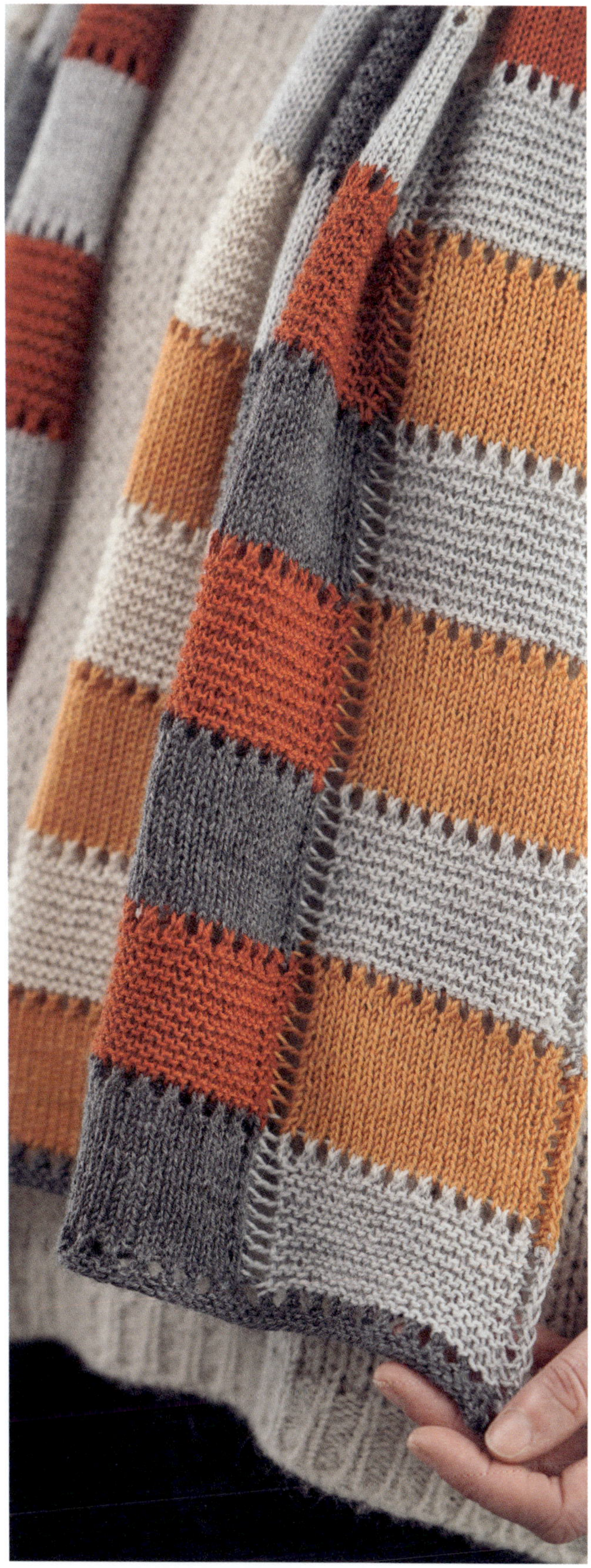

UMSCHLAG AM REIHENBEGINN VOR EINER RECHTEN MASCHE

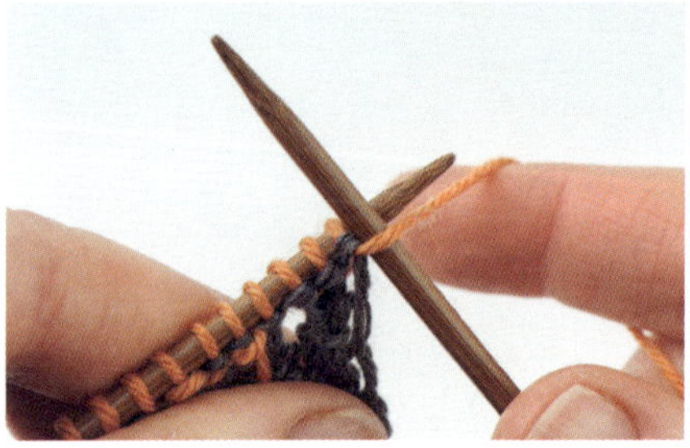

1 Den Arbeitsfaden über die rechte Nadelspitze legen: Der Faden liegt vor der Arbeit und wird über die Nadelspitze nach hinten gelegt.

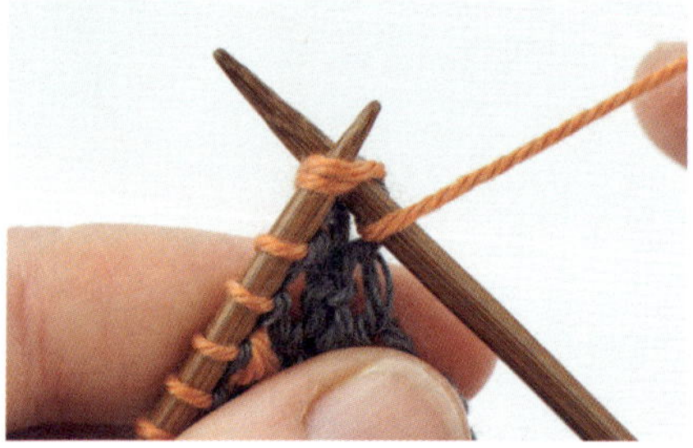

2 Mit der rechten Nadel in die 1. M auf der linken Nadel einstechen. Im gezeigten Beispiel werden 2 M re zus gestrickt, so dass in die ersten beiden M auf der linken Nadel eingestochen wird. Man sieht, dass der Arbeitsfaden vor der folg. M einen Umschlag bildet.

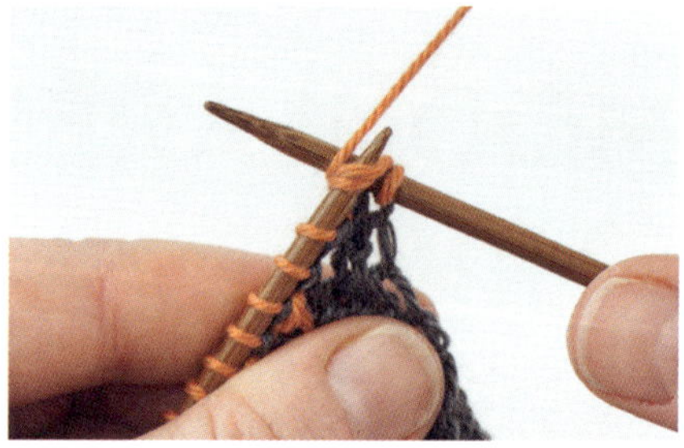

3 Den Arbeitsfaden mit der rechten Nadelspitze holen und die M normal stricken.

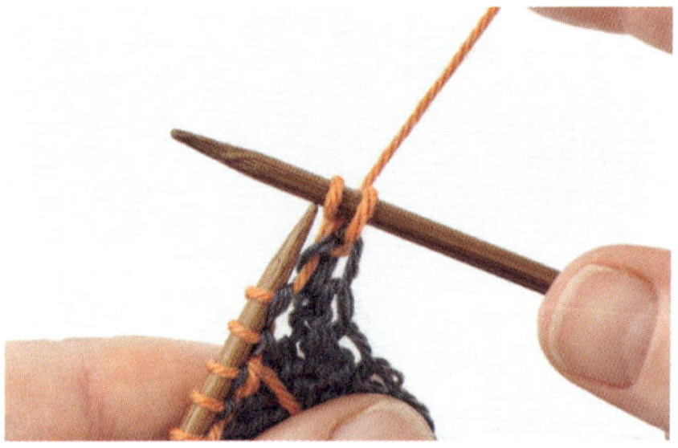

4 Auf der rechten Nadel sieht man einen Umschlag vor der aus 2 M re zus gebildeten M (= der 1. M dieser Reihe).

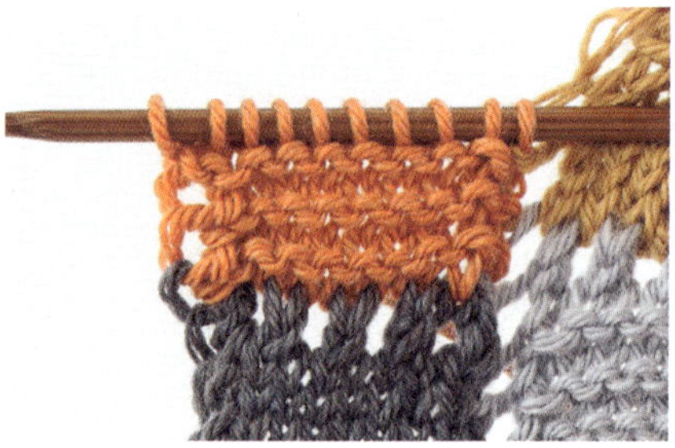

5 Durch einen Umschlag am Reihenbeginn entsteht eine Schlaufenkante.

UMSCHLAG AM REIHENBEGINN VOR EINER LINKEN MASCHE

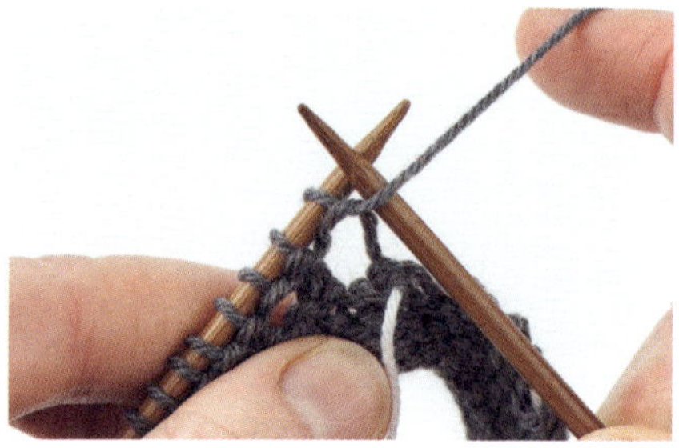

1 Den Arbeitsfaden über die rechte Nadelspitze legen: Der Faden liegt vor der Arbeit und wird über die Nadelspitze nach hinten gelegt.

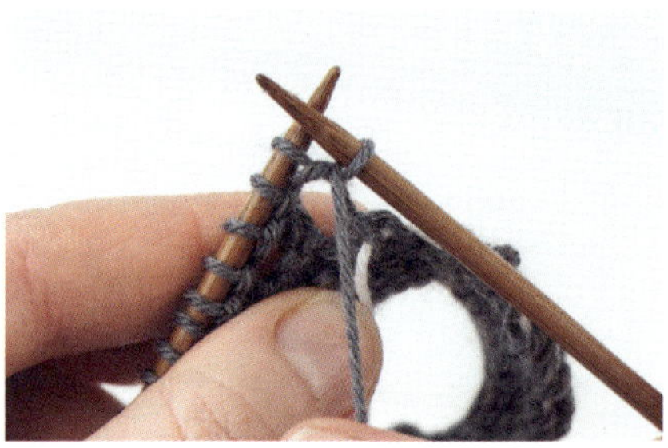

2 Den Faden weiter um die Nadel wickeln, also zwischen den Nadelspitzen hindurch wieder nach vorn legen. Nun liegt der Faden in der richtigen Position für eine linke M.

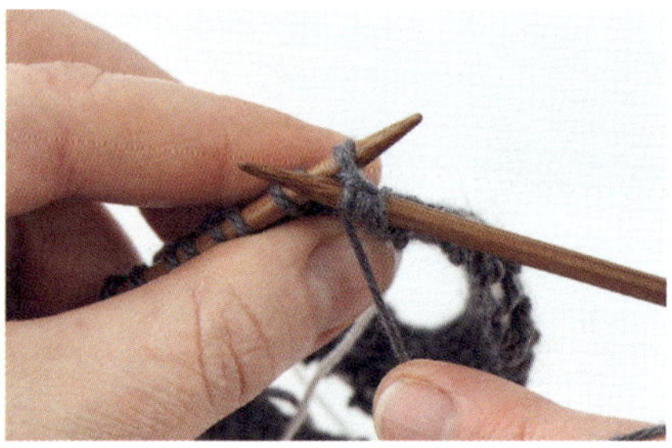

3 Mit der rechten Nadel in die 1. M auf der linken Nadel einstechen. Hier werden 2 M li zus gestrickt, so dass in die ersten beiden M auf der linken Nadel eingestochen wird. Der Arbeitsfaden bildet vor der folg. M einen Umschlag. Der Faden wird ganz um die Nadel gewickelt, bevor die M gestrickt wird.

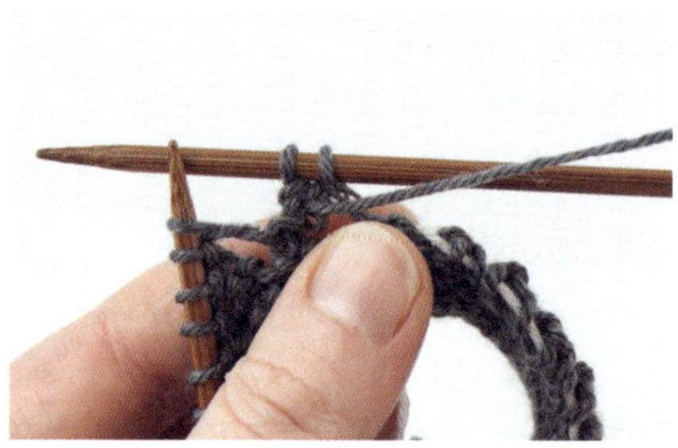

4 Auf der rechten Nadel sieht man einen Umschlag vor der aus 2 M li zus gebildeten M (= der 1. M dieser Reihe).

EINEN UMSCHLAG AUS DEM RAND AUFNEHMEN UND ABSTRICKEN

Am Beginn des 2., 3. und 4. Streifens der Findhorn-Stola wird aus der letzten Reihe des Rands ein Umschlag aufgenommen und abgestrickt. Im folgenden Tutorial wird gezeigt, wie man dabei vorgeht.

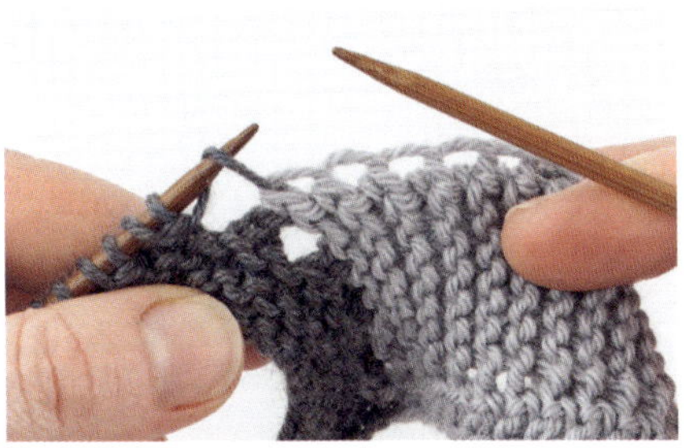

1 Mit der li Nadel in den U direkt neben der li Nadelspitze einstechen (dieser U wurde in der letzten R des Rands gearbeitet und wurde bereits mit dem vorigen Streifen verbunden). Von vorn nach hinten in den U einstechen, so dass sein rechtes Maschenglied vorn auf der Nadel liegt.

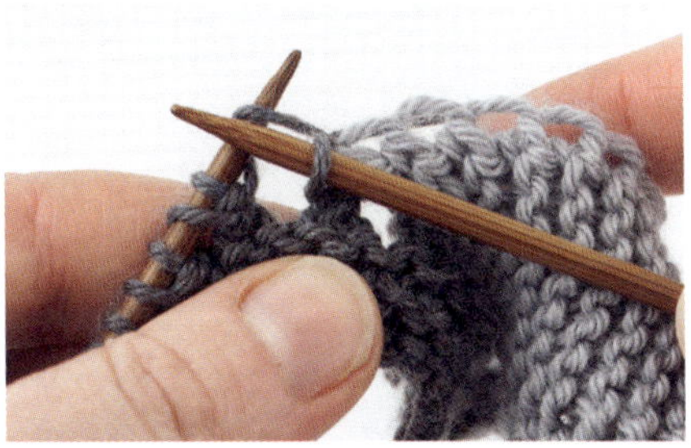

2 Mit der rechten Nadel wie zum Rechtsstricken in den aufgenommenen U einstechen und den Faden des neuen Garns durchholen, so dass der aufgenommene U rechts gestrickt wird.

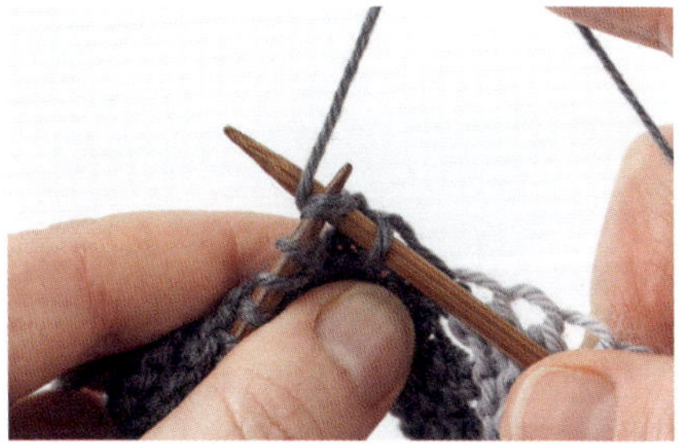

3 Gemäß der Anleitung weiter im Muster stricken.

EINEN UMSCHLAG AUS DEM ANGRENZENDEN STREIFEN AUFNEHMEN UND ABSTRICKEN

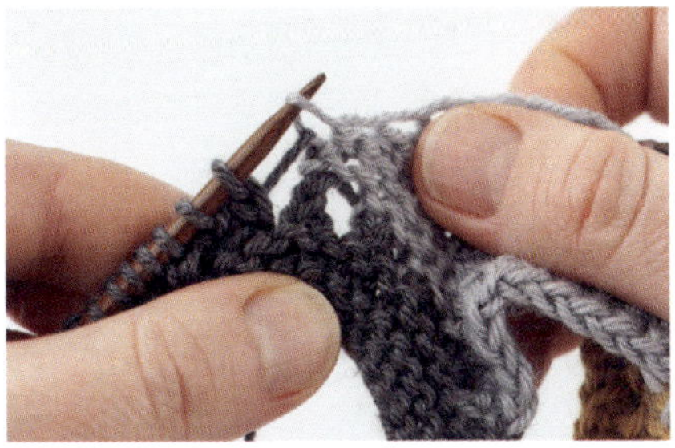

1 Mit der linken Nadel von vorn nach hinten in den angrenzenden U des vorigen Streifens einstechen. Das rechte Glied des U liegt vorn auf der linken Nadel.

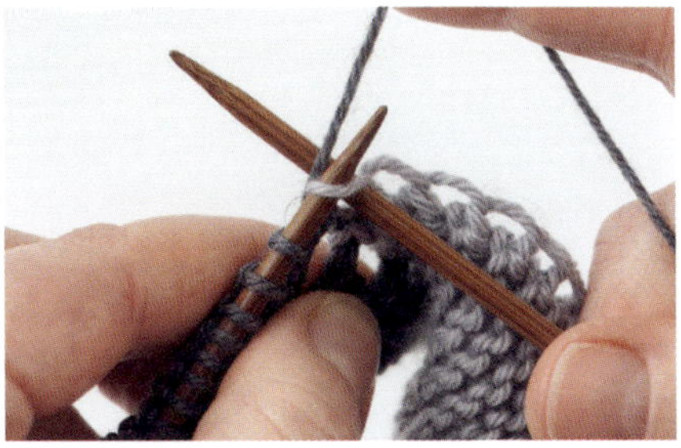

2 Mit der rechten Nadel wie zum Rechtsstricken in den aufgenommenen U einstechen, den Faden ganz normal holen und den U rechts abstricken.

RUSSISCHER FADENANSATZ

Für saubere Farbwechsel bietet sich der russische Fadenansatz an, wenn das verwendete Garn sich nicht zum Spleißen eignet (Spleißen funktioniert nur an Garnen, die verfilzen).

Bis zu den letzten 6 Maschen stricken, dann das Garn abschneiden und dabei einen 15 cm langen Faden hängen lassen. Den Faden 6-mal um die Stricknadel wickeln; dabei darauf achten, dass die Fadenspannung ähnlich ist wie in der Strickarbeit. Den Faden an dieser Stelle mit einem verschließbaren Maschenmarkierer oder einer Stricknadel markieren.

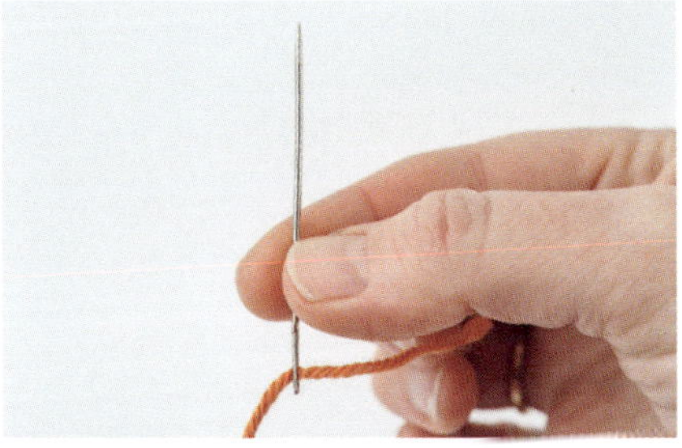

1 Den Faden in eine Sashiko-Nadel (oder eine ähnliche spitze Nadel, deren Öhr groß genug für Ihr Garn ist) einfädeln.

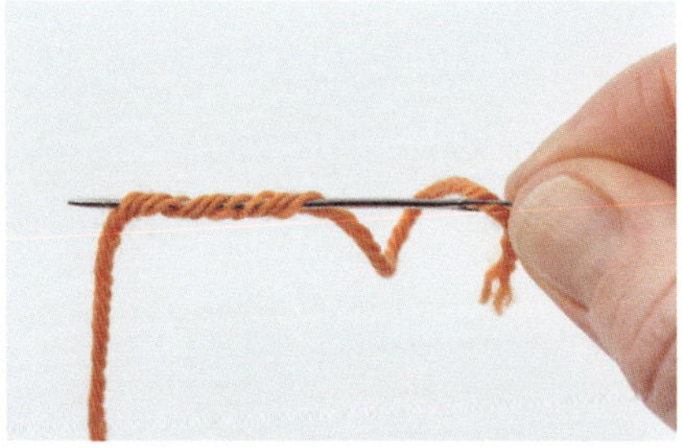

2 Mit der Nadel an der markierten Stelle durch die Mitte des Fadens stechen (zum leichteren Einstechen wurde der Maschenmarkierer hier entfernt) und die Nadel etwa 4 cm weit mitten durch den Faden schieben.

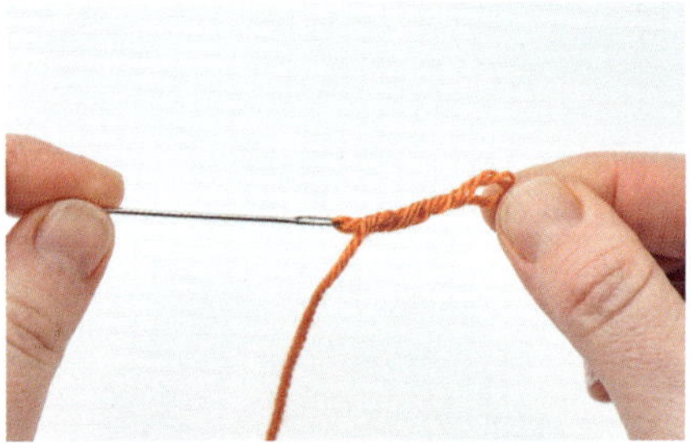

3 Die Nadel so weit durchziehen, dass an der markierten Stelle eine kleine Schlaufe entsteht.

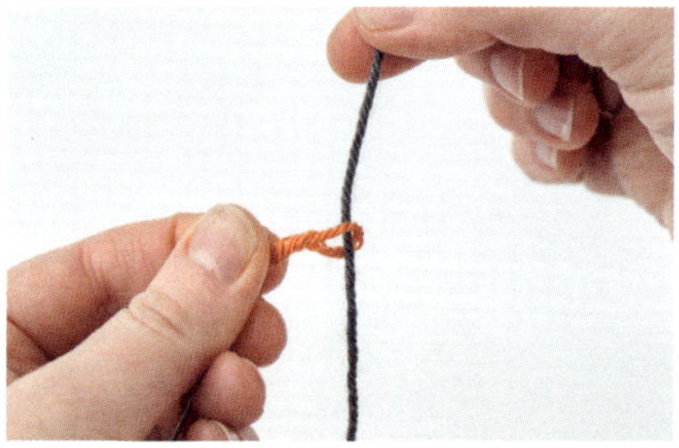

4 Das Ende des neuen Garns durch diese kleine Schlaufe im alten Garn ziehen.

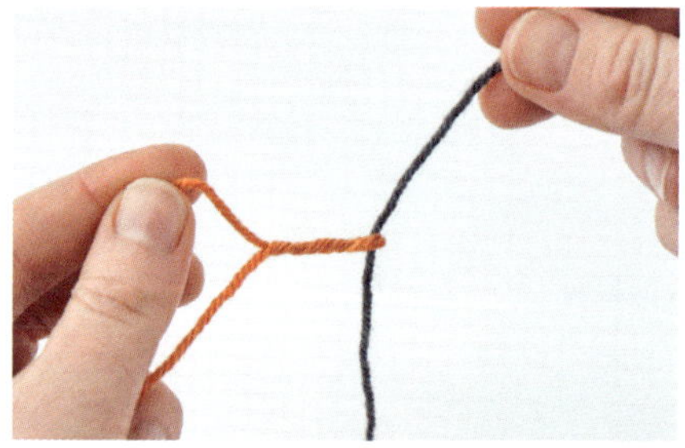

5 Leicht am alten Garn ziehen, um die kleine Schlaufe festzuziehen.

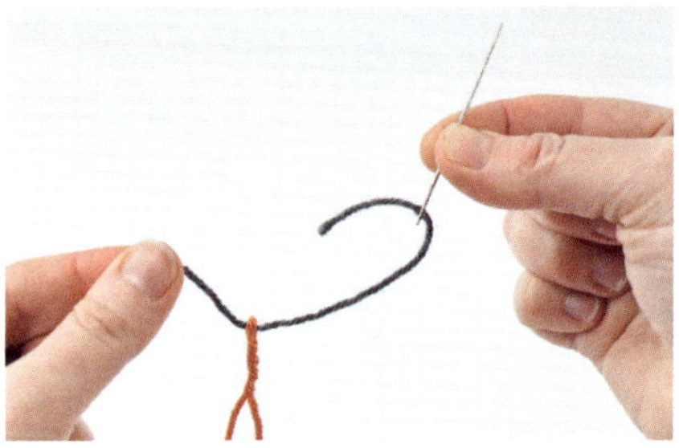

6 Das neue Garn in die Sashiko-Nadel einfädeln.

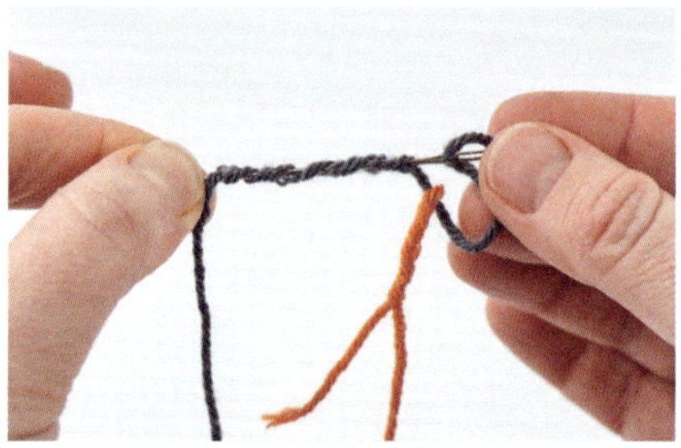

7 Die Nadel ca. 4 cm mitten durch den neuen Faden schieben. So entsteht eine Schlaufe, die durch die Schlaufe des alten Garns geschlungen ist.

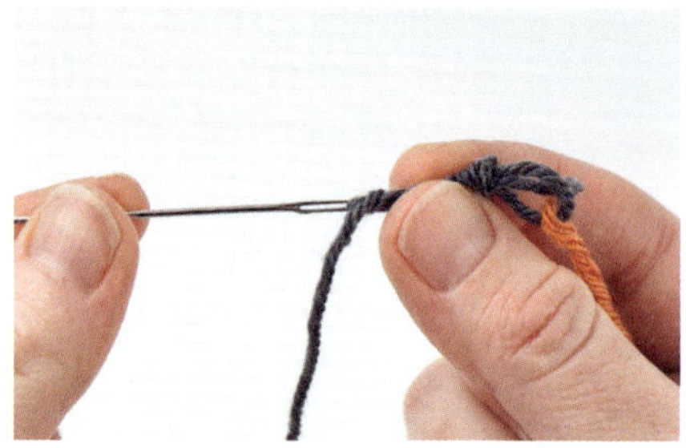

8 Die Nadel durchziehen.

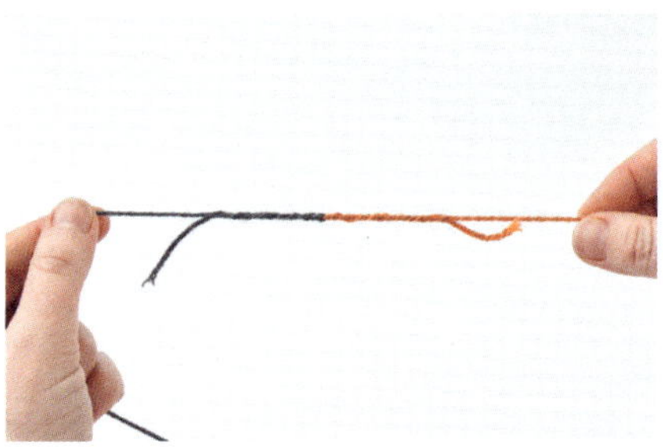

9 Die Verbindung von beiden Seiten vorsichtig festziehen.

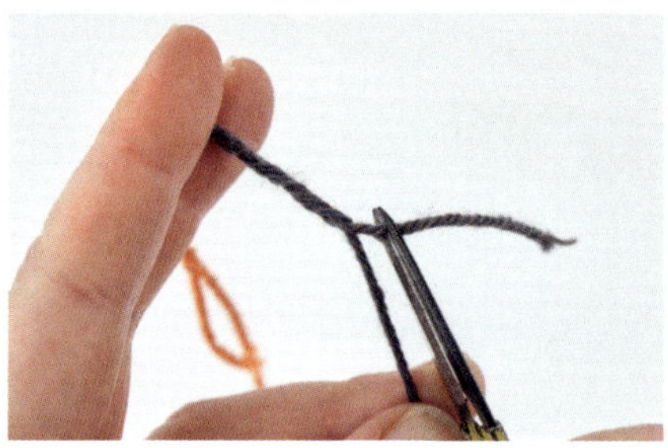

10 Die überstehenden Fadenenden abschneiden.

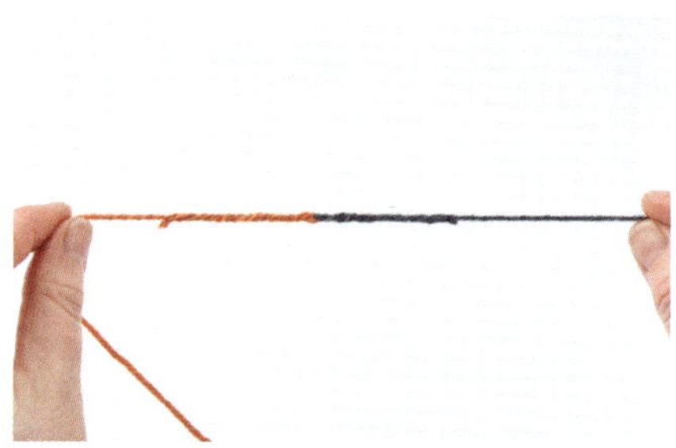

11 Nun sind die beiden Garne nahezu unsichtbar verbunden, und Sie können die letzten 6 M des Musters stricken. Der Farbwechsel müsste genau an der richtigen Stelle platziert sein. Wenn er etwas daneben liegt, können Sie den nächsten Farbwechsel entsprechend anpassen.

Sie wissen nun, wie man Umschläge am Beginn einer Reihe strickt und wie man mithilfe dieser Umschläge Strickstücke miteinander verbinden kann. Ich hoffe, dass Sie damit richtig eindrucksvolle modular gestrickte Modelle stricken. Sie sind viel einfacher, als sie aussehen! Emilys Findhorn-Stola gibt Ihnen reichlich Gelegenheit, an Ihrer Technik zu feilen.

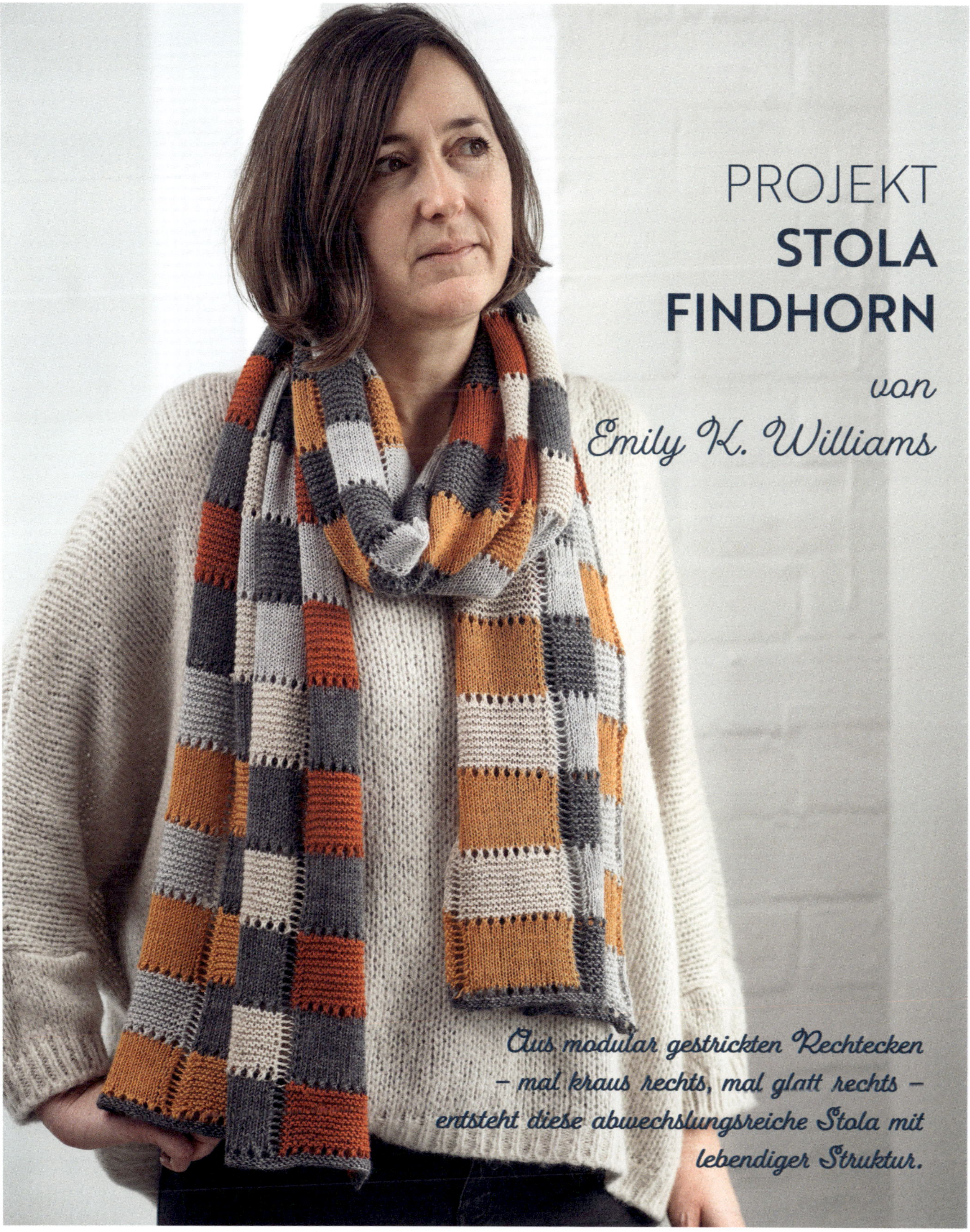

PROJEKT **STOLA FINDHORN**

von Emily K. Williams

Aus modular gestrickten Rechtecken – mal kraus rechts, mal glatt rechts – entsteht diese abwechslungsreiche Stola mit lebendiger Struktur.

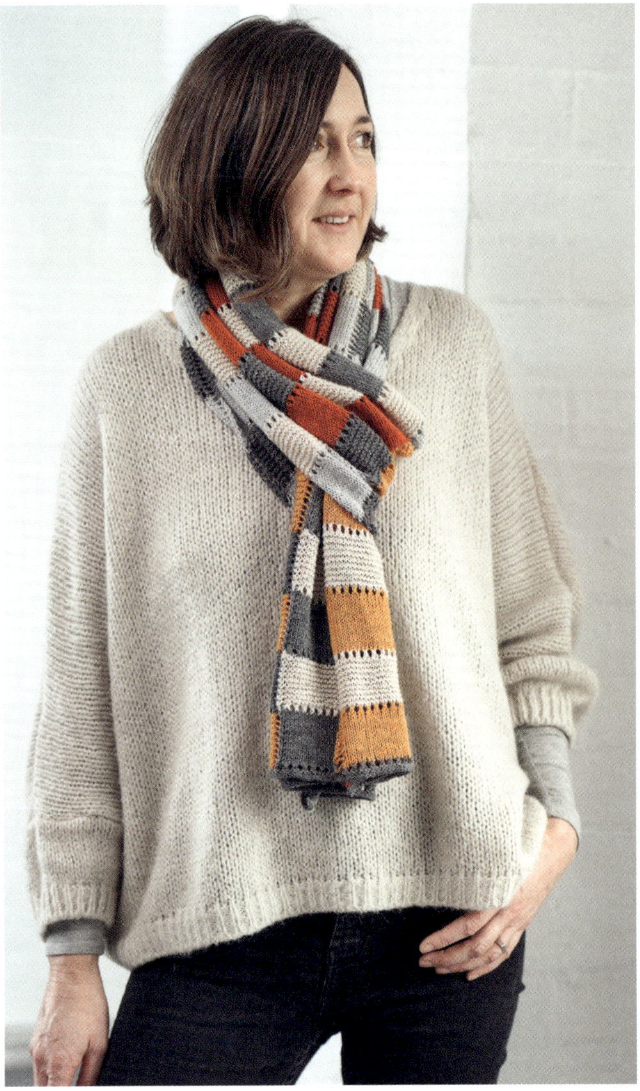

GRÖSSE

Einheitsgröße
Länge: 166 cm
Breite: 46 cm

GARN

Coop Knits Socks Yeah! (75 % Superwash Merinowolle, 25 % Nylon; LL 212 m / 50-g-Strang)
Farbe A: Melanite (121); 2 x 50 g
Farbe B: Danburite (105); 2 x 50 g
Farbe C: Citrine (118); 1 x 50 g
Farbe D: Almandine (117); 1 x 50 g
Farbe E: Quartz (122); 1 x 50 g

Garnverbrauch
Farbe A und B: je ca. 424 m
Farben C-E: je ca. 212 m

STRICKNADELN UND ZUBEHÖR

Nadelstärke 3,25 mm oder die Stärke, mit der die Maschenprobe erreicht wird: 1 Paar Stricknadeln oder 1 Rundnadel
Garnrest oder Maschenhalter
Zopfnadel
Optional: Sashiko-Nadel (oder andere spitze Nadel) für den russischen Fadenansatz

MASCHENPROBE

21 M und 46 R = 10 x 10 cm (kraus rechts gestrickt, ungedehnt nach dem Waschen und Spannen)
21 M und 42 R = 10 x 10 cm (glatt rechts gestrickt, ungedehnt nach dem Waschen und Spannen)

ABKÜRZUNGEN

Ein vollständiges Abkürzungsverzeichnis finden Sie auf S. 110.

SPEZIALTECHNIKEN

Dieses Buch enthält Foto-Tutorials für die folgenden Techniken:
Umschlag am Reihenbeginn vor einer rechten Masche (S. 78)
Einen Umschlag aufnehmen und rechts abstricken (S. 79)
Russischer Fadenansatz (S. 79-80)

Folgende Video-Tutorials (englischsprachig) finden Sie online unter **www.actechniques.co.uk/tutorials-1#/confident-knitting:**
Modulares Stricken (Modular knitting) Russischer Fadenansatz (Russian join)
Fadenenden einstricken (Knitting in ends)

ANMERKUNGEN ZUR ANLEITUNG

Diese Stola wird in vier Streifen gestrickt. An diesen wechseln sich gedeckte und leuchtend bunte Farben sowie kraus und glatt rechts gestrickte Partien ab. Zuerst wird die gesamte Maschenzahl angeschlagen und der Rand gestrickt, dann werden Maschen stillgelegt, bevor der erste Streifen gearbeitet wird. Dieser erhält rechts eine schlichte Kante, links eine Kante mit Umschlägen. Der zweite und die folgenden Streifen werden angestrickt, indem fortlaufend diese Umschläge aufgenommen und abgestrickt werden. Ein schmaler kraus rechts gestrickter Rand bildet den Abschluss.

Für einen sauberen Farbwechsel am Beginn jedes Streifens kann der russische Fadenansatz verwendet werden. Man kann die Fadenenden jedoch auch hängen lassen und später vernähen oder die Fadenenden direkt einstricken.

Die Anleitung bezieht sich auf eine Einheitsgröße, doch die Breite lässt sich ganz einfach durch Hinzufügen (oder Entfernen) einer durch 24 teilbaren Maschenzahl variieren. Damit verändert sich die Anzahl der zu arbeitenden Streifen. Auch die Länge der Stola kann abgewandelt werden, indem man an jedem Streifen weniger (oder mehr) Blöcke strickt.

STOLA

1 MASCHENANSCHLAG UND RAND

Mit Farbe A im Kreuzanschlag oder Ihrem bevorzugten Maschenanschlag 97 M anschlagen.
1. R (Hin-R): 1 M li abh mFv, re M bis Ende.
2. R (Rück-R): 1 M li abh mFv, re M bis Ende.
3.-5. R: 1.-2. R noch 1-mal wh, dann 1. R noch 1-mal wh.
6. R: 1 M li abh mFv, 1 M re, *U, 2 M re zus; ab * bis 1 M vor Ende wh, 1 M re.

Zu Farbe B wechseln.

2 STREIFEN

1. STREIFEN

Mit zugewandter Vorderseite (Hin-R) die M aufteilen: Die ersten 25 M der R bleiben auf den Nadeln, die übrigen 72 M werden stillgelegt (Hilfsfaden oder Maschenhalter). Den 1. Streifen stricken (Aufteilung der Farben und Blöcke siehe Tabelle S. 85).

Garn abschneiden, die 25 M auf Hilfsfaden oder Halter legen.

2. STREIFEN

Mit zugewandter Vorderseite die folg. 24 M des Rands vom Halter auf die Arbeitsnadeln legen. Den Streifen gemäß der Tabelle auf S. 85 stricken.

Garn abschneiden, die 24 M auf Hilfsfaden oder Halter legen.

3. STREIFEN

Mit zugewandter Vorderseite die folg. 24 M des Rands vom Halter auf die Arbeitsnadeln legen. Den Streifen gemäß der Tabelle auf S. 85 stricken.

Garn abschneiden, die 24 M auf Hilfsfaden oder Halter legen.

4. STREIFEN

Mit zugewandter Vorderseite die übrigen 24 M des Rands vom Halter auf die Arbeitsnadeln legen. Den Streifen gemäß der Tabelle auf S. 85 stricken.

Nach Fertigstellung des 4. Streifens Garn abschneiden.

3 ABSCHLUSSRAND

Die stillgelegten M des 1.-3. Streifens zurück auf die Nadeln legen. Mit zugewandter Vorderseite Farbe A anmaschen. 97 M.
1.-4. R: 1 M li abh mFv, re M bis Ende.

Alle M locker abketten, so dass die Kante nicht spannt.

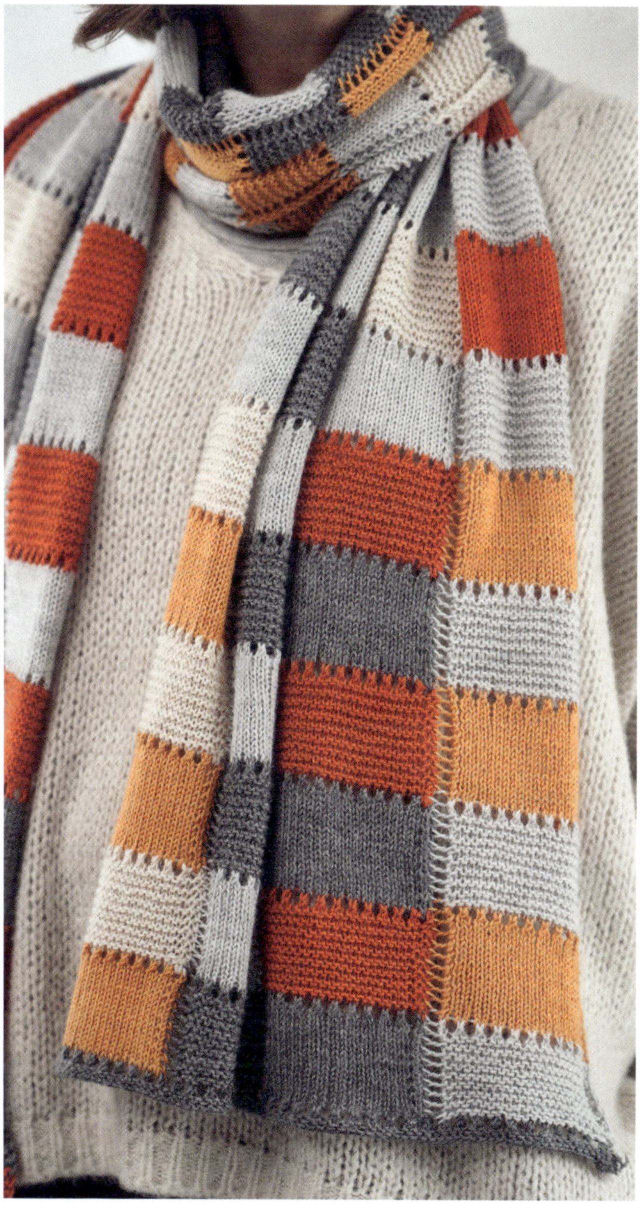

4 FERTIGSTELLUNG

Alle Fäden vernähen, aber nicht abschneiden. Die Stola 20 Minuten in lauwarmem Wasser mit Wollwaschmittel einweichen, überschüssiges Wasser ausdrücken. Zwischen Handtüchern weiter trockenpressen. Flach auf Maß ausbreiten und trocknen lassen. Wenn die Stola ganz trocken ist, alle Fadenenden abschneiden.

BLÖCKE

BLOCK 1

1. R (Hin-R): 1 M li abh mFv, 24 M re. 25 M
2. R (Rück-R): U, 2 M re zus, re M bis 3 M vor Ende, U, 2 M re zus, 1 M re.
3. R: 1 M li abh mFv, re M bis Ende.
4.-19. R: 2.-3. R noch 8-mal wh.
20. R (Rück-R): *U, 2 M re zus; ab * bis letzte M wh, 1 M re.
Farbe wechseln (Farbwechsel siehe Tabelle).

BLOCK 2

1. R (Hin-R): 1 M li abh mFv, re M bis Ende.
2. R (Rück-R): U, 2 M li zus, li M bis 3 M vor Ende, U, 2 M re zus, 1 M re.
3. R: 1 M li abh mFv, re M bis Ende.
4.-19. R: 2.-3. R noch 8-mal wh.
20. R (Rück-R): *U, 2 M li zus; ab * bis 3 M vor Ende wh, U, 2 M re zus, 1 M re.
Farbe wechseln (Farbwechsel siehe Tabelle).

BLOCK 3

1. R (Hin-R): Den U aus der letzten R des Rands (neben der li Nadelspitze, bereits mit dem vorigen Streifen verbunden) aufn und re str, 2 M re zus, 22 M re. 24 M.
2. R (Rück-R): U, 2 M li zus, li M bis Ende.
3. R: U des vorigen Streifens aufn und re str, 2 M re zus, re M bis Ende.
4.-19. R: 2.-3. R noch 8-mal wh.
20. R (Rück-R): *U, 2 M li zus; ab * fortl. wh.
Farbe wechseln (Farbwechsel siehe Tabelle).

BLOCK 4

1. R (Hin-R): Den nächsten U (den letzten vor einem Farbwechsel) aufn und re str, 2 M re zus, re M bis Ende.
2. R (Rück-R): U, 2 M re zus, re M bis Ende.
3. R: U des vorigen Streifens aufn und re str, 2 M re zus, re M bis Ende.
4.-19. R: 2.-3. R noch 8-mal wh.
20. R (Rück-R): *U, 2 M re zus; ab * fortl. wh.
Farbe wechseln (Farbwechsel siehe Tabelle).

BLOCK 5

1. R (Hin-R): Den nächsten U (den letzten vor einem Farbwechsel) aufn und re str, 2 M re zus, re M bis Ende.
2. R (Rück-R): U, 2 M li zus, li M bis Ende.
3. R: U des vorigen Streifens aufn und re str, 2 M re zus, re M bis Ende.
4.-19. R: 2.-3. R noch 8-mal wh.
20. R (Rück-R): *U, 2 M li zus; ab * fortl. wh.
Farbe wechseln (Farbwechsel siehe Tabelle).

BLOCK 6

1. R (Hin-R): Den U aus der letzten R des Rands (neben der li Nadelspitze, bereits mit dem vorigen Streifen verbunden) aufn und re str, 2 M re zus, 22 M re. 24 M.
2. R (Rück-R): U, 2 M re zus, re M bis Ende.
3. R: U des vorigen Streifens aufn und re str, 2 M re zus, re M bis Ende.
4.-19. R: 2.-3. R noch 8-mal wh.
20. R (Rück-R): *U, 2 M re zus; ab * fortl. wh.
Farbe wechseln (Farbwechsel siehe Tabelle).

BLOCK 7

1. R (Hin-R): Den U aus der letzten R des Rands (neben der li Nadelspitze, bereits mit dem vorigen Streifen verbunden) aufn und re str, 2 M re zus, 22 M re. 24 M.
2. R (Rück-R): 1 M li abh mFv, 1 M re, U, 2 M li zus, li M bis Ende.
3. R: U des vorigen Streifens aufn und re str, 2 M re zus, re M bis Ende.
4.-19. R: 2.-3. R noch 8-mal wh.
20. R (Rück-R): 1 M li abh mFv, 1 M re, *U, 2 M li zus; ab * fortl. wh.
Farbe wechseln (Farbwechsel siehe Tabelle).

BLOCK 8

1. R (Hin-R): Den nächsten U (den letzten vor einem Farbwechsel) aufn und re str, 2 M re zus, re M bis Ende.
2. R (Rück-R): 1 M li abh mFv, 1 M re, U, 2 M re zus, re M bis Ende.
3. R: U des vorigen Streifens aufn und re str, 2 M re zus, re M bis Ende.
4.-19. R: 2.-3. R noch 8-mal wh.
20. R (Rück-R): 1 M li abh mFv, 1 M re, *U, 2 M li zus; ab * fortl. wh
Farbe wechseln (Farbwechsel siehe Tabelle).

BLOCK 9

1. R (Hin-R): Den nächsten U (den letzten vor einem Farbwechsel) aufn und re str, 2 M re zus, re M bis Ende.
2. R (Rück-R): 1 M li abh mFv, 1 M re, U, 2 M li zus, li M bis Ende.
3. R: U des vorigen Streifens aufn und re str, 2 M re zus, re M bis Ende.
4.-19. R: 2.-3. R noch 8-mal wh.
20. R (Rück-R): 1 M li abh mFv, 1 M re, *U, 2 M li zus; ab * fortl. wh.
Farbe wechseln (Farbwechsel siehe Tabelle).

TABELLE DER FARBEN UND BLÖCKE

Die Tabelle spaltenweise von oben nach unten lesen, beginnend oben links mit dem 1. Streifen. Farben und Blöcke in numerischer Reihenfolge jeweils bis zum unteren Ende der Spalte arbeiten.

	1. STREIFEN		2. STREIFEN		3. STREIFEN		4. STREIFEN	
Nummer	**Farbe**	**Block**	**Farbe**	**Block**	**Farbe**	**Block**	**Farbe**	**Block**
1	B	1	A	3	A	6	C	7
2	C	2	D	4	B	5	E	8
3	B	1	A	5	A	4	C	9
4	C	2	D	4	B	5	E	8
5	B	1	A	5	A	4	C	9
6	C	2	D	4	B	5	E	8
7	B	1	B	5	A	4	B	9
8	D	2	E	4	B	5	A	8
9	B	1	B	5	A	4	B	9
10	D	2	E	4	B	5	A	8
11	B	1	B	5	A	4	B	9
12	D	2	E	4	B	5	A	8
13	C	1	B	5	A	4	B	9
14	B	2	C	4	C	5	A	8
15	C	1	B	5	A	4	B	9
16	B	2	C	4	C	5	A	8
17	C	1	B	5	A	4	B	9
18	B	2	C	4	C	5	A	8
19	E	1	D	5	A	4	B	9
20	A	2	E	4	D	5	E	8
21	E	1	D	5	A	4	B	9
22	A	2	E	4	D	5	E	8
23	E	1	D	5	A	4	B	9
24	A	2	E	4	D	5	E	8
25	D	1	B	5	A	4	B	9
26	A	2	E	4	B	5	D	8
27	D	1	B	5	A	4	B	9
28	A	2	E	4	B	5	D	8
29	D	1	B	5	A	4	B	9
30	A	2	E	4	B	5	D	8
31	B	1	A	5	E	4	A	9
32	C	2	C	4	A	5	D	8
33	B	1	A	5	F	4	A	9
34	C	2	C	4	A	5	D	8
35	B	1	A	5	E	4	A	9
36	C	2	C	4	A	5	D	8

Winter

Dezember

TECHNIK **Kreuzanschlag und Norwegischer Maschenanschlag für Rippenmuster**
PROJEKT **Mütze Stellar**
DESIGNER **Gudrun Johnston**

Januar

TECHNIK **Raffmaschen**
PROJEKT **Kissenhüllen Saturnus**
DESIGNER **Jimenez Joseph**

Februar

TECHNIK **Abketten mit I-Cord (Kordelrand)**
PROJEKT **Strickdecke Prime**
DESIGNER **Carol Feller**

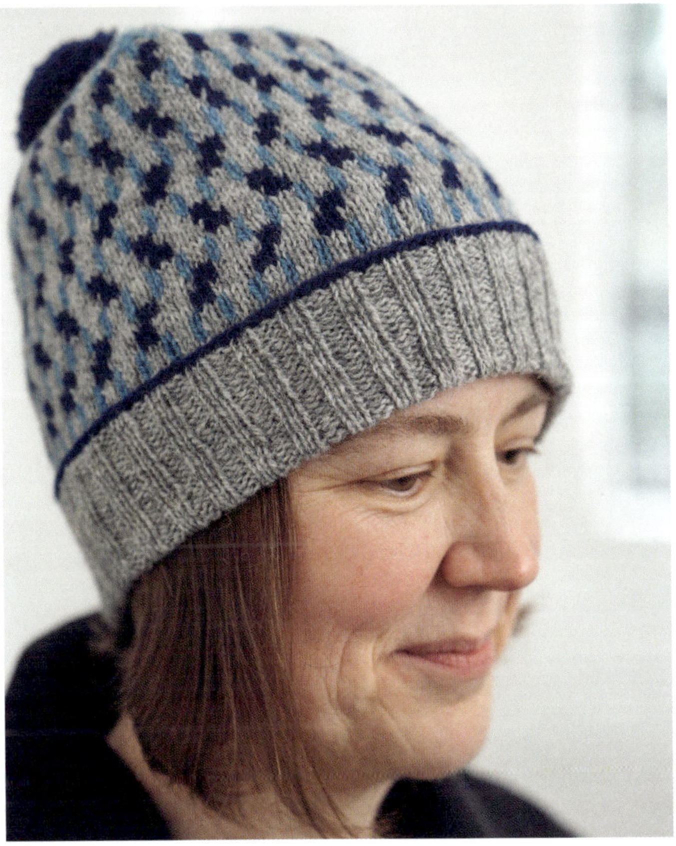
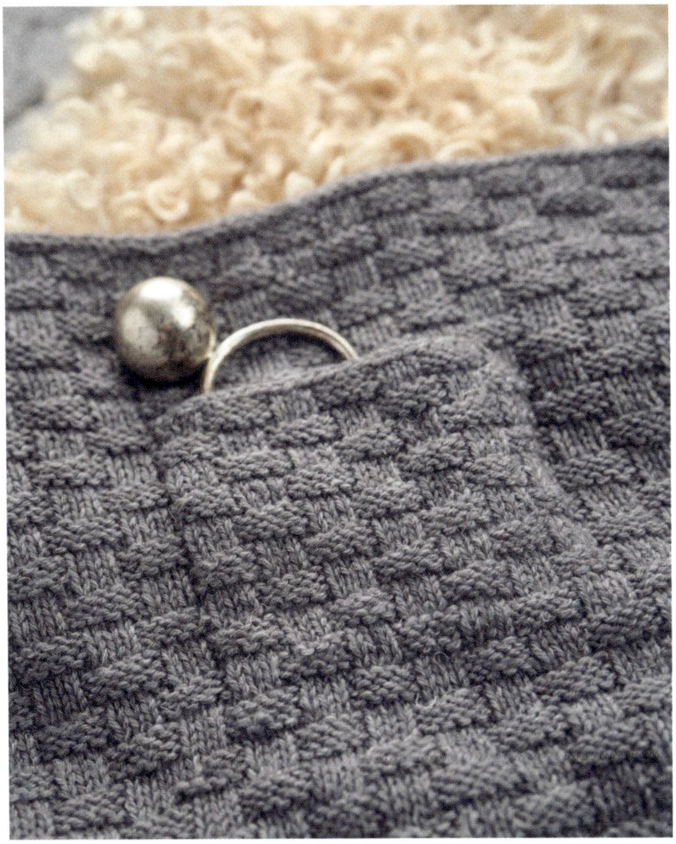
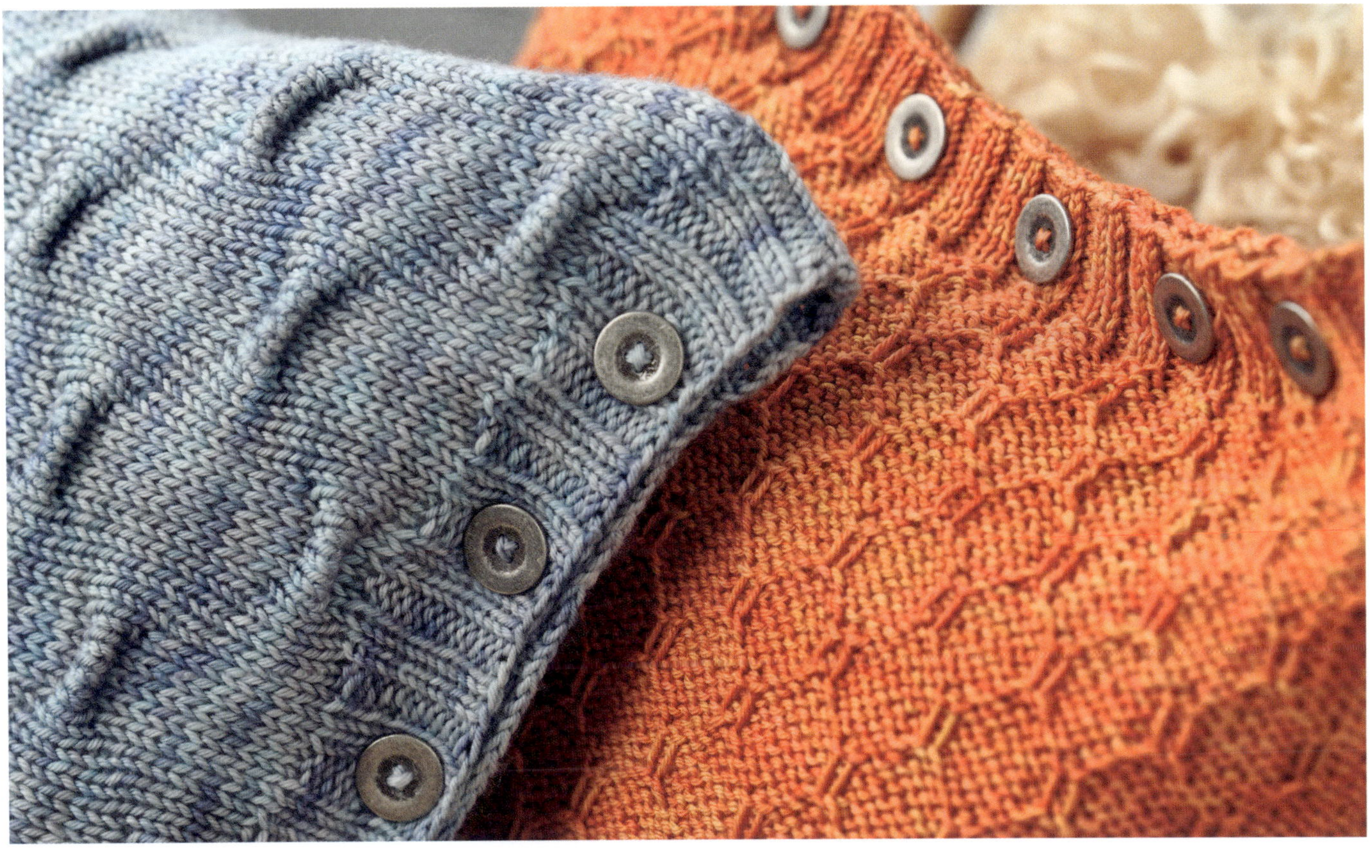

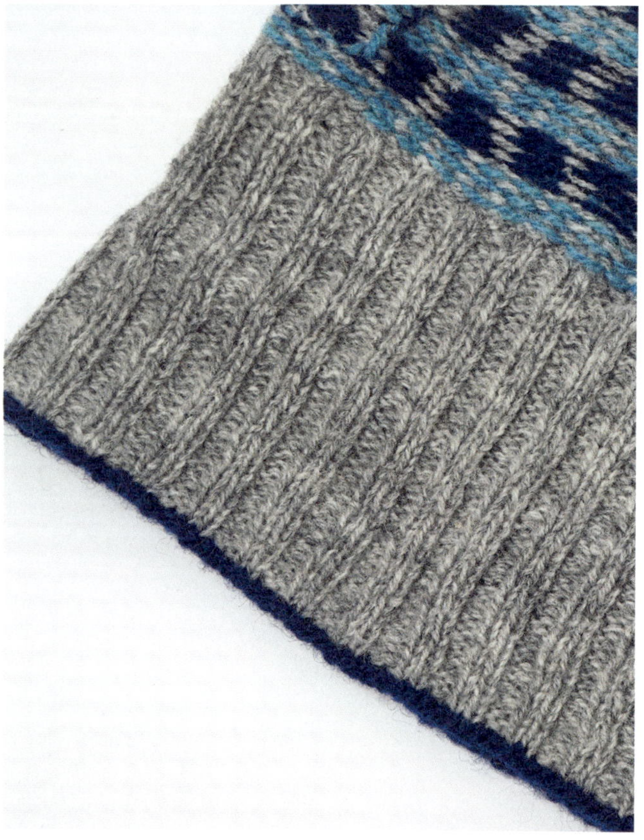

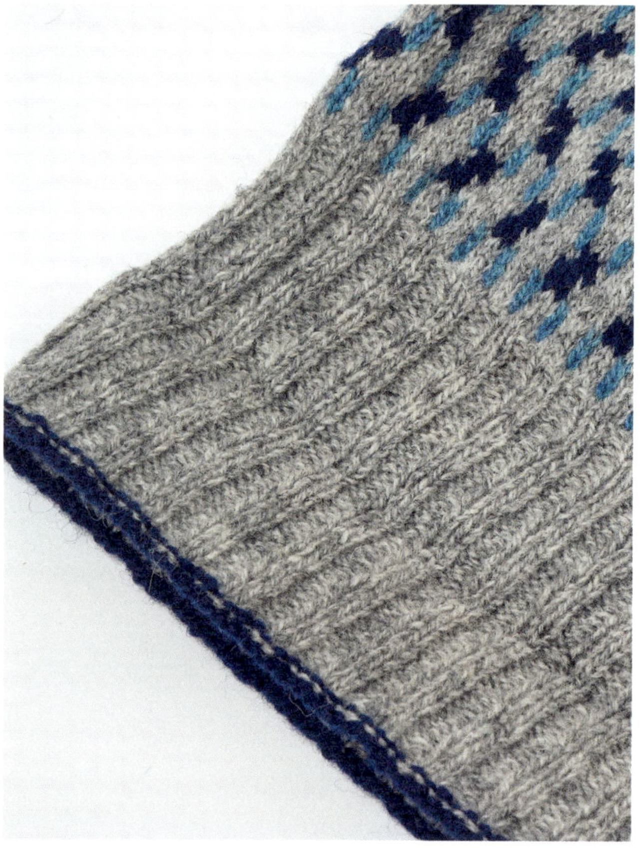

TECHNIK
KREUZANSCHLAG UND NORWEGISCHER MASCHENANSCHLAG FÜR RIPPENMUSTER

Viele von uns haben einen Standard-Maschenanschlag, den wir meistens verwenden. Wenn man eine Methode gefunden hat, mit der man gut zurechtkommt, ist es auch ganz normal, dabei zu bleiben! Trotzdem möchte ich in diesem Monat dafür plädieren, etwas Neues auszuprobieren ...

Die Kombination aus Kreuzanschlag und Norwegischem Maschenanschlag ist ideal für Rippenmuster. Mit dem Kreuzanschlag liegen die rechten Maschen perfekt. Mit dem Norwegischen Maschenanschlag liegen die linken Maschen besser und die Kante wird außerdem elastischer. Das ist genau richtig für eine Mütze wie Gudrun Johnstons elegante Stellar-Mütze, doch auch bei von oben gestrickten Socken ist eine dehnbarere Kante sehr von Vorteil.

Wenn Sie normalerweise bereits den Kreuzanschlag verwenden, werden Sie sehen, dass Sie mit geringem Mehraufwand einen großen Nutzen erzielen können.

Anmerkung: Um ein Gefühl dafür zu bekommen, wie lang das Fadenende sein muss, das für den Kreuzanschlag benötigt wird, das Garn zehn Mal um die Nadel wickeln. Die Enden markieren und das Garn wieder abwickeln. Mit dieser Fadenlänge berechnen, wie viel Garn für die jeweilige Anzahl Maschen benötigt wird. Beispiel: für 128 Maschen wird 13-mal die für 10 Maschen verbrauchte abgemessene Länge benötigt. Die Anfangsschlinge (Laufknoten) an der abgemessenen Stelle knüpfen.

KREUZANSCHLAG UND NORWEGISCHER MASCHENANSCHLAG FÜR RIPPENMUSTER

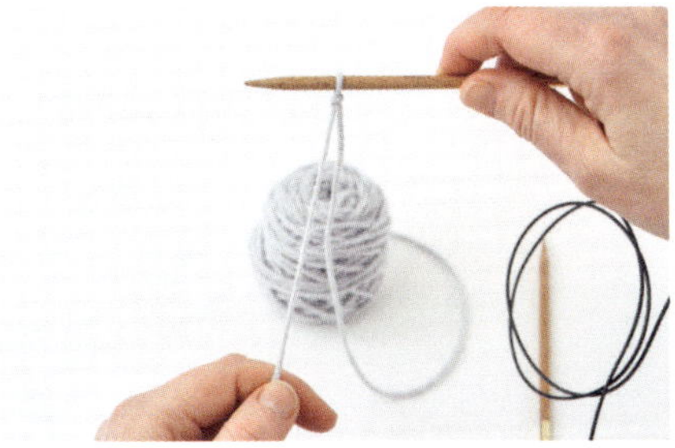

1 Ein langes Fadenende hängen lassen, einen Laufknoten machen und so auf die Nadel legen, dass das Fadenende links (Ihnen zugewandt) liegt und das Garnknäuel rechts. Die Schlinge zählt als 1. M.

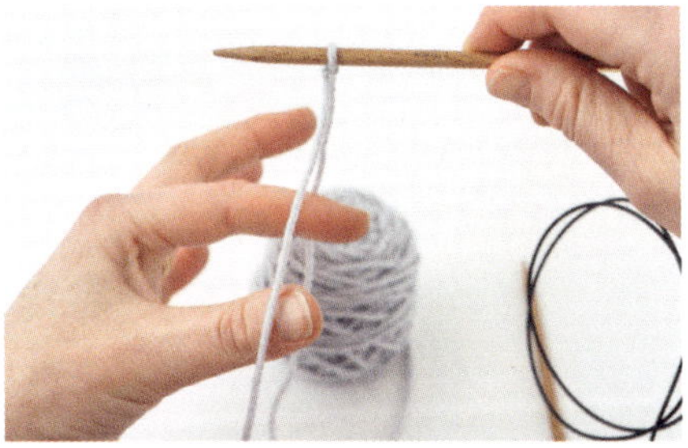

2 Daumen und Zeigefinger der linken Hand zwischen Fadenende und Arbeitsfaden schieben, die von der Nadel hängen.

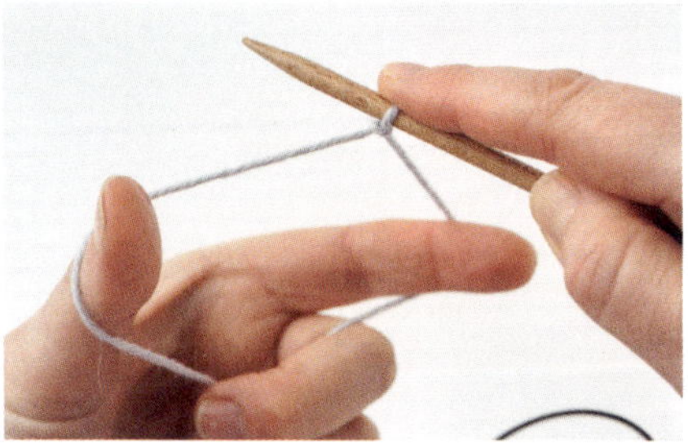

3 Fadenende und Arbeitsfaden mit den übrigen Fingern der linken Hand fassen. Daumen und Zeigefinger sind gespreizt, die Fäden laufen jeweils darüber.

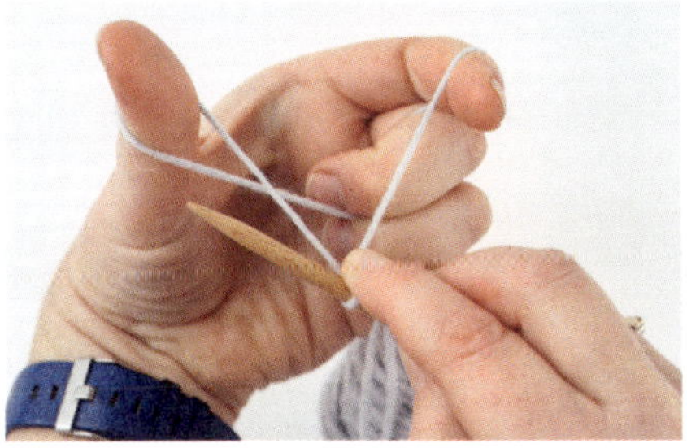

4 Mit dem rechten Zeigefinger den Laufknoten festhalten. Die Nadel vor der Arbeit nach unten führen, so dass Garn und Nadel ein Y bilden. Wird die Nadel zum Daumen hin gehalten, bildet das Garn um den Daumen herum eine Schlaufe.

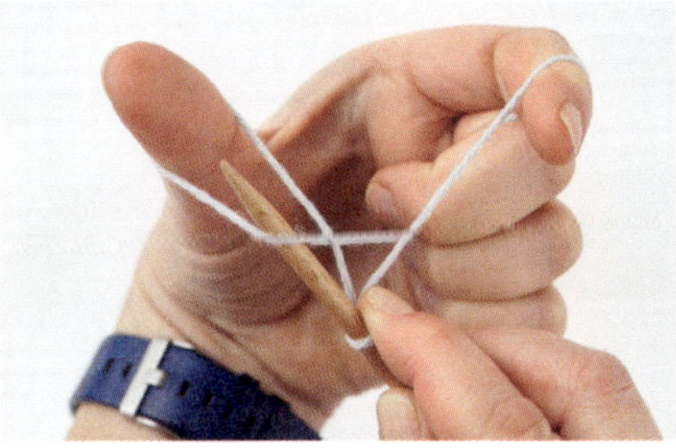

5 Mit der Nadel von unten in diese Schlaufe einstechen. Die Nadelspitze liegt parallel zum Daumen.

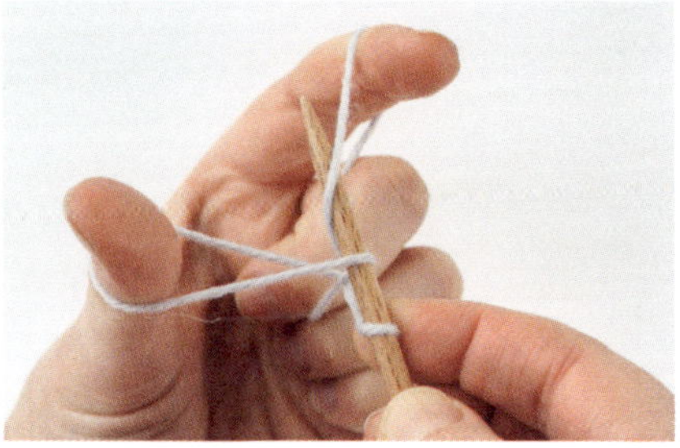

6 Nun die Nadelspitze über den Faden auf dem Zeigefinger führen.

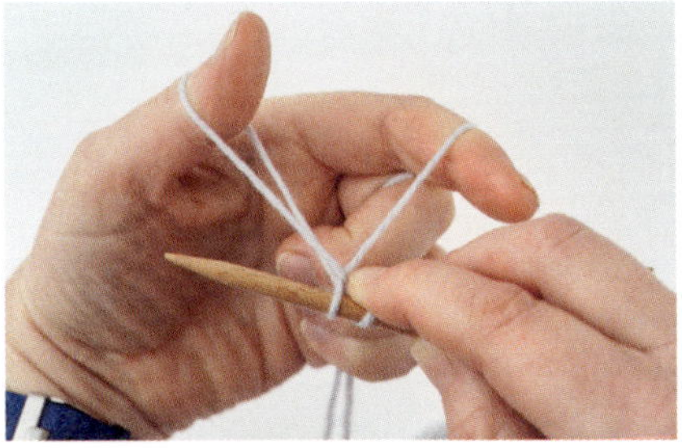

7 Den Faden des Zeigefingers durch die Schlaufe auf dem Daumen ziehen.

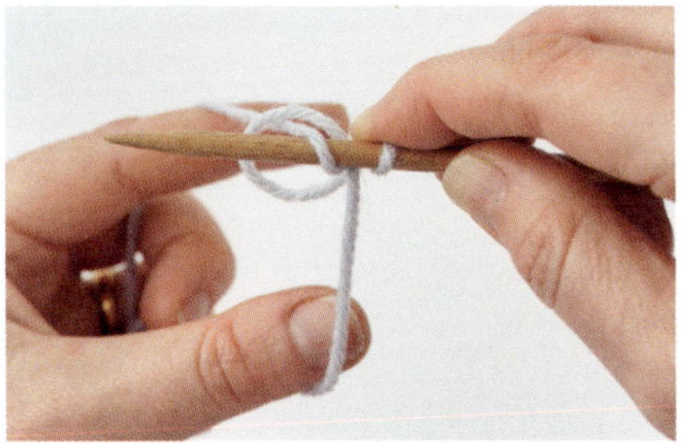

8 Die Daumenschlaufe fallen lassen und den Faden leicht anziehen, so dass auf der Nadel eine M entsteht.

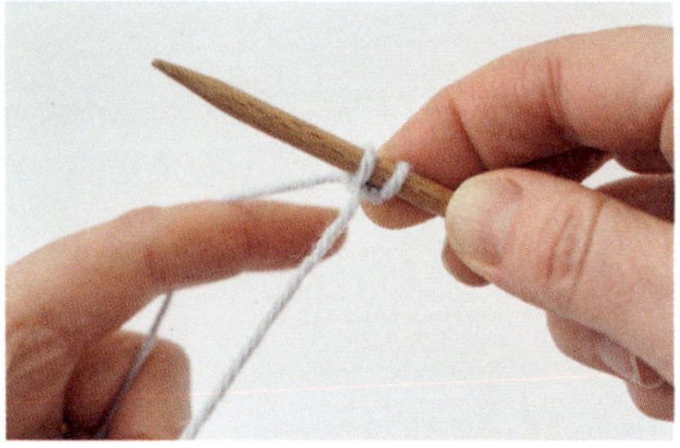

9 Mit den Schritten 4-8 entsteht eine M mit dem Kreuzanschlag. Bei einem Rippenmuster benutzen wir diese Methode für die rechten M.

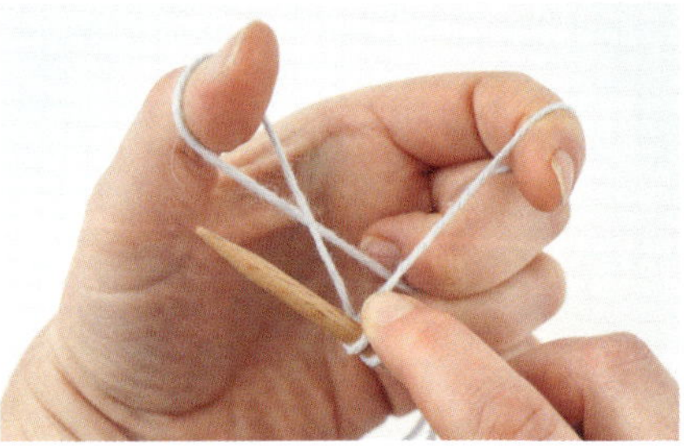

10 Mit der Nadelspitze in Richtung Daumen wieder ein Y formen, so dass um den Daumen eine Schlaufe entsteht.

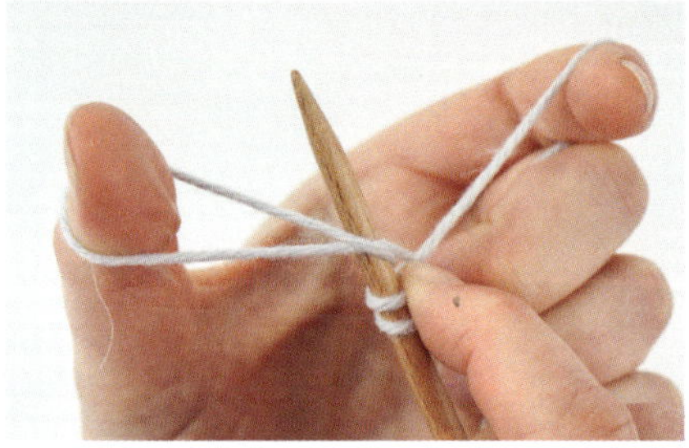

11 Die Nadel unter beiden Fäden der Schlaufe hindurchführen, so dass die Nadelspitze hinter der Schlaufe zwischen Daumen und Zeigefinger nach oben kommt.

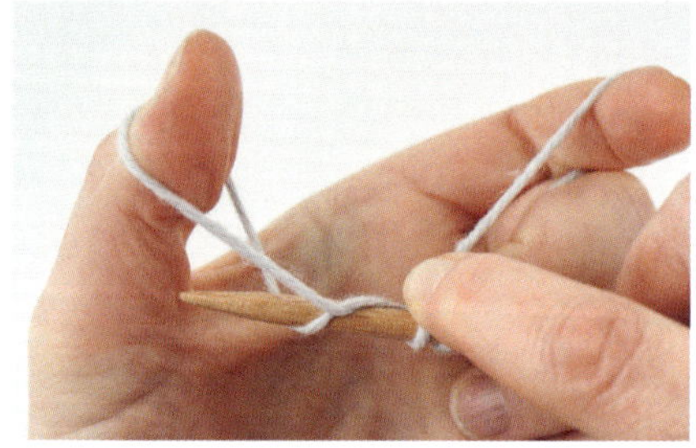

12 Nun von hinten/oben in die Daumenschlaufe einstechen.

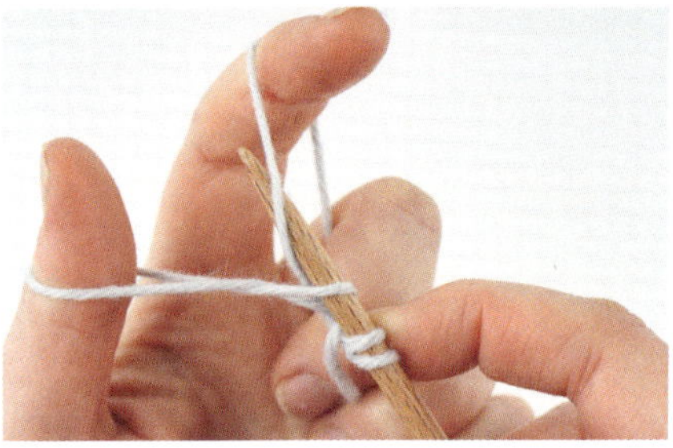

13 Die Nadel vor der Arbeit nach oben führen. Mit der Nadelspitze den vorderen Faden des Zeigefingers holen.

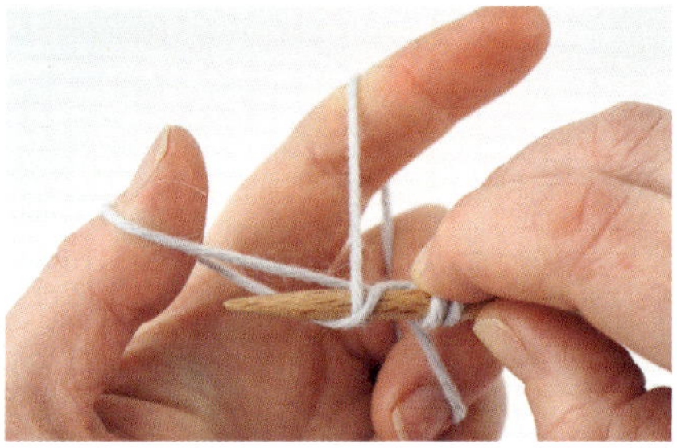

14 Mit der Nadelspitze den Faden des Zeigefingers von oben durch die kleine Lücke rechts von der Verkreuzung der Daumenschlaufe ziehen.

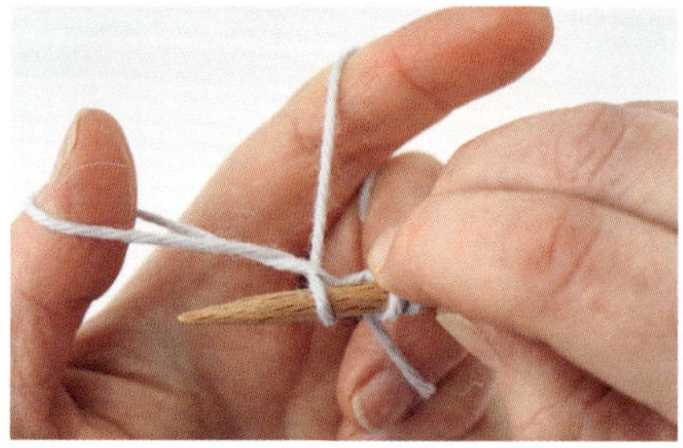

15 Da die Schlaufe auf dem Daumen verkreuzt ist, evtl. etwas mit dem Daumen wackeln, um den Faden leichter durch die Lücke zu ziehen.

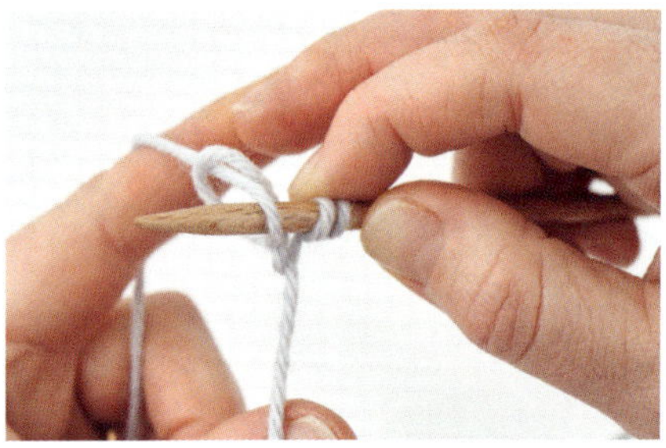

16 Die Daumenschlaufe fallen lassen und den Faden leicht anziehen, so dass auf der Nadel eine M entsteht.

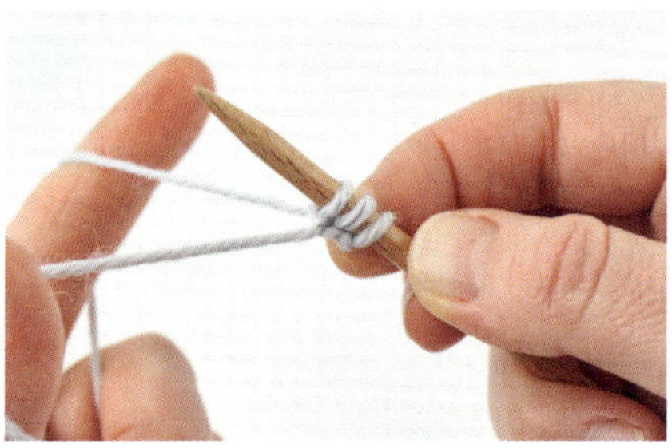

17 Mit den Schritten 10-16 entsteht eine M mit dem Norwegischen Maschenanschlag. Bei einem Rippenmuster benutzen wir diese Methode für die linken M.

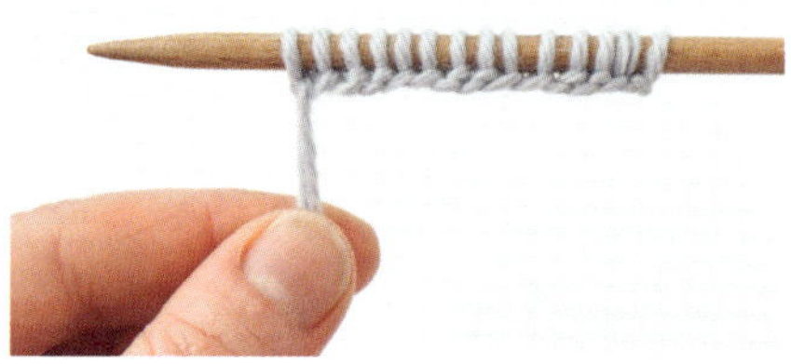

18 Je nach Rippenmuster weiter M in einer Kombination aus Kreuzanschlag undNorwegischem Maschenanschlag arbeiten. Hier wurde für ein Rippenmuster aus 2 M re, 2 M li angeschlagen (beginnend und endend mit rechten M).

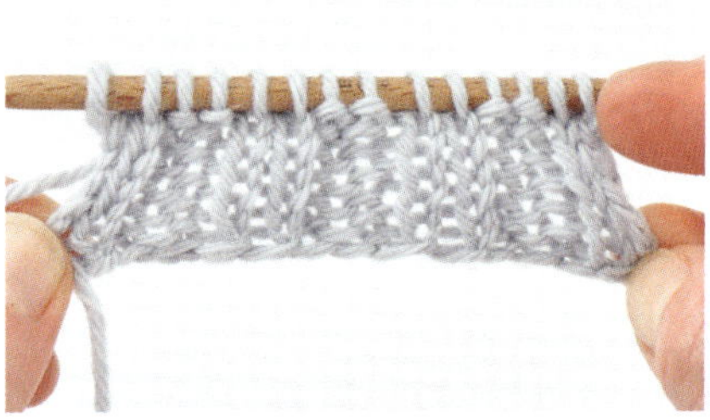

19 LINKS: Nach dem Stricken einiger Reihen im Rippenmuster sieht man, dass der Anschlag schön elastisch ist. Für eine noch elastischere Kante die Abstände zwischen den angeschlagenen M vergrößern. Die Schlaufen unterhalb der angeschlagenen M sind für die Länge der angeschlagenen Kante entscheidender als die verwendete Nadelstärke. Ein größerer Abstand zwischen den M bedeutet größere Schlaufen an der Unterkante und damit einen lockereren Maschenanschlag.

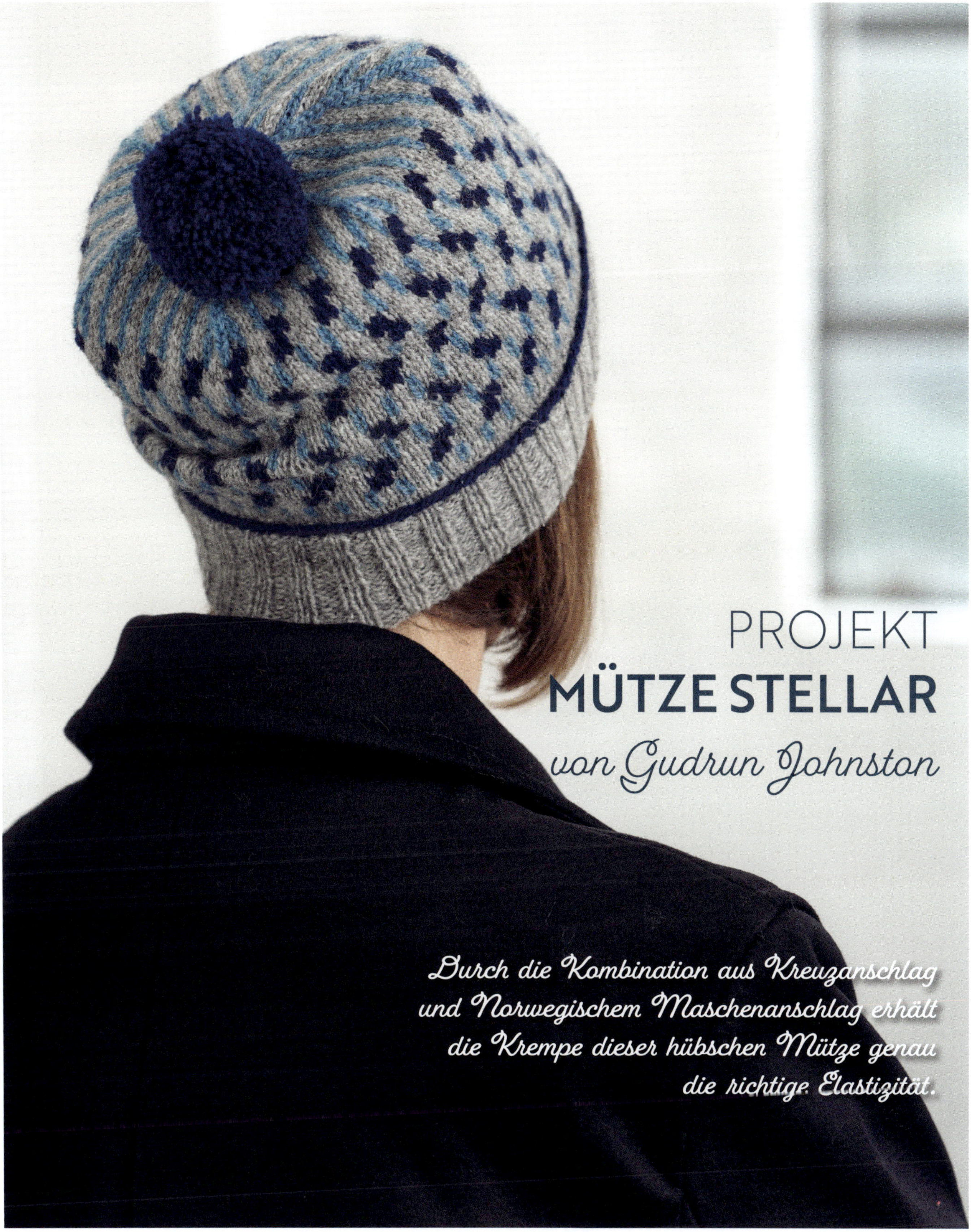

PROJEKT MÜTZE STELLAR

von Gudrun Johnston

Durch die Kombination aus Kreuzanschlag und Norwegischem Maschenanschlag erhält die Krempe dieser hübschen Mütze genau die richtige Elastizität.

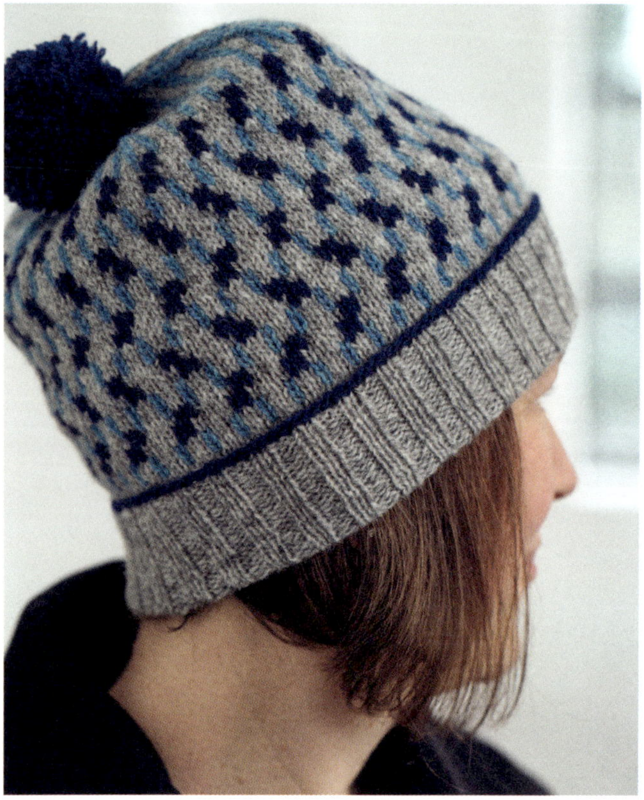

GRÖSSEN

S (M, L, XL)

Passend für Kopfumfang: 45 (51, 57, 65) cm

Umfang der Mütze am Bund: 40 (45,5, 51,5, 57) cm

Umfang der Mütze an der weitesten Stelle: 44,5 (53,5, 62, 71) cm

Höhe von Unterkante bis Spitze (wie abgebildet getragen): 24 (24,5, 25, 25,5) cm

Abgebildetes Modell: Größe M an Kopfumfang von 55 cm

GARN

Jamieson & Smith Jumper Weight (100 % Shetlandwolle; LL 115 m / 25-g-Knäuel)

Farbe A: Nr. 21; 1 x 25 g für alle Größen

Farbe B: Nr. 203; 2 (2, 3, 3) x 25 g

Farbe C: Nr. FC34; 1 x 25 g für alle Größen

Benötigte Garnmengen

Farbe A: ca. 80 (90, 95, 105) m

Farbe B: ca. 165 (205, 245, 285) m

Farbe C: ca. 35 (45, 50, 60) m

In Farbe A sind ca. 45 m für eine Bommel enthalten.

STRICKNADELN UND ZUBEHÖR

Nadelstärke 3 mm oder die Stärke, mit der die Maschenprobe im Rippenmuster erreicht wird: 1 Rundnadel (Länge 40 cm) oder Ihre bevorzugten Nadeln für kleine Runden (für den Bund)

Nadelstärke 3,5 mm oder die Stärke, mit der die Maschenprobe im Jacquardmuster erreicht wird: 1 Rundnadel (Länge 40 cm) oder Ihre bevorzugten Nadeln für kleine Runden (für den Hauptteil der Mütze)

Nadelstärke 3,5 mm oder die Stärke, mit der die Maschenprobe im Jacquardmuster erreicht wird: 1 Nadelspiel oder Ihre bevorzugten Nadeln für kleine Runden (für Spitze der Mütze)

Maschenmarkierer, Wollnadel, Pompon-Schablone (optional)

MASCHENPROBE

27 M und 32 Rd = 10 x 10 cm (mit den dickeren Nadeln im Jacquardmuster gestrickt, gewaschen und gespannt)

28 M und 40 Rd = 10 x 10 cm (mit den dünneren Nadeln im 2/2-Rippenmuster gestrickt, gewaschen und gespannt)

ABKÜRZUNGEN

1 M re (Vor-R) 1 M re in die Vorreihe: Die linke Nadel leicht nach vorn kippen, so dass die Rückseite der Arbeit zu sehen ist. Mit der rechten Nadel von oben in die linke Masche unter der 1. M auf der linken Nadel einstechen. Diese M re abstr, dann die 1. M auf der Nadel re str (1 M zugenommen).

Ein vollständiges Abkürzungsverzeichnis finden Sie auf S. 110.

SPEZIALTECHNIKEN

Dieses Buch enthält Foto-Tutorials für die folgenden Techniken: Kreuzanschlag und Norwegischer Maschenanschlag für Rippenmuster (S. 89-90)

Folgende Video-Tutorials (englischsprachig) finden Sie online unter **www.actechniques.co.uk/tutorials-1#/confident-knitting:** Kreuzanschlag und Norwegischer Maschenanschlag für Rippenmuster (Long-tail and German twisted cast on for ribbing)

ANMERKUNGEN ZUR ANLEITUNG

Die Mütze beginnt mit einem kontrastfarbigen Maschenanschlag, für den Kreuzanschlag und Norwegischer Maschenanschlag kombiniert werden und auf den ein breit gerippter Bund folgt. Dann wird die Arbeit gewendet, damit die Kontrastkante richtig herum sitzt. Der Hauptteil der Mütze wird in einem einfachen Einstrickmuster gearbeitet. Zuletzt werden Maschen für die Mützenspitze abgenommen. Die Mütze kann, nach Wunsch, mit oder ohne Bommel gearbeitet werden.

Die Anleitung ist in vier Größen verfasst, doch wenn Sie sie weiter anpassen möchten, können Sie wie folgt vorgehen: Zum Ändern der Höhe den gerippten Bund breiter oder schmaler stricken. Zum Ändern der Höhe des Hauptmusters (Strickschrift A) Musterrunden vom Beginn der Strickschrift entfernen oder hinzufügen, so dass Sie auf jeden Fall mit der 7. Rd enden. Den Umfang passen Sie am einfachsten durch Verwenden einer dickeren oder dünneren Nadel oder eines anderen Garns an, doch dazu müssen Sie eine Maschenprobe anfertigen, um sicherzugehen, dass Ihnen das Ergebnis gefällt, und ausrechnen, welche Mützengröße Sie gemäß der neuen Maschenprobe stricken müssen.

MÜTZE

1 MASCHENANSCHLAG UND GERIPPTER BUND

Mit den dünneren Nadeln und Farbe A 112 (128, 144, 160) M anschlagen wie folgt (siehe auch Foto-Tutorial S. 89-90):
Einen Laufknoten als 1. Masche auf die rechte Nadel legen.
1 M im Kreuzanschlag anschl, dann 2 M im Norwegischen Anschlag anschl, *2 M im Kreuzanschlag anschl, 2 M im Norwegischen Anschlag anschl; ab * wh, bis 112 (128, 144, 160) M angeschlagen sind.
Zur Rd schließen, dabei aufpassen, dass die M sich nicht verdrehen.

Zu Farbe B wechseln und 1 Runde rechts stricken.

Mustereinteilung des 2/2-Rippenmusters:
1. Rd: *2 M re, 2 M li; ab * fortl. wh.
Weitere 35 (39, 43, 47) Rd im Rippenmuster stricken (insgesamt 36 [40, 44, 48] Rd Rippenmuster).

Die Arbeit durch die Mitte der Nadeln schieben, um sie auf links zu wenden. Der Arbeitsfaden sitzt an der linken Nadel. Den Faden nach vorn legen, die 1. M li abh, den Arbeitsfaden nach oben über die rechte Nadel legen und anziehen, so dass die Masche aussieht wie eine Doppelmasche (wie bei verkürzten Reihen).

Die folg. M re str und die Rd im Rippenmuster beenden.

Folg. Rd: Mit der rechten Nadel (möglichst nur mit der Spitze) in das 1. Glied der Doppelmasche einstechen, dieses re str und von der Nadel heben, dann wieder nur mit der Nadelspitze das 2. Glied der Doppelmasche mit der folg. M auf der Nadel re zus str. Die Rd im Rippenmuster beenden.

2 HAUPTTEIL DER MÜTZE

Nur Größe S
Zun-Rd: *3-mal [2 M re, 2 M li], 1 M re (Vor-R), 1 M re, 2 M li, 2-mal [2 M re, 2 M li], 1 M re (Vor-R), 1 M re, 2 M li; ab * fortl. wh. 8 M zugen; 120 M.

Nur Größe M
Zun-Rd: *2 M re, 2 M li, 1 M re (Vor-R), 1 M re, 2 M li; ab * fortl. wh. 16 M zugen; 144 M.

Nur Größe L
Zun-Rd: *2 M re, 2 M li, 2-mal [1 M re (Vor-R), 1 M re, 2 M li]; ab * fortl. wh. 24 M zugen; 168 M.

Nur Größe XL
Zun-Rd: *2 M re, 2 M li, 4-mal [1 M re (Vor-R), 1 M re, 2 M li]; ab * fortl. wh. 32 M zugen; 192 M.

STRICKSCHRIFT B: Mützenspitze

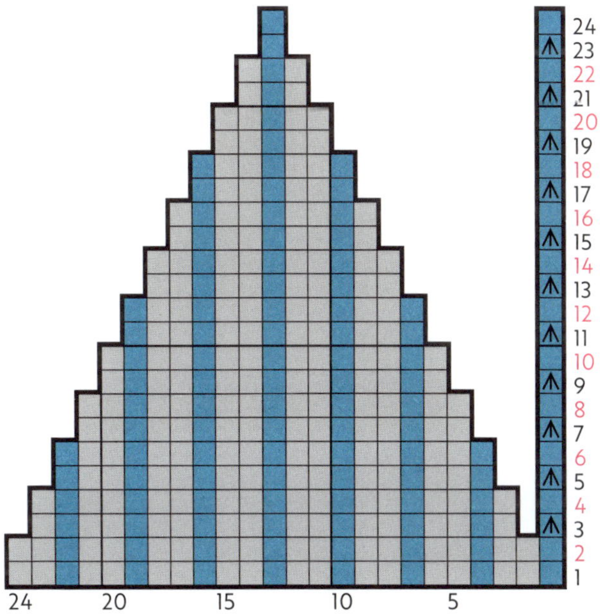

ANMERKUNGEN ZUR STRICKSCHRIFT

Die Mütze wird rundgestrickt, daher werden alle Reihen der Strickschrift von rechts nach links gelesen.

STRICKSCHRIFT A: Hauptteil

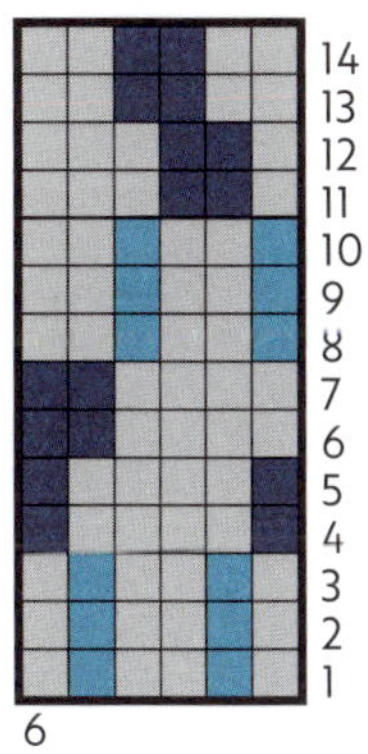

ZEICHENERKLÄRUNG

- Farbe A (21); re M
- Farbe B (203); re M
- Farbe C (FC34); re M
- In der angegebenen Farbe, 2 M zusammen re abh, 1 M re, die abgeh 2 M überz
- 2, 4, 6, etc... In den Rd mit in Pink gedruckter Rd-Zahl die letzte M der Rd nicht str; diese M abh, MM entf, abgeh M zurück auf li Nadel heben, MM wieder setzen.

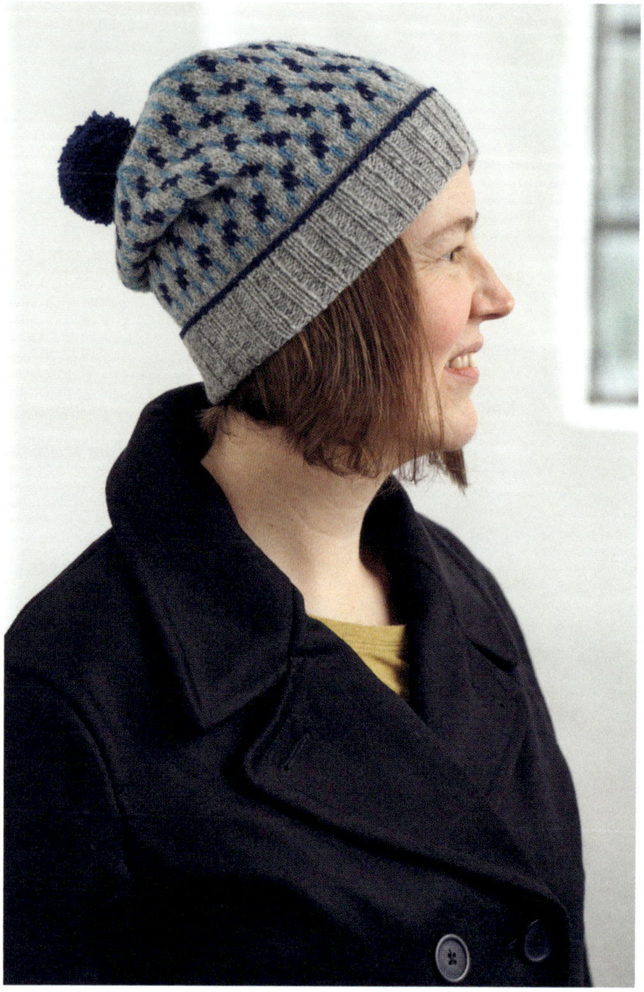

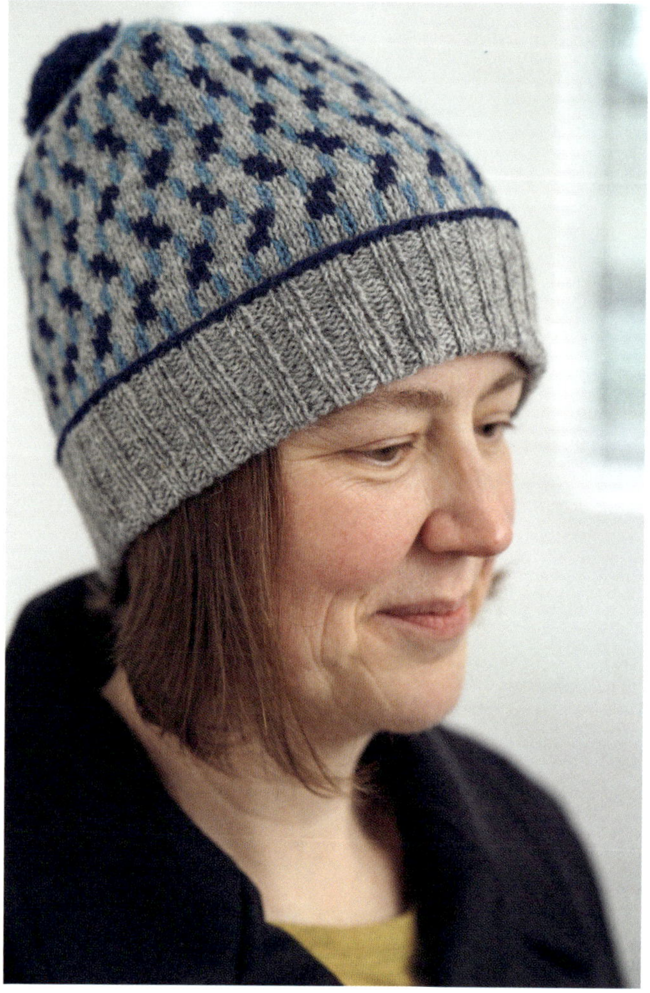

Alle Größen
Zu den dickeren Nadeln wechseln und 1 Rd in Farbe B re str.

Mustereinteilung nach Strickschrift A:
1. Rd: 20- (24-, 28-, 32-)mal die 6 M der 1. R von Strickschrift A str.
Weiter nach Strickschrift A arb, bis die 14. R fertig ist; dabei die Farben wechseln wie angegeben. Die 1.-14. R der Strickschrift A noch 1-mal wh, dann noch 1-mal die 1.-7. R wh.

3 MÜTZENSPITZE

Anmerkung: *In der Strickschrift der Mützenspitze werden in jeder Abnahme-Rd 10 (12, 14, 16) M abgenommen. Dabei stets 1 M vor Beginn jeder Abnahmerunde stoppen und die letzte M der Rd abheben, den MM entf, die abgehobene M zurück auf die linke Nadel legen, MM wieder setzen, dann die Abnahme-Rd beginnen.*

Wenn die Runden der Mützenspitze kleiner werden, zum bequemeren Stricken nach Bedarf zum Nadelspiel (oder Ihren bevorzugten Nadeln für kleine Runden) wechseln.

Mustereinteilung nach Strickschrift B:
1. Rd: 5- (6-, 7-, 8-)mal die 24 M der 1. R von Strickschrift B arb.
Weiter nach Strickschrift B arb, bis die 24. R fertig ist; dabei Maschen abnehmen wie angegeben (siehe Anmerkung).
110 (132, 154, 176) M abgen; 10 (12, 14, 16) M verbl.

Garn abschneiden und den Faden durch die übrigen Maschen ziehen.

4 FERTIGSTELLUNG

Alle Fäden vernähen. Die Mütze 20 Minuten in lauwarmem Wasser mit Wollwaschmittel einweichen. Überschüssiges Wasser ausdrücken. Flach zum Trocknen ausbreiten (dabei den Bund nicht überdehnen) oder auf einen Mützenständer oder Luftballon ziehen oder mit Plastiktüten ausstopfen. Trocknen lassen. Nach Wunsch eine Bommel anfertigen und fest oben an der Mütze annähen.

TECHNIK
RAFFMASCHEN

Raffmaschen sind eine besonders interessante Möglichkeit, um einer Strickarbeit Struktur zu verleihen. Die Grundtechnik ist ganz einfach: Aus einer Reihe mehrere Reihen unter der folgenden Masche wird der kleine Querbalken einer Linksmasche aufgenommen. Dieser Balken wird dann mit der folgenden Masche zusammengestrickt. Raffmaschen sind so vielseitig, da sie auf ganz unterschiedliche Weise eingesetzt werden können.

Raffmaschen werden auf der links gestrickten Seite eines Projekts gearbeitet, doch am fertigen Modell kann sowohl die links gestrickte als auch die rechts gestrickte Seite außen liegen. Raffmaschen können einzeln gearbeitet werden, wodurch ein Hebemascheneffekt entsteht, sie können jedoch auch in Gruppen angeordnet werden – dadurch erhält das fertige Modell eine plastische 3-D-Struktur.

Jimenez Josephs Saturnus-Kissen zeigen all diese Möglichkeiten. Am orangen Kissen werden einzelne Raffmaschen gearbeitet, und die links gestrickte Seite liegt außen. Mit den Spannfäden an der Oberfläche des fertigen Kissens erinnert der Effekt an tiefgestochene Maschen. Am blaugrauen Saturnus-Kissen werden mehrere Raffmaschen gleichzeitig gestrickt, und die rechts gestrickte Seite liegt außen. Durch mehrere Raffmaschen auf einmal entsteht eine plastische Wellenstruktur.

RAFFMASCHEN: TERMINOLOGIE
In den Anleitungen werden Raffmaschen als Raff-M bezeichnet und mit einer Zahlenangabe versehen, z. B. 1x4. Dabei gibt die erste Zahl an, wie viele Maschen gerafft werden, die zweite, aus wie vielen Reihen tiefer man die Maschen rafft.

Für das orange Saturnus-Kissen wird also ein Raff-M-1x4-Muster verwendet: 1 Raff-M wird 4 R weiter unten gearbeitet.

Das blau-graue Saturnus-Kissen hat ein Raff-M-4x6-Muster. Dabei werden nacheinander 4 Raff-M gearbeitet; für jede wird ein Maschenbalken 6 Reihen weiter unten aufgenommen.

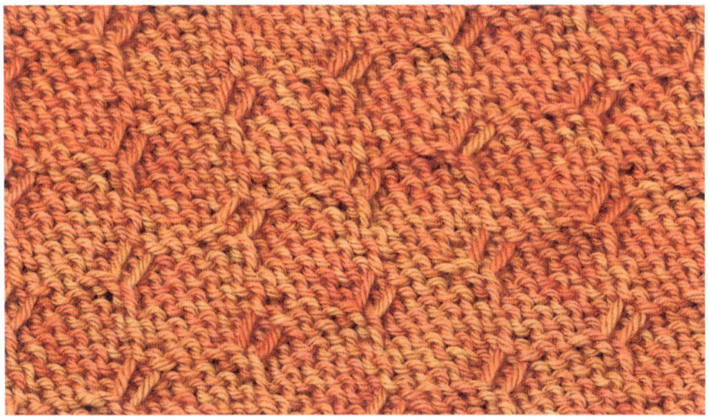

Einzelne Raffmaschen; links gestrickte Seite außen

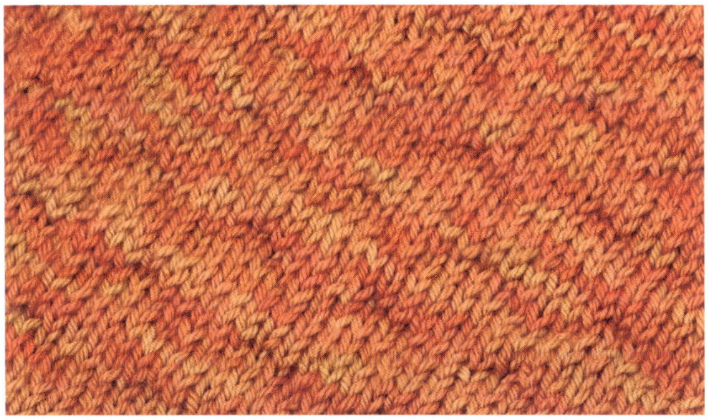

Einzelne Raffmaschen; rechts gestrickte Seite außen

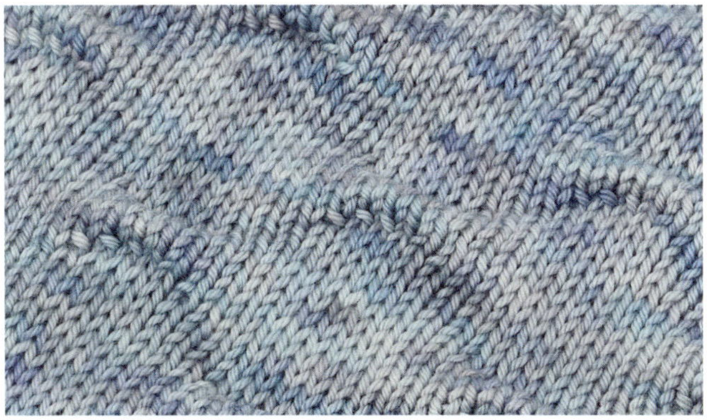

Mehrere Raffmaschen; rechts gestrickte Seite außen

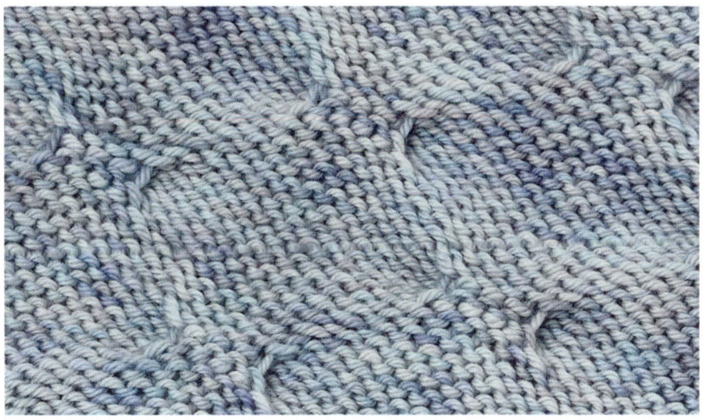

Mehrere Raffmaschen; links gestrickte Seite außen

RAFFMASCHE 1X4

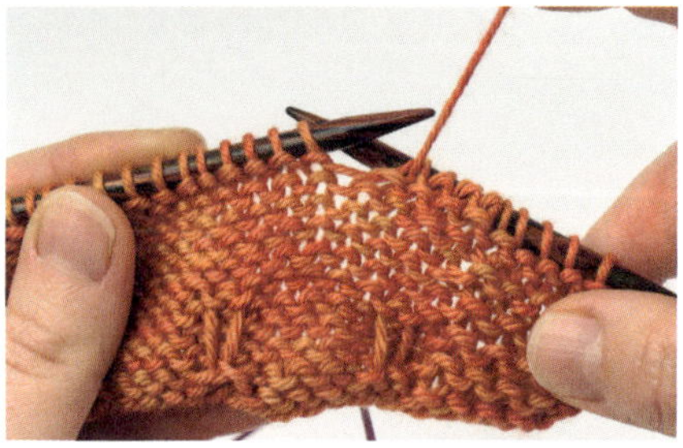

1 Gemäß der Anleitung bis zur ersten Anweisung der Raff-M stricken.

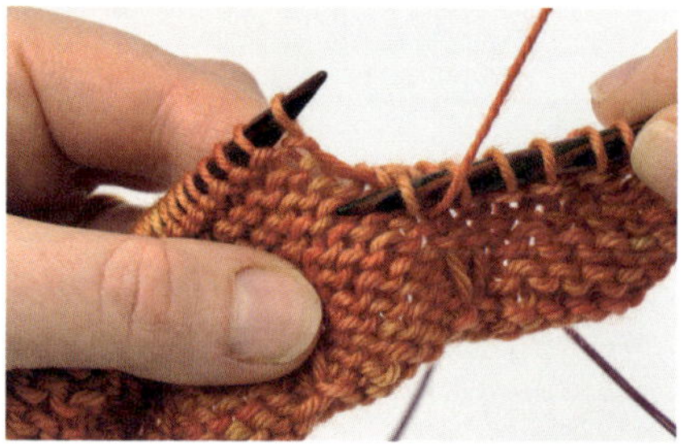

2 Unter der nächsten M auf der linken Nadel 4 Maschenbalken nach unten zählen. Die rechte Nadelspitze zeigt auf den 4. Balken.

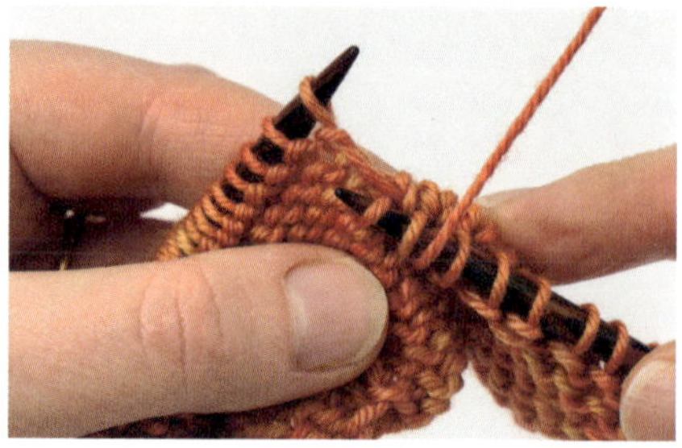

3 Mit der rechten Nadel diesen Balken von unten aufnehmen.

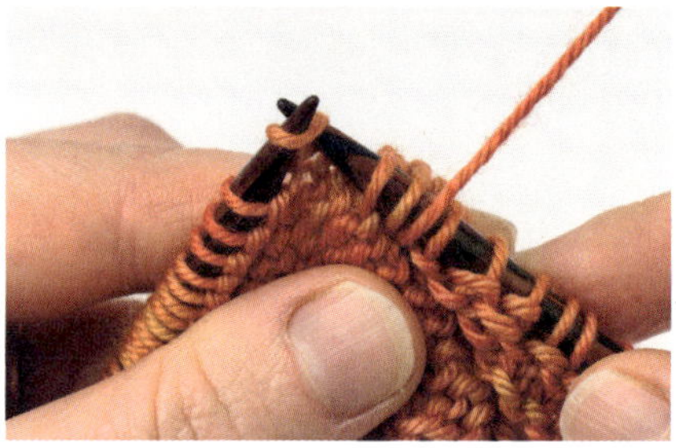

4 Mit der rechten Nadel wie zum Rechtsstricken in die folgende M auf der linken Nadel einstechen.

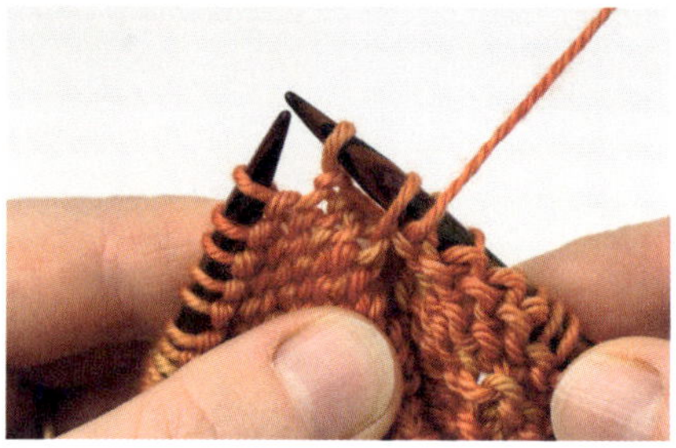

5 Diese M auf die rechte Nadel abheben.

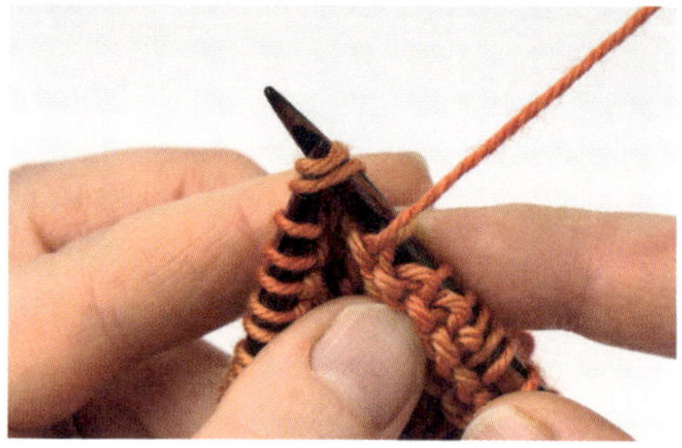

6 Mit der linken Nadel von rechts nach links in den aufgenommenen Balken und die abgehobene M einstechen und beide zusammen auf die linke Nadel abheben.

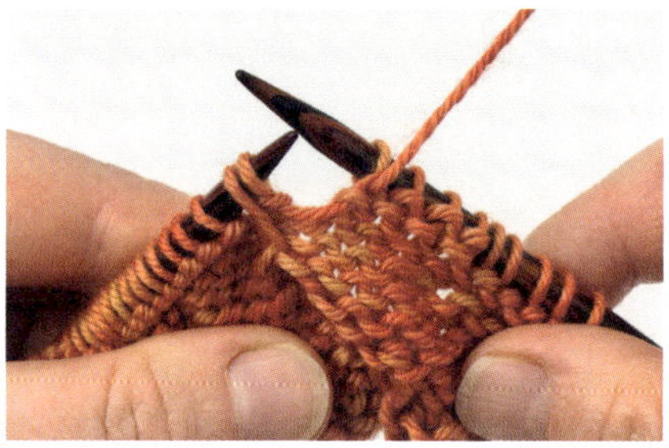

7 Damit sind die M korrekt ausgerichtet.

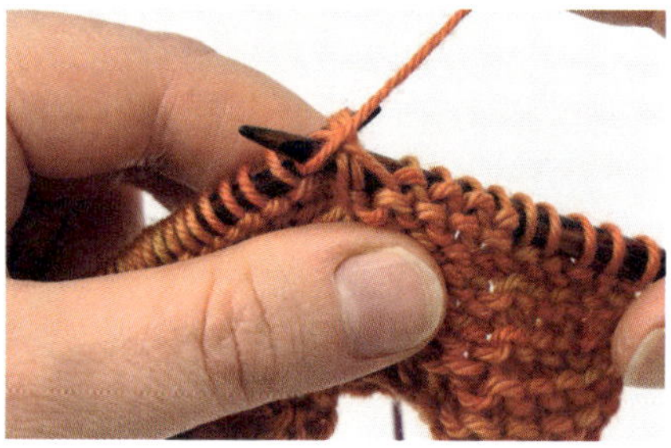

8 Nun diese beiden M links zusammenstricken.

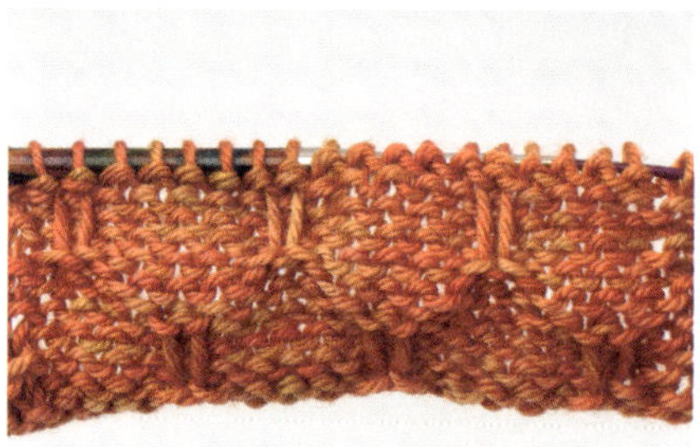

9 Wenn die Reihe fertig gestrickt ist, sind auf der links gestrickten Seite der Arbeit mehrere langgezogene M zu sehen.

RAFFMASCHE 4x6

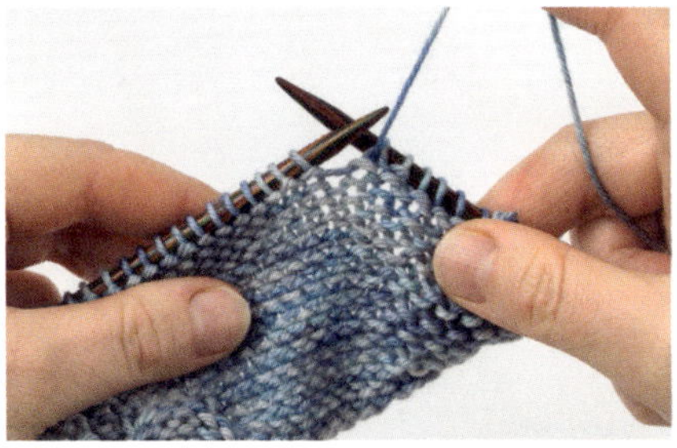

1 Gemäß der Anleitung bis zur ersten Anweisung der Raff-M stricken.

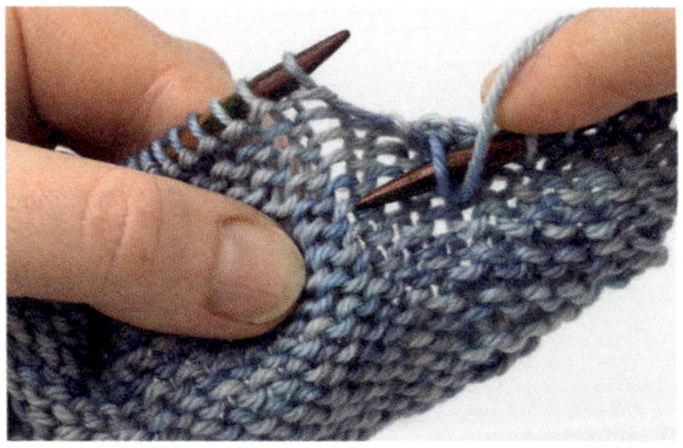

2 Unter der nächsten M auf der linken Nadel 6 Maschenbalken nach unten zählen. Die rechte Nadelspitze zeigt auf den 6. Balken.

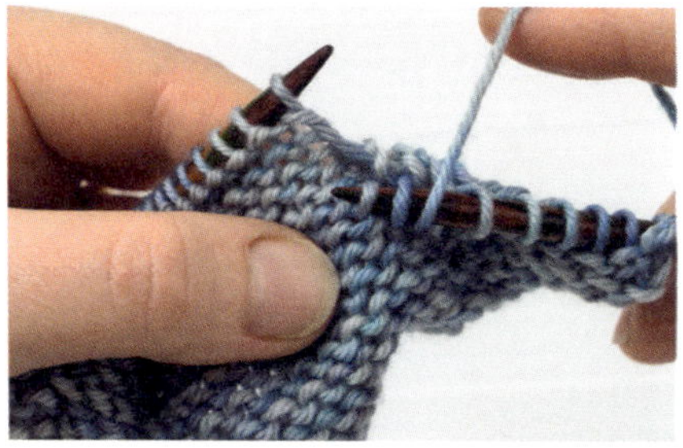

3 Mit der rechten Nadel diesen Balken von unten aufnehmen.

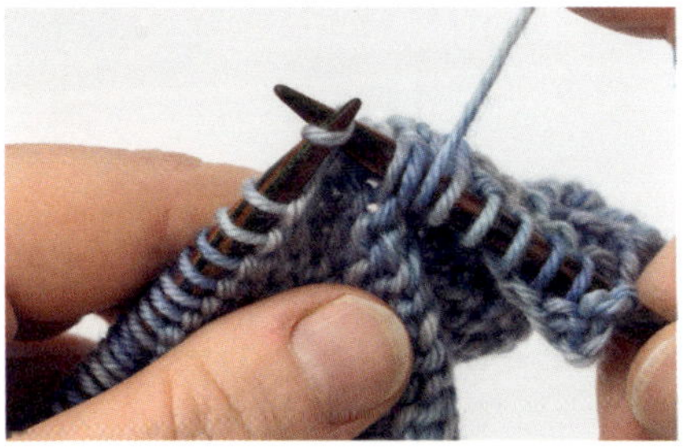

4 Mit der rechten Nadel wie zum Rechtsstricken in die folgende M auf der linken Nadel einstechen und diese M auf die rechte Nadel abheben.

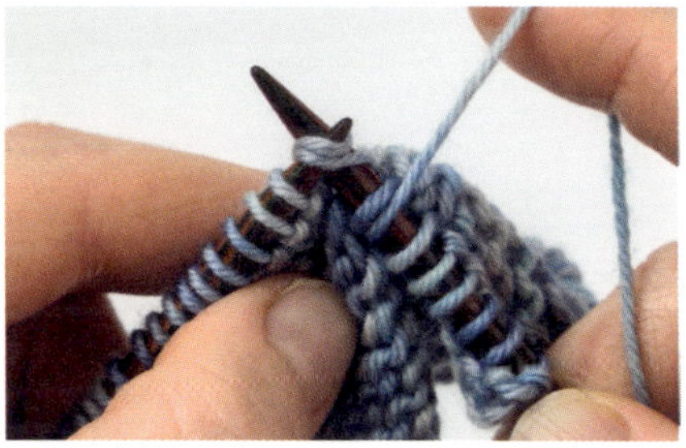

5 Mit der linken Nadel von rechts nach links in den aufgenommenen Balken und die abgehobene M einstechen und beide zusammen auf die linke Nadel abheben.

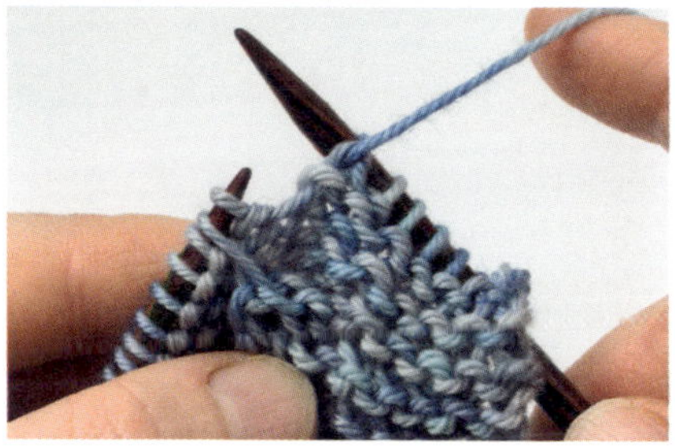

6 Damit sind die M korrekt ausgerichtet.

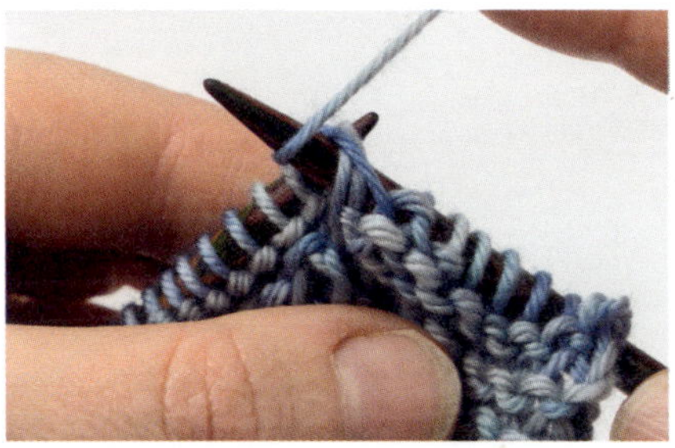

7 Nun diese beiden M links zusammenstricken.

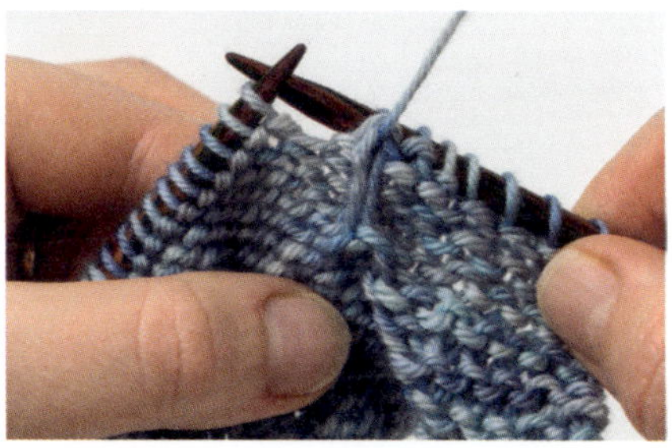

8 Damit ist die erste Raff-M 4x6 fertig. Die erste Raff-M erscheint langgezogen, doch nach mehreren Raff-M legt sich das Gestrick in Falten und die langen Fäden verschwinden.

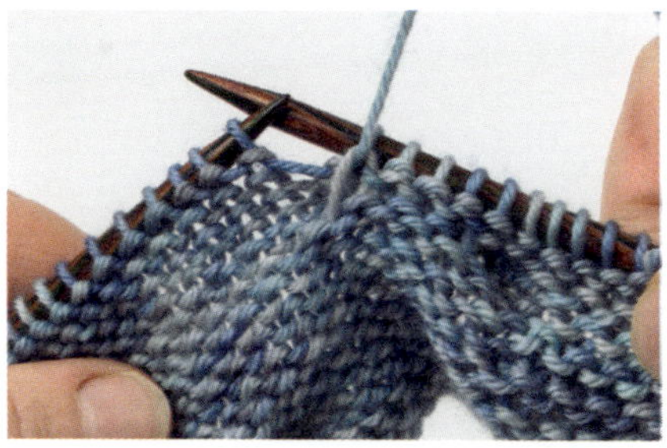

9 Die Schritte 2-7 noch 3-mal wiederholen.

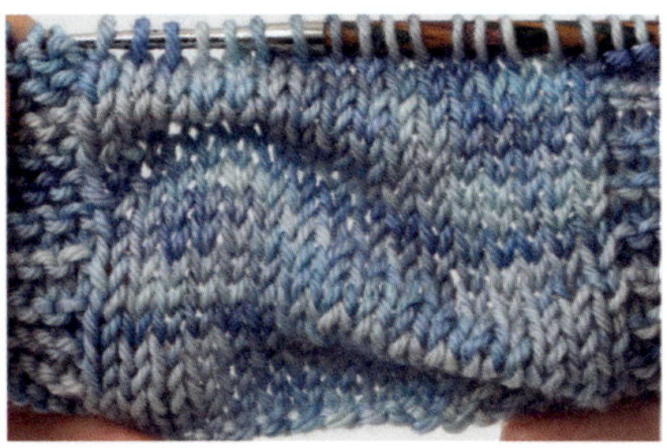

10 Auf der rechten Seite ist die wellenartige Struktur gut zu erkennen.

Mit den beiden Varianten von Jimenez Josephs Saturnus-Kissen lernen Sie, Raffmaschen zu stricken wie ein Profi. Ich hoffe, danach trauen Sie sich zu, viele weitere Ihrer Projekte mit dieser Technik aufzupeppen.

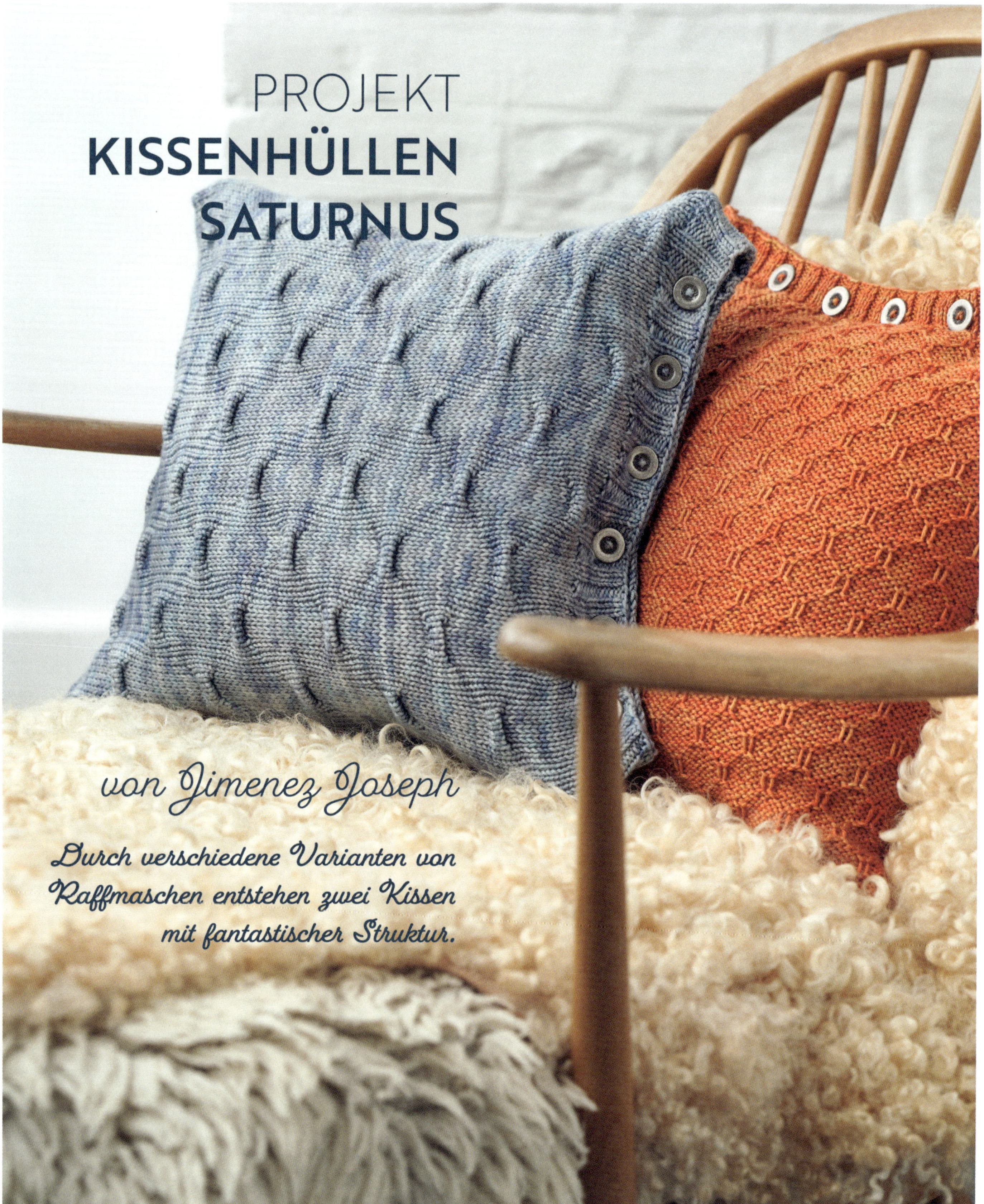

PROJEKT
KISSENHÜLLEN SATURNUS

von Jimenez Joseph

Durch verschiedene Varianten von Raffmaschen entstehen zwei Kissen mit fantastischer Struktur.

GRÖSSEN
Einheitsgröße
Für ein Kisseninlett von 40 x 40 cm
Fertige Breite der Kissenhülle (inklusive Nahtzugabe): 38 cm
Fertige Höhe der Kissenhülle (inklusive Rippenmuster): 42 cm

GARN
Third Vault Yarns Caroline DK (100 % Superwash-Merinowolle; LL 230 m / 115-g-Strang)
Farbe Saturnus; 2 x 115 g (oranges Kissen mit Raffmaschen 1x4)
Farbe Enceladus; 2 x 115 g (blau-graues Kissen mit Raffmaschen 4x6)

Garnverbrauch pro Kissen
Ca. 455 m

STRICKNADELN UND ZUBEHÖR
Nadelstärke 5 mm oder die Stärke, mit der die Maschenprobe im Raffmaschenmuster erreicht wird: 1 Paar Stricknadeln
Nadelstärke 3,5 mm oder die Stärke, mit der die Maschenprobe im Rippenmuster erreicht wird: 1 Paar Stricknadeln
Wollnadel
6 Knöpfe (Durchmesser 20 mm)
Ein Kisseninlett (40 x 40 cm)
1 Häkelnadel, Stärke 3,5 mm (optional)

MASCHENPROBE
20 M und 30 R = 10 x 10 cm (mit den dickeren Nadeln in einem der beiden Raffmaschenmuster gestrickt, gewaschen und gespannt)
22 M und 36 R = 10 x 10 cm (mit den dünneren Nadeln im 2/2-Rippenmuster gestrickt, gewaschen und gespannt)

ABKÜRZUNGEN
Raff-M 1x4 Siehe Foto-Tutorial S. 96. Mit der rechten Nadel den Balken 4 Reihen unter der folg. M auf der rechten Nadel von unten aufnehmen. Die folg. M auf der linken Nadel rechts abheben. Mit der linken Nadel in die Raff-M und die abgehobene M (in dieser Reihenfolge) auf der rechten Nadel einstechen und beide abheben. Damit liegen sie korrekt ausgerichtet auf der linken Nadel. Diese beiden M zusammenstricken.
Raff-M 4x6 Siehe Foto-Tutorial S. 97. Mit der rechten Nadel den Balken 6 Reihen unter der folg. M auf der rechten Nadel von unten aufnehmen. Die folg. M auf der linken Nadel rechts abheben. Mit der linken Nadel in die Raff-M und die abgehobene M (in dieser Reihenfolge) auf der rechten Nadel einstechen und beide abheben. Damit liegen sie korrekt ausgerichtet auf der linken Nadel. Diese beiden M zusammenstricken. Diesen Vorgang noch 3-mal wiederholen.

Ein vollständiges Abkürzungsverzeichnis finden Sie auf S. 110.

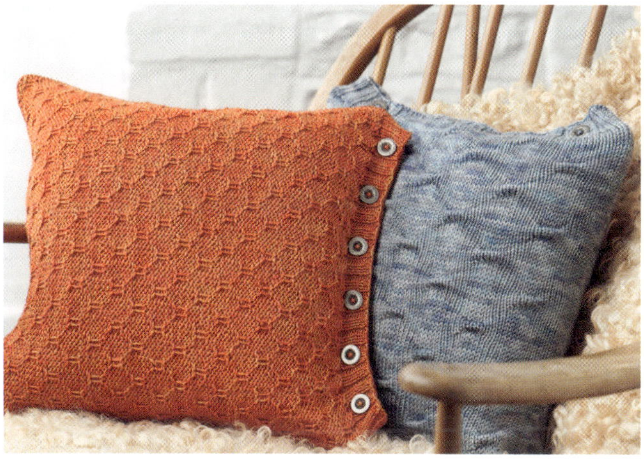

SPEZIALTECHNIKEN
Dieses Buch enthält Foto-Tutorials für die folgenden Techniken:
Raffmaschen (S. 96-97)

Folgende Video-Tutorials (englischsprachig) finden Sie online unter **www.actechniques.co.uk/tutorials 1#/confident-knitting:**
Raffmaschen (Grab stitches)
Matratzenstich (Mattress stitch)

ANMERKUNGEN ZUR ANLEITUNG
Die Saturnus-Kissenhüllen werden an der Knopfleiste angeschlagen. Für den aufgehäkelten Anschlag wird statt eines provisorischen Kontrastgarns das normale Garn verwendet – so passt der Maschenanschlag perfekt zur abgeketteten Kante. Der Hauptteil des Kissens wird in Reihen im ausgewählten Raffmaschenmuster gestrickt. Zum Schluss wird die Knopflochleiste gearbeitet. Nach dem Zusammennähen der Kissenhülle im Matratzenstich werden die Knöpfe an die Knopfleiste genäht. Nun nur noch ein Inlett in die Hülle stecken – fertig!

Die Anleitung ist für eine Einheitsgröße geschrieben, lässt sich jedoch leicht abwandeln, wenn Sie eine andere Größe wünschen. Die Breite der Kissenhülle ist einfach durch eine geänderte Maschenzahl beim Maschenanschlag zu ändern. Für das Raffmaschenmuster 1x4 eine Maschenzahl teilbar durch 6 hinzufügen oder abziehen, für das Raffmaschenmuster 4x6 eine Maschenzahl teilbar durch 16. Für geringfügige Veränderungen können an den Seiten glatt rechts oder glatt links gestrickte Maschen angefügt oder abgezogen werden. Zum Anpassen der Höhe der Kissenhülle die Anzahl der Musterwiederholungen vor der Knopflochleiste verändern.

ANMERKUNGEN ZUR STRICKSCHRIFT
Die Kissenhüllen werden in Reihen gestrickt, daher werden die Hin-R (ungerade Reihenzahlen) von rechts nach links gelesen, die Rück-R (gerade Zahlen) von links nach rechts.

KISSENHÜLLE

1 MASCHENANSCHLAG UND KNOPFLEISTE

Mit dem normalen Garn (statt mit einem Garnrest) und den dünneren Nadeln die Schritte 1-5 des provisorischen aufgehäkelten Maschenanschlags (S. 9) durchführen, dann die Schritte 2-4 wiederholen, bis 77 M auf der Nadel liegen. Für die letzte Masche die Masche von der Häkelnadel auf die Stricknadel heben. 78 M.

Mascheneinteilung 2/2-Rippenmuster (folg. 2 Reihen):
1. R (Hin-R): *2 M re, 2 M li; ab * bis 2 M vor Ende wh, 2 M re.
2. R (Rück-R): 2 M li, *2 M re, 2 M li; ab * fortl. wh.
Weitere 10 Reihen im 2/2-Rippenmuster stricken (insgesamt 12 R Rippenmuster).

Für das Raffmaschenmuster 1x4 weiter mit Schritt 2, für das Muster 4x6 weiter mit Schritt 3.

2 HAUPTTEIL – RAFFMASCHEN 1x4

Zu den dickeren Nadeln wechseln.
Das folg. Muster wird auch in Strickschrift A dargestellt.

Mustereinteilung Raffmaschen 1x4 (folg. 12 Reihen):
1. R (Hin-R): Links stricken.
2. R (Rück-R): Rechts stricken.
3.-4. R: 1.-2. R noch 1-mal wh.
5. R: 3 M li, *4 M li, Raff-M 1x4 arb, 1 M li; ab * bis 3 M vor Ende wh, 3 M li.
6. R: Rechts stricken.
7.-10. R: 1.-2. R noch 2-mal wh.
11. R: 3 M li, *1 M li, Raff-M 1x4 arb, 4 M li; ab * bis 3 M vor Ende wh, 3 M li.
12. R: Rechts stricken.
Weiter im Muster str, bis die 6. R zum 20. Mal gestrickt wurde (234 Musterreihen gestrickt).

Weiter mit Schritt 4.

3 HAUPTTEIL – RAFFMASCHEN 4x6

Das folg. Muster wird auch in Strickschrift B dargestellt.

Mustereinteilung Raffmaschen 4x6 (folg. 20 Reihen):
1. R (Hin-R): Rechts stricken.
2. R (Rück-R): Links stricken.
3.-9. R: 1.-2. R noch 3-mal wh, dann 1. R noch 1-mal wh.
10. R: 7 M li, *2 M li, Raff-M 4x6 arb, 10 M li; ab * bis 7 M vor Ende wh, 7 M li.
11.-19. R: 1.-2. R noch 4-mal wh, dann 1. R noch 1-mal wh.
20. R: 7 M li, *10 M li, Raff-M 4x6 arb, 2 M li; ab * bis 7 M vor Ende wh, 7 M li.
Weiter im Muster str, bis die 14. R zum 12. Mal gestrickt wurde (234 Musterreihen gestrickt).

Weiter mit Schritt 4.

ZEICHENERKLÄRUNG

- ☐ In Hin-R re M, in Rück-R li M
- ⊡ In Hin-R li M, in Rück-R re M
- ■ In Rück-R li M; dies ist die M, die gerafft wird
- ■ In Hin-R li M; dies ist die M, die gerafft wird
- ↓ Raff-M (siehe Foto-Tutorial)
- ☐ Rapport

STRICKSCHRIFT A: Raffmaschen 1x4

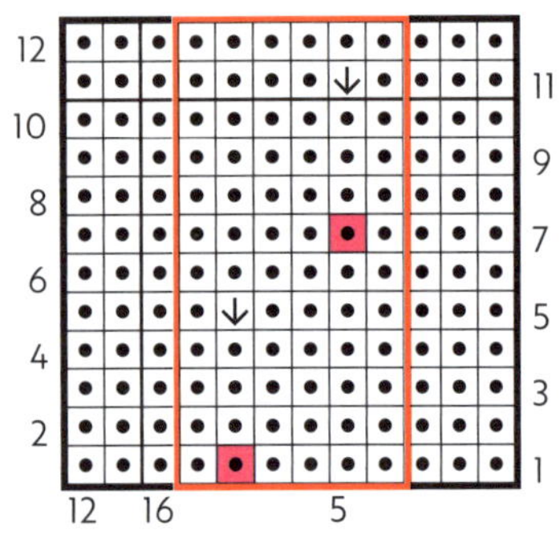

STRICKSCHRIFT B: Raffmaschen 4x6

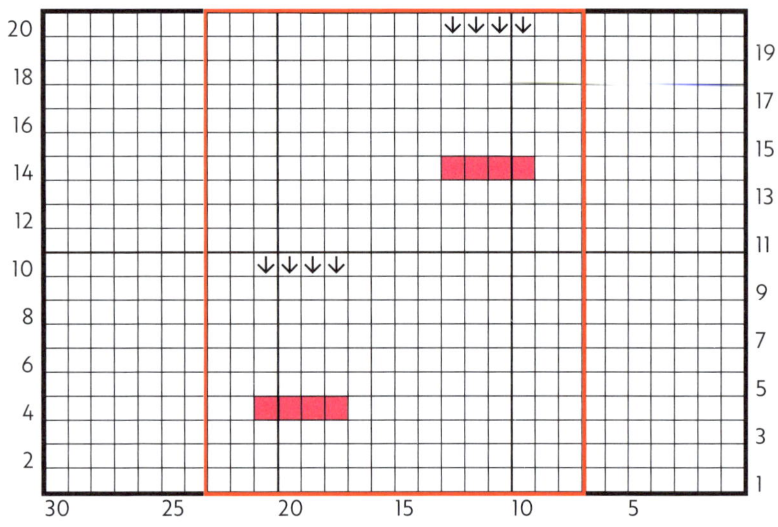

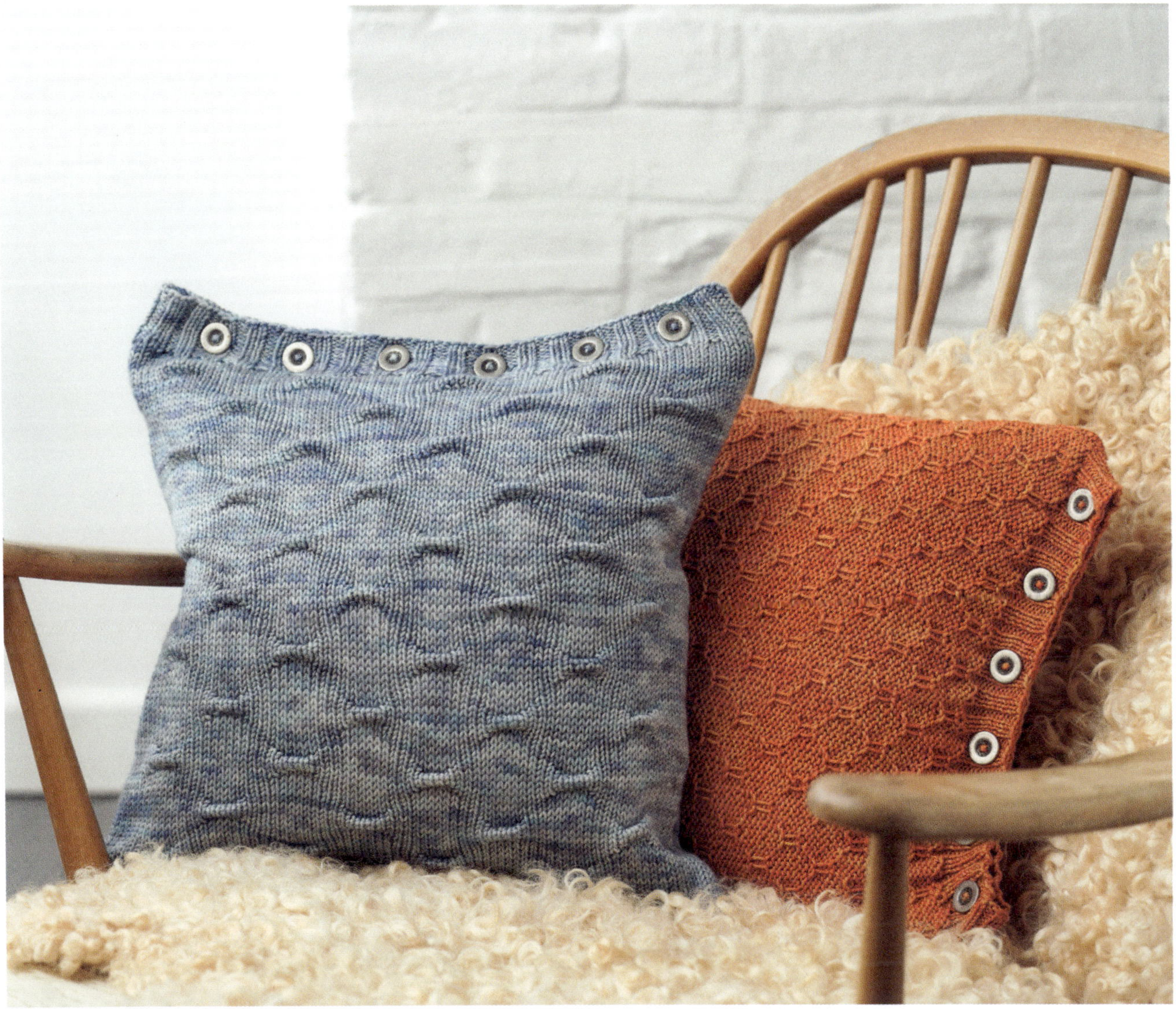

4 KNOPFLOCHLEISTE UND ABKETTEN

Zu den dünneren Nadeln wechseln.

1. R (Hin-R): *2 M re, 2 M li; ab * bis 2 M vor Ende wh, 2 M re.
2. R (Rück-R): 2 M li, *2 M re, 2 M li; ab * fortl. wh.
3.-6. R: 1.-2. R noch 2-mal wh.
7. R: 2-mal [2 M re, 2 M li],*2 M re zus, 2-mal [U], 10 M im etablierten Rippenmuster; ab * bis 10 M vor Ende wh, 2 M re zus, 2-mal [U], 2-mal [2 M li, 2 M re].
8. R: Im etablierten Rippenmuster; dabei für jedes Knopfloch den 2. Umschlag fallen lassen.
9.-12. R: 1.-2. R noch 2-mal wh.
Alle Maschen im Muster abketten.

5 FERTIGSTELLUNG

Die Kissenhülle links auf links falten, so dass die gerippten Kanten aufeinanderliegen. Einen ca. 70 cm langen Faden des Hauptgarns in eine Wollnadel einfädeln. Die erste Seitenkante im Matratzenstich zusammennähen, dabei am gerippten Ende beginnen und bis zur unteren Ecke immer jeweils 1 M von jeder Seite fassen. An der Gegenseite wiederholen.

Die Knöpfe genau gegenüber den Knopflöchern an der Innenseite der Knopfleiste annähen. Fäden vernähen.

Die Kissenhülle 20 Minuten in lauwarmem Wasser mit Wollwaschmittel einweichen. Überschüssiges Wasser ausdrücken. Flach auf Maß ausbreiten und trocknen lassen.

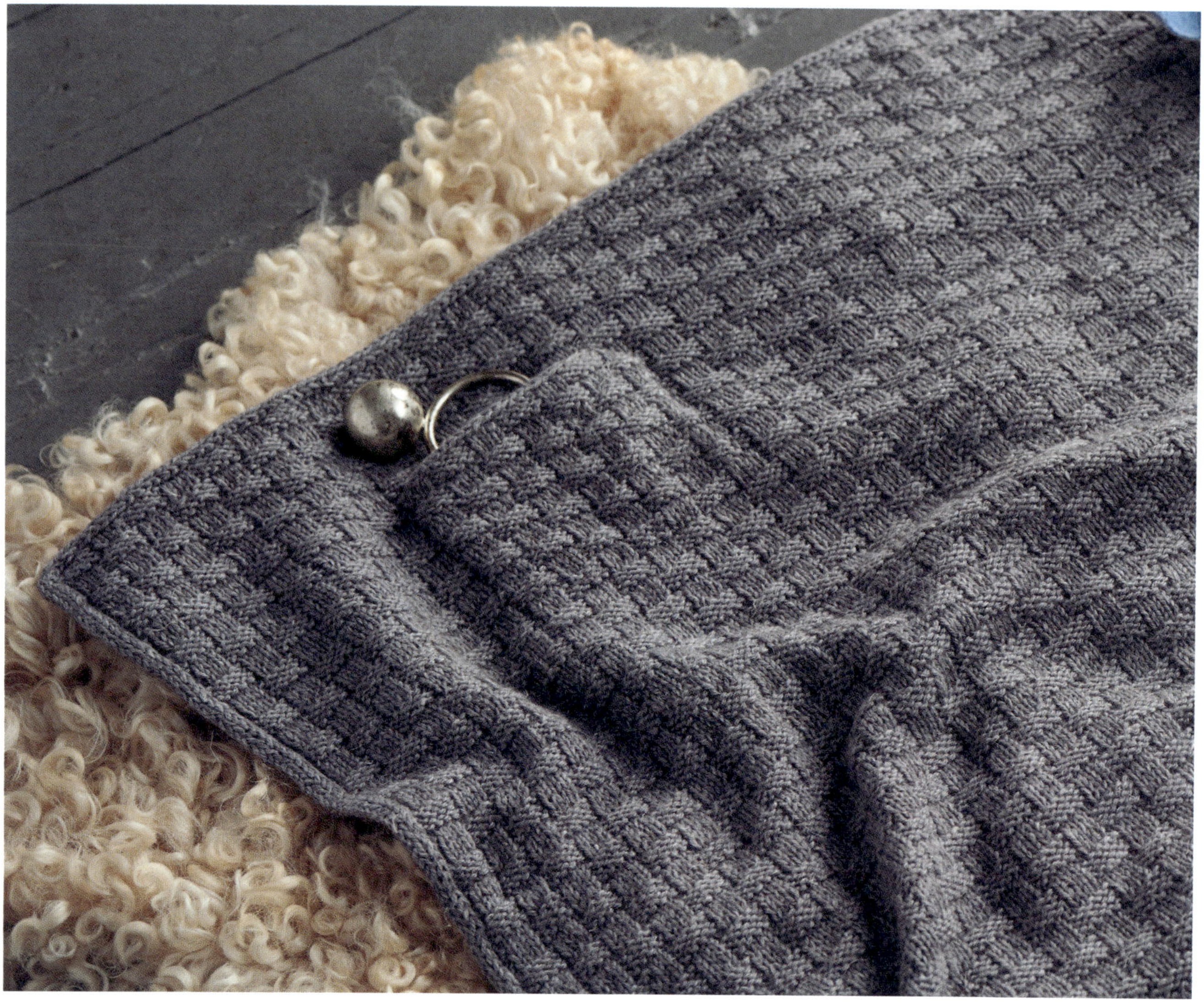

TECHNIK **ABKETTEN MIT I-CORD (KORDELRAND)**

Mit wenigen Techniken sieht die Abschlusskante eines Projekts so professionell aus wie mit einem I-Cord. Ein I-Cord ist ein dünner Schlauch aus Strickmaschen. Er kann mit einer Strickliesel hergestellt oder auf geraden Nadeln gestrickt werden wie unten beschrieben. Den Begriff I-Cord hat Elizabeth Zimmermann zuerst verwendet, und das »I« darin steht für »Idiot«. In ihrem Buch *Knitting Without Tears* nennt sie die Technik »Idiotensicher: eine einfache Strickschnur«. Dünne Strickschnüre waren damals bekannt, doch Zimmermann entwickelte viele Anwendungsmöglichkeiten für diese praktische Kordel, darunter das Anschlagen und Abketten mit I-Cord, I-Cord-Knopflöcher und viele andere clevere Neuerungen.

Das schlichte Design von Carol Fellers kuscheliger Prime-Decke erhält durch den I-Cord-Abschluss einen eleganten Touch. Auch die verborgene Tasche hat eine I-Cord-Kante, genau wie die gesamte Umrandung der Decke. Es ist zwar möglich, ein Projekt mit einem I-Cord-Anschlag zu beginnen, doch ich finde, dass die Kante mit einem Standard- oder provisorischen Anschlag, der später mit einem I-Cord abgekettet wird, sauberer aussieht. Beim Standardanschlag müssen dazu später entlang der Kante Maschen aufgenommen werden.

TECHNIK **ABKETTEN MIT I-CORD (KORDELRAND)**

MASCHEN AUFNEHMEN

Um rings um die Prime-Decke eine mit I-Cord abgekettete Kante zu arbeiten, müssen am Maschenanschlag und an den Seitenkanten M aufgenommen werden. Im folgenden Tutorial wird die Vorgehensweise erläutert.

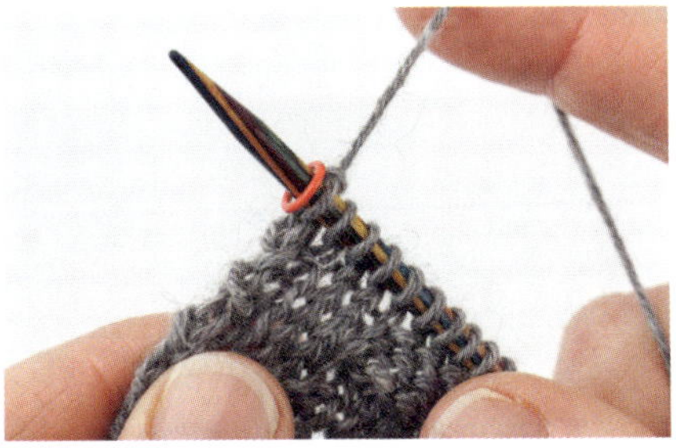

1 Die letzte Hinreihe stricken und nach der letzten M einen MM setzen. Dieser markiert die Ecke.

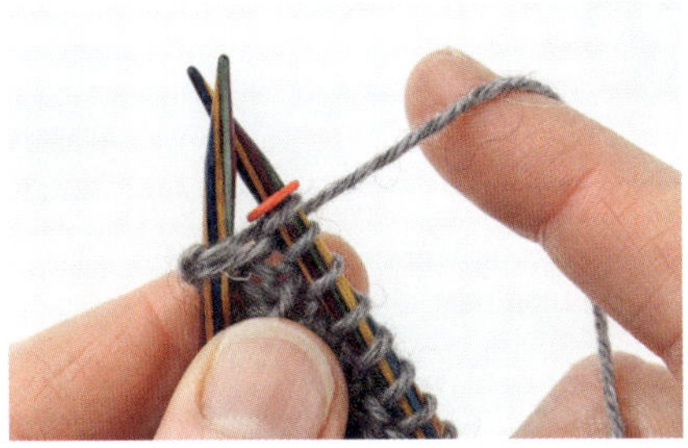

2 Mit der linken Nadel die M direkt an der Kante unter der letzten M auf der rechten Nadel aufnehmen.

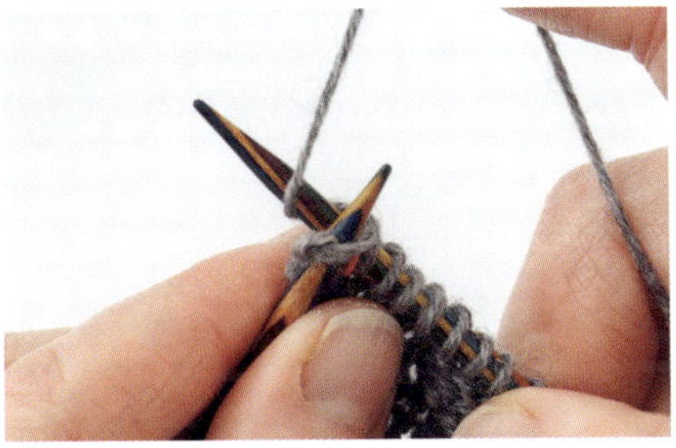

3 Beide Schlaufen dieser aufgenommenen M rechts zusammenstricken.

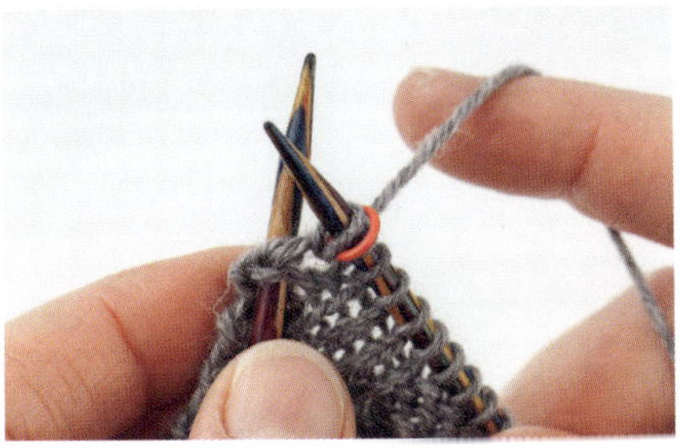

4 Mit der linken Nadel an der Seitenkante der Decke die Randmasche der darunterliegenden Reihe aufnehmen.

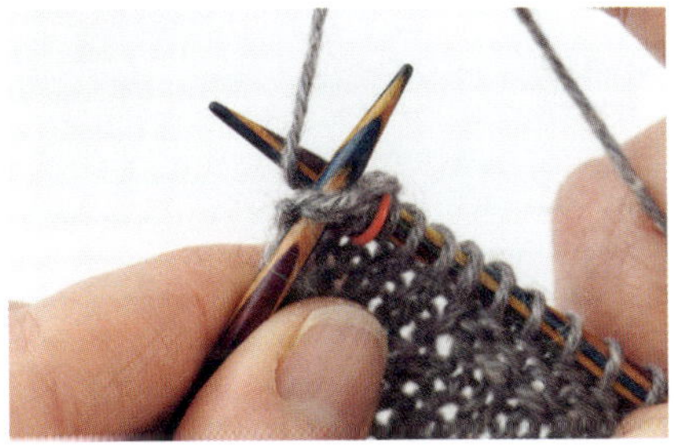

5 Beide Schlaufen der aufgenommenen M rechts zusammenstricken.

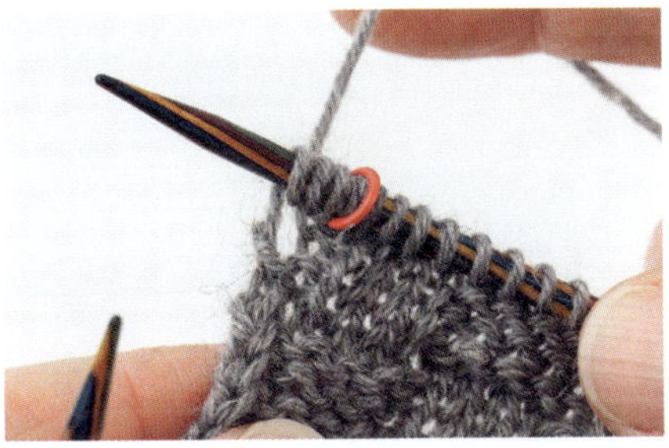

6 Die Schritte 4-5 noch einmal wiederholen. Damit haben Sie entlang der Seitenkante der Decke insgesamt 3 M aufgenommen und rechts abgestrickt.

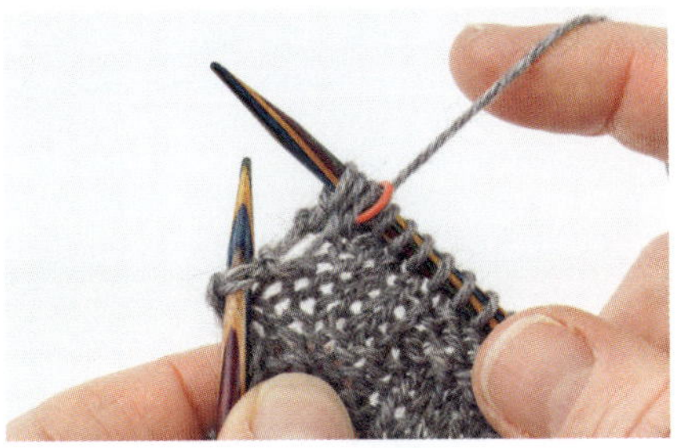

7 Nun die folgende Reihe auslassen und die übernächste Randmasche aufnehmen.

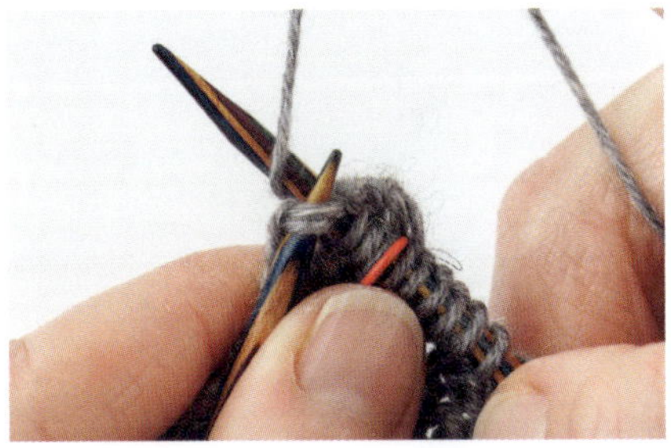

8 Wieder beide Schlaufen der aufgenommenen M rechts zusammenstricken.

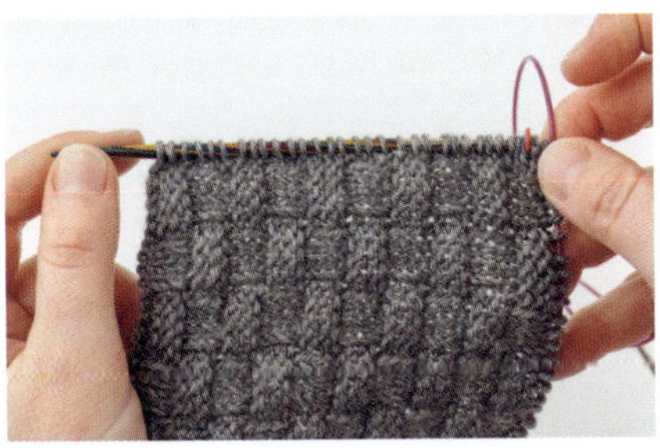

9 Auf diese Weise fortfahren, also entlang der Seitenkante bis hinunter zum Maschenanschlag stets jeweils 3 M auf 4 R aufnehmen und rechts abstricken.

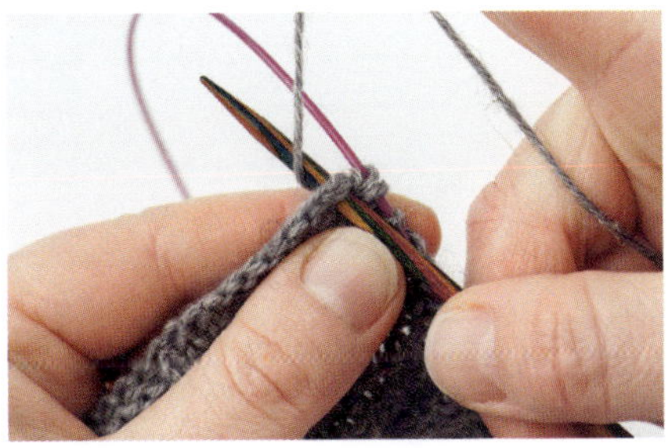

10 In die erste angeschlagene M einstechen und sie rechts abstricken.

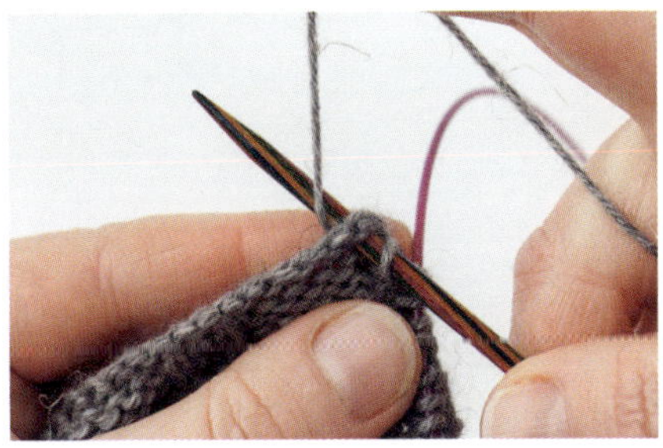

11 Auf diese Weise entlang der Kante des Maschenanschlags fortfahren; dabei in jede M einstechen.

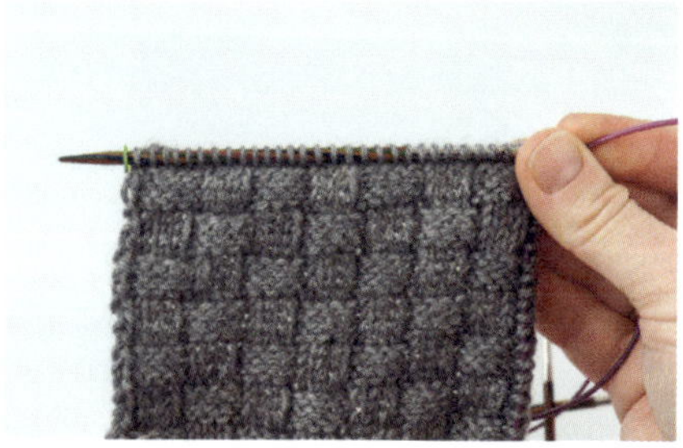

12 Am Ende des Maschenanschlags einen MM setzen, um die Ecke zu markieren.

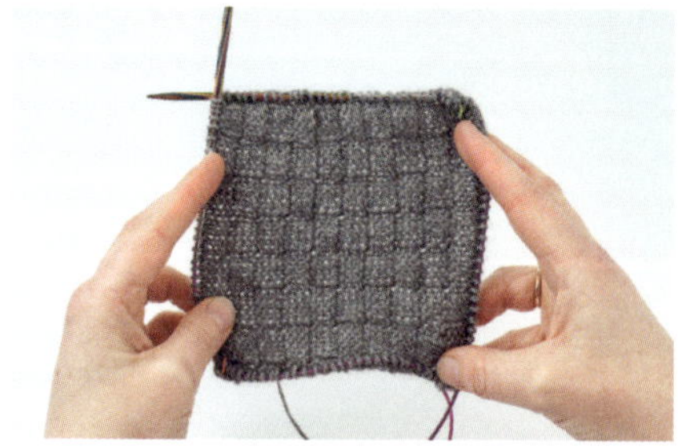

13 Entlang der zweiten Seitenkante wieder jeweils 3 M auf 4 R aufnehmen und rechts stricken, wie in den Schritten 2-9 beschrieben.

Nun haben Sie an allen 4 Seiten der Decke offene Maschen auf den Nadeln. An jeder Ecke befindet sich entweder ein Maschenmarkierer oder der Übergang zwischen zwei Nadeln.

AUFSTRICKEN

Nach dem Aufnehmen der M entlang der Außenkanten der Decke müssen 3 M – die I-Cord-M – angeschlagen werden. Diese werden in der Regel aufgestrickt (aufgestrickter Kordelanschlag).

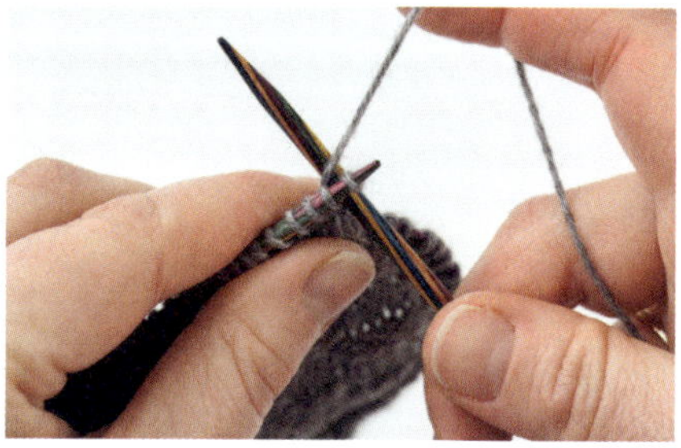

1 Mit der rechten Nadel zwischen der 1. und 2. M auf der linken Nadel einstechen und den Faden holen.

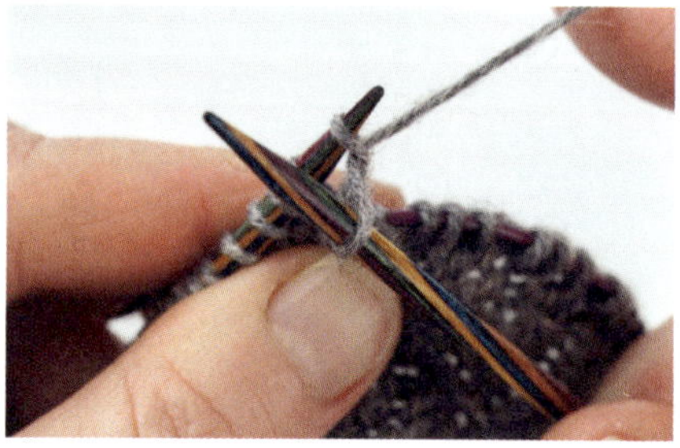

2 Den Faden durchziehen, so dass eine Schlaufe auf der rechten Nadel liegt.

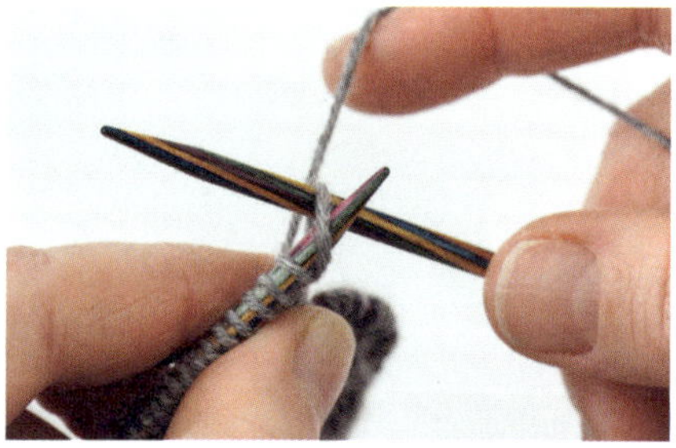

3 Diese Schlaufe auf die linke Nadel legen, ohne sie zu verdrehen. Damit haben Sie eine M aufgestrickt.

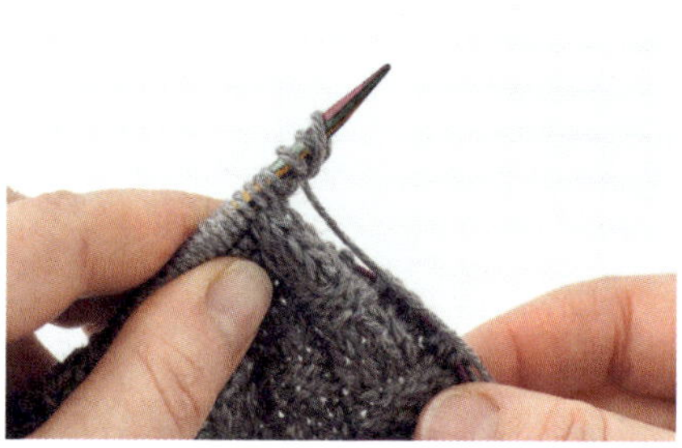

4 Die Schritte 1-3 noch 2-mal wh, so dass insgesamt 3 M angeschlagen wurden. Dies sind Ihre I-Cord-M.

ABKETTEN MIT I-CORD

Die folgende Anleitung zeigt, wie die I-Cord-M gestrickt und mit den aufgenommenen M rings um den Rand der Decke verbunden werden. So entsteht ein attraktiver Kordelrand. Für saubere Ecken werden auch unverbundene I-Cord-Reihen gearbeitet.

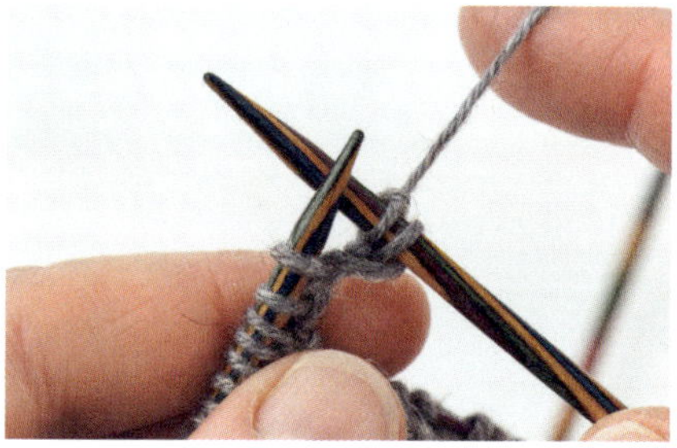

1 Die ersten beiden M der linken Nadel rechts stricken.

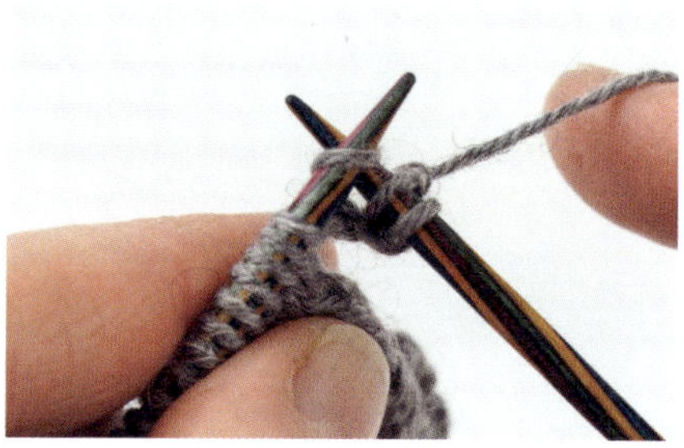

2 Die folgende M der linken Nadel rechts abheben.

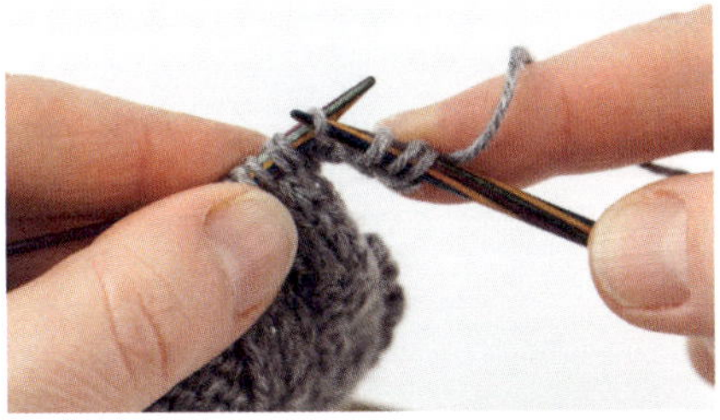

3 Die folgende M der linken Nadel links (oder rechts) abheben.

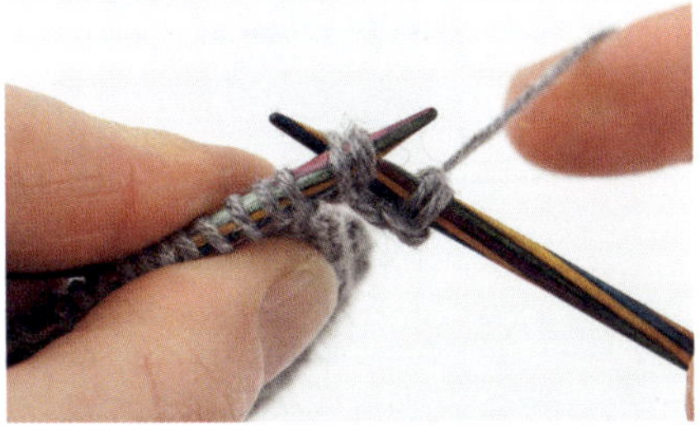

4 Mit der linken Nadel von vorne (links nach rechts) in beide abgehobenen M auf der rechten Nadel einstechen.

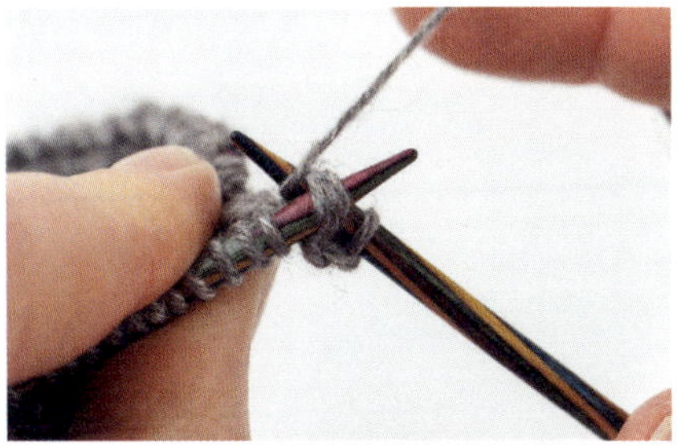

5 Die beiden abgehobenen M rechts verschränkt zusammenstricken.

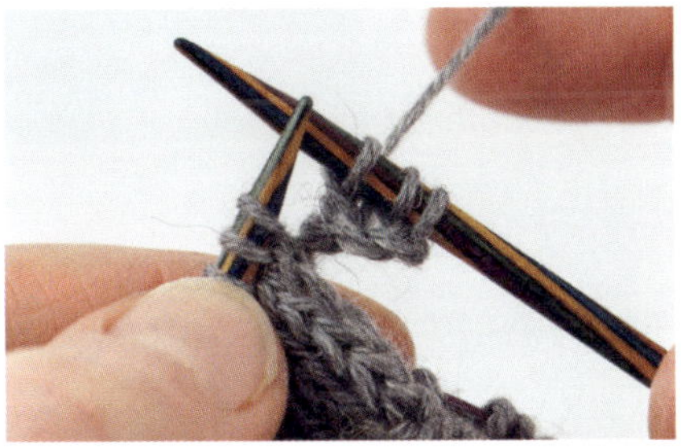

6 Durch die Schritte 2-5 entsteht eine AAZ-M, die eine I-Cord-M mit einer der Randmaschen der Decke verbindet.

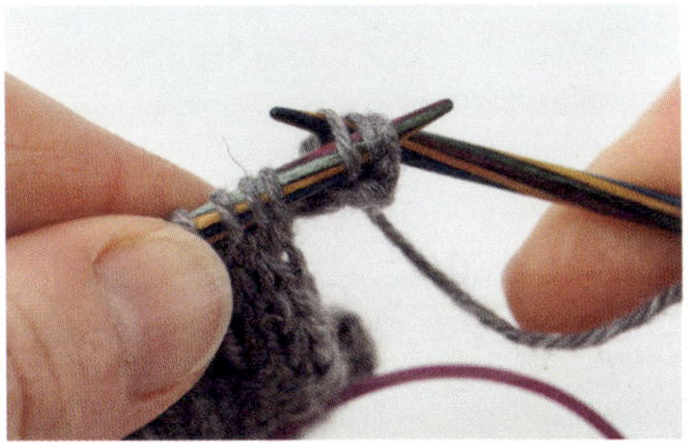

7 Alle drei M von der rechten auf die linke Nadel heben, ohne sie zu verdrehen.

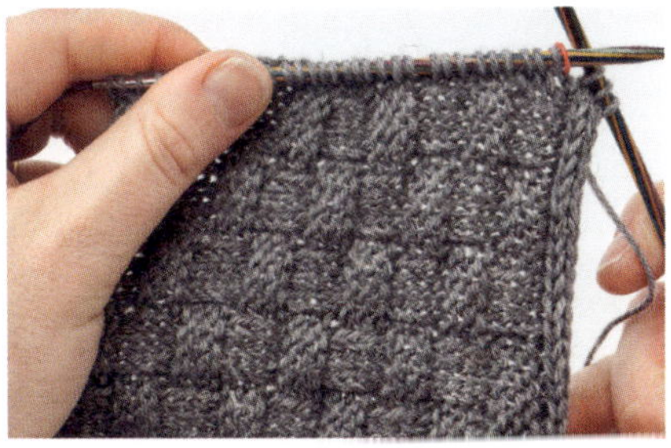

8 Die Schritte 1-7 bis zum MM an der Ecke wh (bei der letzten Wh entfällt Schritt 7). Den MM entfernen.

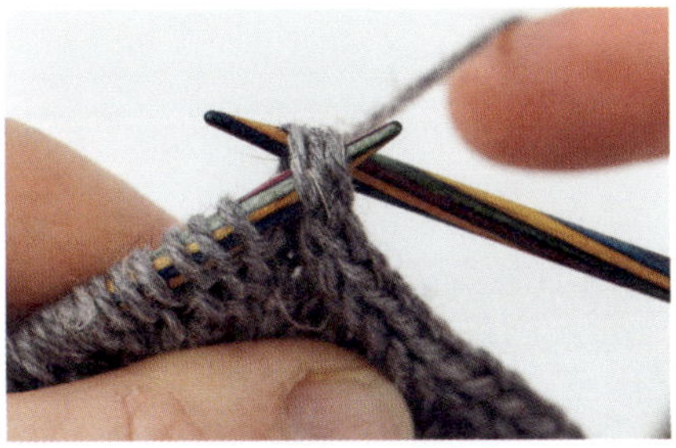

9 Alle drei M von der rechten auf die linke Nadel heben, ohne sie zu verdrehen.

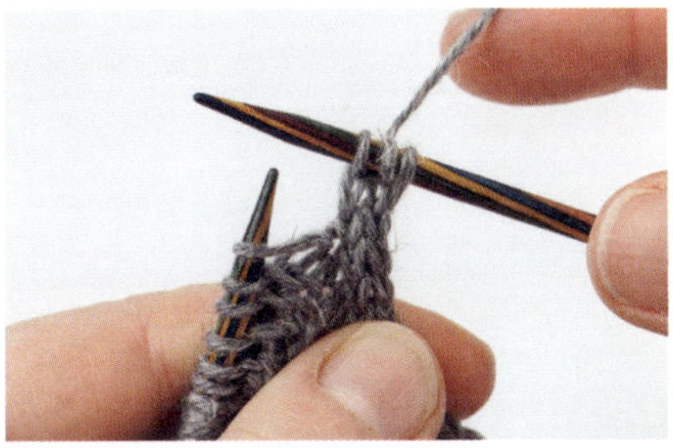

10 Drei M rechts stricken.

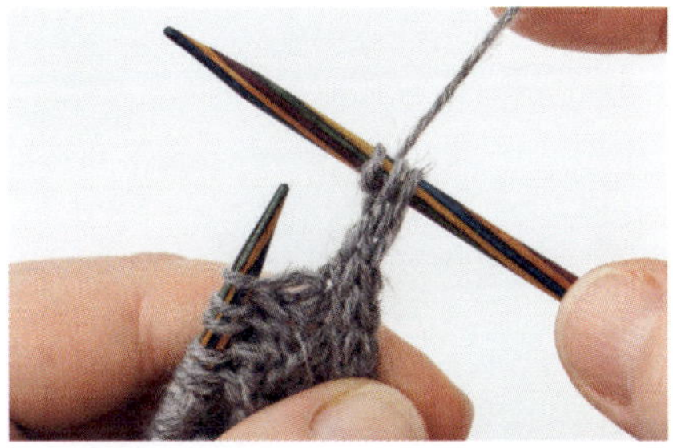

11 Die Schritte 9-10 noch einmal wiederholen.

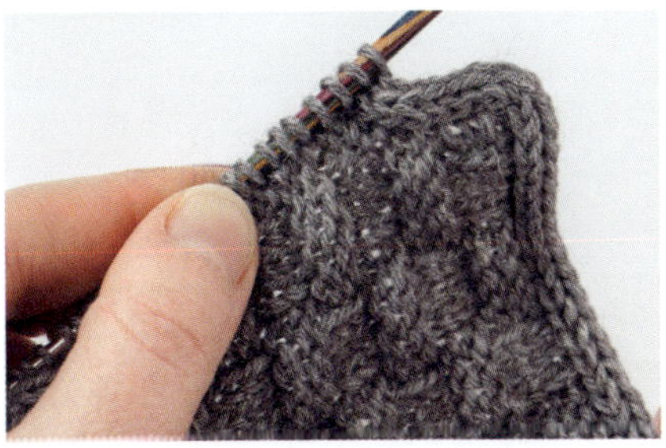

12 Zwei Standard-I-Cord-Durchgänge (Schritte 9-11) ohne Verbindung zu den Randmaschen arbeiten, damit der I-Cord an der Ecke schön glatt liegt. Bis zum nächsten Eck-MM wieder fortlaufend die Schritte 1-7 arbeiten.

Soll ein Projekt eine elegante Abschlusskante erhalten, ist das Abketten mit I-Cord unschlagbar. Viel Spaß beim Ausprobieren dieser Technik an Carol Fellers hübscher Prime-Decke!

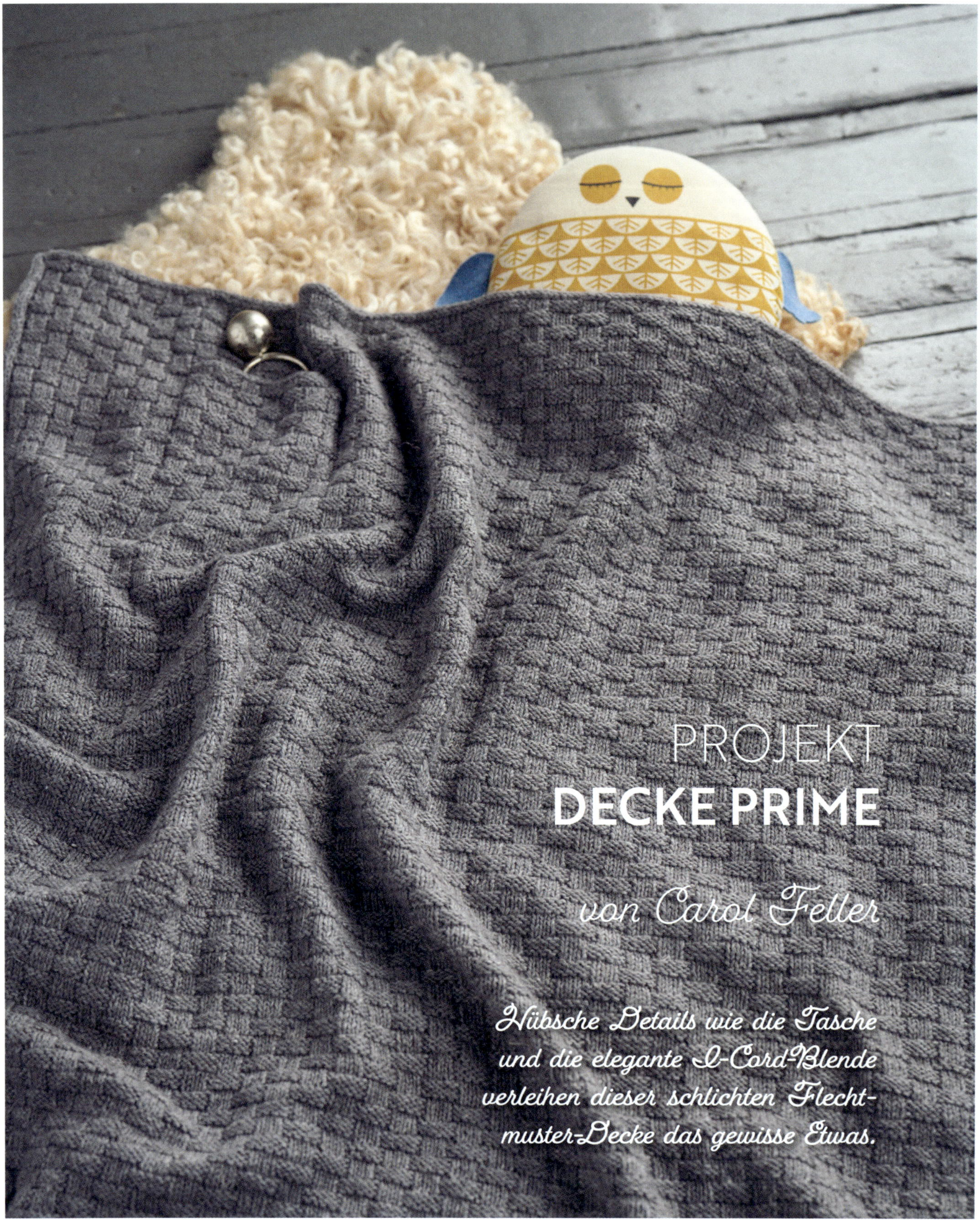

PROJEKT
DECKE PRIME

von Carol Feller

Hübsche Details wie die Tasche und die elegante I-Cord-Blende verleihen dieser schlichten Flechtmuster-Decke das gewisse Etwas.

GRÖSSEN

S (M, L)
Höhe: 88 (93, 120) cm
Breite: 68 (87, 106) cm

GARN

Stolen Stitches Nua Sport (60 % Merinowolle, 20 % Yak, 20 % Leinen; LL 140 m / 50-g-Strang)
Farbe Kitten Fluff (9810); 6 (8, 13) x 50 g
Abgebildet in Größe M

Garnverbrauch

825 (1115, 1750) m

STRICKNADELN UND ZUBEHÖR

Nadelstärke 3,75 mm oder die Stärke, mit der die Maschenprobe erreicht wird: 1 Rundstricknadel (Länge 100 cm)
Maschenmarkierer
Wollnadel
Garnrest (am besten glattes Baumwollgarn in etwa der gleichen Stärke wie das Hauptgarn)

MASCHENPROBE

21 M und 32 R = 10 x 10 cm (im Flechtmuster gestrickt, gewaschen und gespannt)

ABKÜRZUNGEN

Ein vollständiges Abkürzungsverzeichnis finden Sie auf S. 110.

SPEZIALTECHNIKEN

Dieses Buch enthält Foto-Tutorials für die folgenden Techniken:
Maschen aufnehmen (S. 103)
Aufstricken (S. 104)
Abketten mit I-Cord (S. 104-105)

Folgende Video-Tutorials (englischsprachig) finden Sie online unter **www.actechniques.co.uk/tutorials-1#/confident-knitting**:
Maschen aufnehmen (Picking up stitches)
Abketten mit I-Cord (I-Cord Cast Off)

ANMERKUNGEN ZUR ANLEITUNG

Nach dem Maschenanschlag wird die Decke im Flechtmuster gestrickt, bis mit einem Garnrest einige Maschen für die spätere Tasche gearbeitet werden. Danach geht es im Flechtmuster weiter bis zum oberen Rand. Entlang der 3 übrigen Kanten werden Maschen aufgenommen, dann werden ringsum alle Maschen mit I-Cord abgekettet. Von den Taschenmaschen abwärts wird ein Taschenbeutel gestrickt und anschließend festgenäht.

Zum besseren Überblick kann es hilfreich sein, nach jedem Rapport über 8 Maschen einen Maschenmarkierer zu setzen.

DECKE

1 MASCHENANSCHLAG UND HAUPTTEIL

143 (183, 223) Maschen anschlagen, wie bevorzugt.

Das folgende Flechtmuster wird auch unten in der Strickschrift dargestellt.

Mustereinteilung Flechtmuster (1.-8. R):
1. R (Hin-R): Rechts stricken.
2. R (Rück-R): 1 M li, 5 M re, *3 M li, 5 M re; ab * bis 1 M vor Ende wh, 1 M li.
3. R: 1 M re, *5 M li, 3 M re; ab * bis 6 M vor Ende wh, 5 M li, 1 M re.
4. R: Wie 2. R.
5. R: Wie 1. R.
6. R: 1 M li, 1 M re, *3 M li, 5 M re; ab * bis 5 M vor Ende wh, 3 M li, 1 M re, 1 M li.
7. R: 1 M re, 1 M li, 3 M re, *5 M li, 3 M re; ab * bis 2 M vor Ende wh, 1 M li, 1 M re.
8. R: Wie 6. R.
Im Flechtmuster bis ca. 78 (83, 100) cm Höhe ab M-Anschlag str, dabei mit einer Rück-R enden.

2 TASCHE

Folg. R (Hin-R): Im Muster bis 54 M vor Ende str, mit Garnrest 24 M re, die 24 zuletzt gestr M zurück auf die linke Nadel heben, Reihe mit Hauptgarn im Muster zu Ende str.

Es liegen nun 24 M auf dem Hilfsfaden. Nach Fertigstellung der Decke wird der Hilfsfaden entfernt und mit den aufgenommenen Maschen eine nachträgliche Tasche gestrickt. Weiter im Flechtmuster bis zu einer Höhe von ca. 88 (93, 120) cm ab M-Anschlag str, dabei mit einer Rück-R enden.

ZEICHENERKLÄRUNG

☐ In Hin-R re M, in Rück-R li M
⊡ In Hin-R li M, in Rück-R re M
☐ Rapport

STRICKSCHRIFT

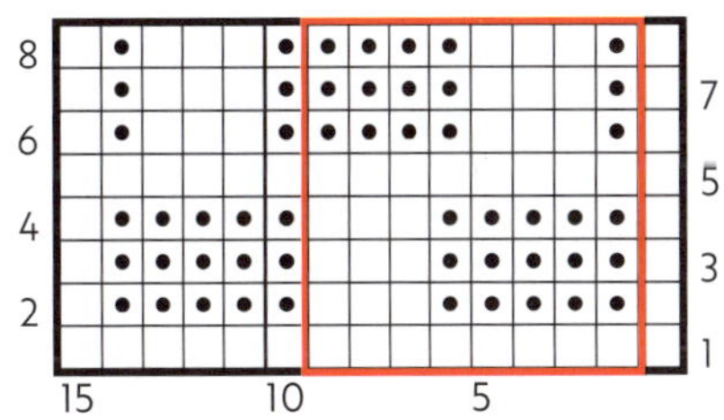

3 UMRANDUNG

Nun werden an den verbleibenden 3 Seiten der Decke Maschen aufgenommen (siehe Foto-Tutorial S. 103).

MMs, dann aus den Randmaschen der Decke bis zur nächsten Ecke stets jeweils 3 M auf 4 R aufnehmen und re str, MMs, mit 2. langer Rundnadel aus jeder M des M-Anschlags 1 M aufnehmen und re str, MMs, entlang der Seitenkante wieder stets 3 M auf 4 R aufnehmen und re str. MM für Rd-Beginn setzen. Nun sind rings um die Decke M aufgenommen, die auf 2 Nadeln liegen. An jeder Ecke sitzt ein Maschenmarkierer (kann am Ende einer Nadel entfallen – stellen Sie sich einfach vor, es wäre einer da!).

Nun wird rings um die Decke ein Kordelrand (Abketten mit I-Cord) gestrickt (siehe Foto-Tutorials S. 104-105).

3 M auf die linke Nadel aufstricken.

*[2 M re, AAZ, alle 3 M zurück auf die linke Nadel heben] bis MM, MM entf, 2-mal [3 M re, alle 3 M zurück auf li Nadel heben]; ab * noch 3-mal wh. 3 M verbl.

3 M re zus, Garn abschneiden, Faden durch die letzte M ziehen.

4 TASCHE

Mit separater Nadel das rechte Glied der 24 Hauptgarn-M der Reihe unterhalb der Hilfsfaden-M aufnehmen. Die Decke wenden und mit 2. separater Nadel die Hauptgarn-M auf der anderen Seite der Hilfsfaden-M aufnehmen. Den Hilfsfaden vorsichtig herausziehen; dabei darauf achten, dass alle M sicher auf den Nadeln liegen.

Neues Garn an der Seite der 24 M anmaschen, die dem M-Anschlag am nächsten ist, und die M mit I-Cord abketten wie folgt:

Neben den 24 Taschen-M 3 M auf die linke Nadel aufstricken.
*2 M re, AAZ, alle 3 M zurück auf li Nadel; ab * wh, bis alle unteren Taschen-M verbraucht sind. 3 M verbl.
3 M re zus, Garn abschneiden und Faden durch die letzte M ziehen.

Mit zugewandter Vorderseite Garn an die verbl. 24 M anmaschen.
1. R (Hin-R): Rechts stricken.
2. R (Rück-R): Links stricken.
Weiter glatt rechts str, bis die Tasche 12 cm hoch ist. Alle M abketten.

5 FERTIGSTELLUNG

Anfang und Ende des I-Cords verbinden.
Alle Seiten der Taschen sorgfältig überwendlich annähen.
Alle Fäden vernähen, aber nicht abschneiden.

Die Decke 20 Minuten in lauwarmem Wasser mit Wollwaschmittel einweichen. Überschüssiges Wasser ausdrücken (nicht wringen). Zwischen Handtüchern weiter trockenpressen. Flach zum Trocknen ausbreiten. Wenn die Decke ganz trocknen ist, alle Fadenenden abschneiden.

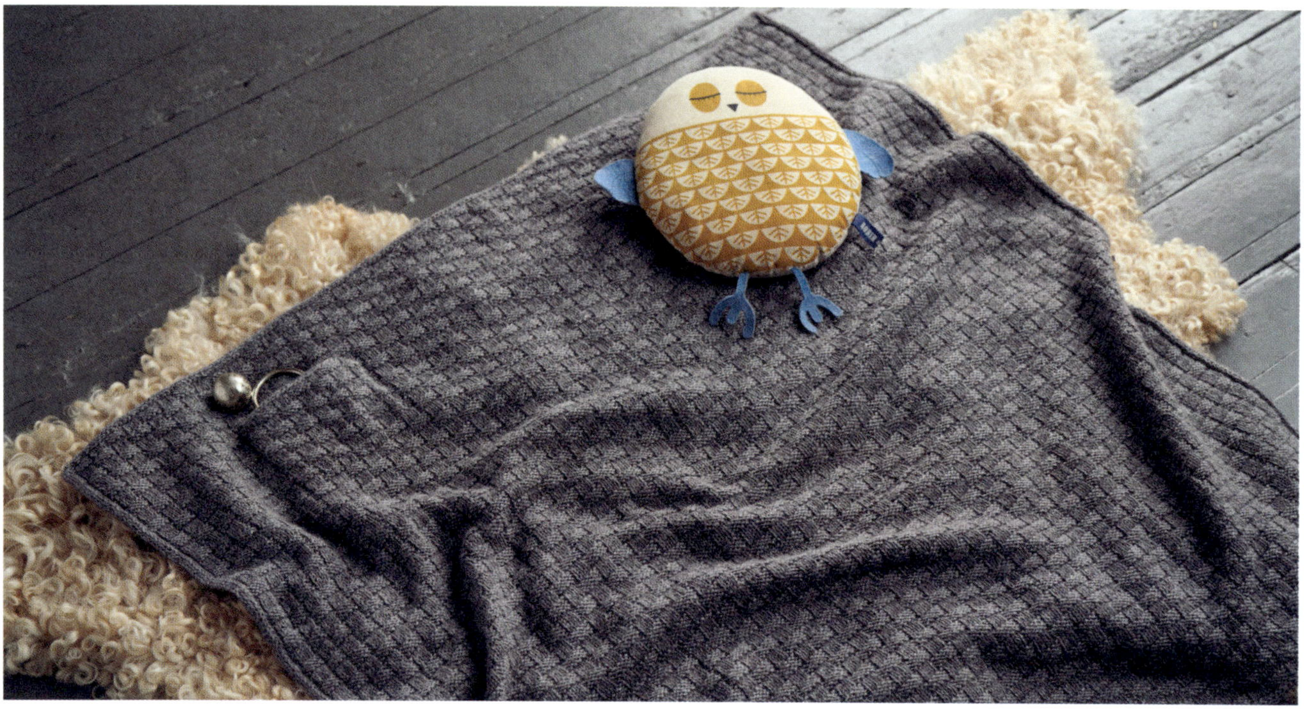

INFORMATIONEN

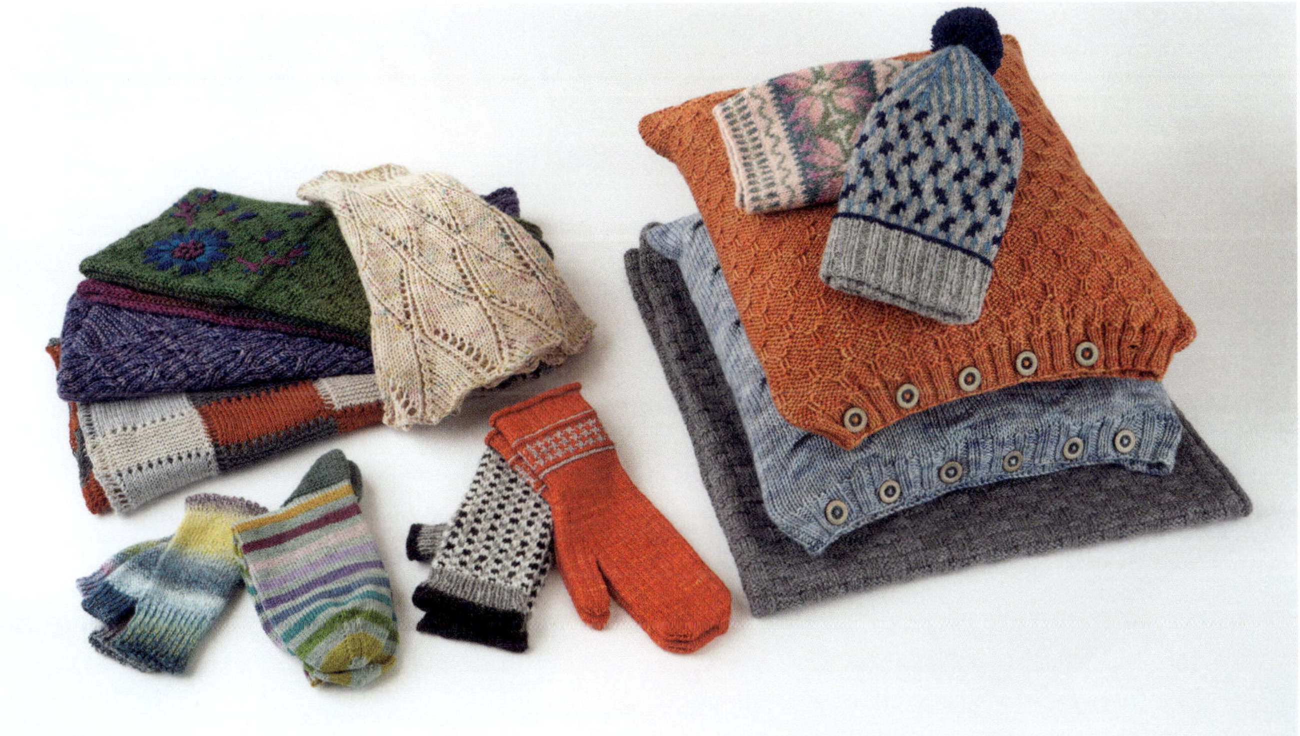

ZUSÄTZLICHE LITERATUR

Ein allgemeines Buch über Stricktechniken kann viele Ihrer grundlegenden Fragen beantworten, z. B:
Anschlagen und Abketten von Leslie Ann Bestor, Stiebner, 2019
Abnehmen und Zunehmen von Judith Durant, Stiebner, 2020

MASCHENPROBE

Für jedes Projekt ist eine Maschenprobe angegeben. Wird diese mit der empfohlenen Nadelstärke nicht erreicht, nochmals mit dünneren oder dickeren Nadeln ausprobieren. Garnverbrauch und fertige Größe hängen von einer korrekten Maschenprobe ab. Bei Projekten, die fest gespannt werden, ist besonders wichtig, dass die gewaschene und gespannte Maschenprobe stimmt.

GARN

Schoppel Wolle www.schoppel-wolle.de
Dusty Dimples www.dustydimples.com
Jamieson & Smith www.shetlandwoolbrokers.co.uk
Old Maiden Aunt www.oldmaidenaunt.com
Fyberspates (auch Coop Knits and Stolen Stitches) www.fyberspates.com
Fab Funky Fibres www.fabfunkyfibres.shop
Third Vault Yarns www.thirdvaultyarns.com

SO FINDEN SIE UNS

Sie können Jen und Jim hier folgen:
YOUTUBE ACTechniques
FACEBOOK Arnall-Culliford Techniques
INSTAGRAM @jenacknitwear, @acknitwear
OUR BLOG www.actechniques.co.uk/blog

HILFE

Sollten Sie Hilfe bei einer der Techniken oder Anleitungen brauchen, können Sie sich an folgende Ravelry-Fangruppe wenden:
Ravelry www.ravelry.com/groups/a-c-techniques-fan-page.
Vielleicht ist Ihre Frage dort bereits beantwortet worden, und wenn nicht, gibt es dort viele nette Stricker:innen, die Ihnen gern weiterhelfen. Ihre Frage kann auch anderen helfen, also zögern Sie nicht, sie in der Gruppe zu stellen. Oder Sie wenden sich über das Kontaktformular auf unserer Webseite direkt an uns:
www.actechniques.co.uk/contact

VIDEO-TUTORIALS

Alle Video-Tutorials (englischsprachig) zu *Masterclass Stricken – Die Fortsetzung* können auf unserer Webseite www.actechniques.co.uk/tutorials-1#/confident-knitting sowie auf unserem Youtubekanal ACTechniques gefunden werden.

DANK

Es war zweifellos eine besondere Herausforderung, in diesem Jahr ein Buch zu produzieren, und so sind wir allen, die zum Gelingen beigetragen haben, unendlich dankbar.

Dass Jesse Wild uns geholfen hat, Corona-konforme Fotosessions zu organisieren, wissen wir besonders zu schätzen. Dank einer nahegelegenen Location und der Arbeit innerhalb unserer bereits bestehenden Kontaktgruppen bekamen wir sämtliche Projektfotos an einem einzigen Tag im Dezember in den Kasten. Die Fotos der Anleitungen wurden im Laufe mehrerer Tage im Januar und Februar in einem gut belüfteten Sommerhaus aufgenommen. Ein extra Dankeschön an Janet Wild für die warmen Getränke, durch die Jens Hände eine passable Farbe behielten!

Vielen Dank an Maker's Yard in Frome, unsere Foto-Location. Ebenso danke an Dan von Frame Hardware für die freundliche Leihgabe eines prachtvollen Schaffells für das Fotoshooting.

Auch durch die kompetente Unterstützung von Tabitha Clayson ist dieses Buch schöner geworden. Zwischen dem Erstellen von Moodboards für die Auftragsvergabe und der Auswahl von Outfits für das Fotoshooting bist du nicht schreiend davongelaufen, als wir dich fragten, ob du uns vielleicht beim Shooting als Model unterstützen würdest. Deine regelmäßige Hilfe im Büro war ebenfalls wunderbar. Danke!

Wir freuen uns riesig, dass wir bei Arnall-Culliford Techniques nun ein richtiges Team haben: Katherine Radburn ist unsere Social-Media-Managerin und Louise Horsfall leitet unseren Verkauf. Danke euch beiden für alles – auch dank euch hätte unser Buch nicht schöner werden können. Ein extra Dankeschön an Kat für die schnelle Hilfe bei Maschenproben und Teststricken.

Auch die Garnherstellung war 2020-2021 eine Herausforderung, und wir sind Jeni Hewlett und Andy Robinson (Chester Wool Company), Philippa Gray (Jamieson & Smith) sowie Bianca Koralla und Jutta Bramm (Schoppel Wolle) wahnsinnig dankbar, dass sie mit uns den doppelten GAU aus Brexit und Pandemie bewältigt haben. Wir hoffen, ihr seid auch der Meinung, dass unsere Designerinnen eure Garne brillant in Szene setzen!

Großes Lob und Anerkennung für die virtuose Handfärbekunst von Ayesha von Dusty Dimples, Lilith von Old Maiden Aunt, Elaine von Fab Funky Fibres und Lola von Third Vault Yarns. Es freut uns besonders, dass wir eure Garne im Buch vorstellen können.

Dank des begeisterten Feedbacks des ganzen Teams von Modern Daily Knitting wurden die Jahre 2020-2021 so viel schöner als erwartet. Danke, dass ihr unsere Video-Tutorials mit euren Leser:innen geteilt habt, danke für eure grandiose Unterstützung.

Und last but not least: Nic Blackmore ist die beste Home-Office-Kollegin der Welt! Dieses Jahr mehr denn je. Danke für deine unendliche Geduld und deine genialen Beiträge zum Gelingen von *Masterclass Stricken – Die Fortsetzung.*

ABKÜRZUNGEN

1 M re (Vor-R)	1 re M in die Vorreihe: Die linke Nadel leicht nach vorn kippen, so dass die Rückseite der Arbeit zu sehen ist. Mit der rechten Nadel von oben in die linke Masche unter der 1. M auf der linken Nadel einstechen. Diese M re str, dann die 1. M auf der Nadel re str (1 M zugenommen)
1 re gen Zun	1 rechts geneigte Zunahme; mit der linken Nadel den Querfaden zwischen 2 Maschen von hinten nach vorn aufnehmen und rechts abstricken (1 M zugenommen)
1 li gen Zun	1 links geneigte Zunahme; mit der linken Nadel den Querfaden zwischen 2 Maschen von vorn nach hinten aufnehmen und rechts verschränkt abstricken (1 M zugenommen)
2 M re aus 1 M herausstr	Die folgende Masche erst rechts, dann rechts verschränkt abstricken (1 M zugenommen)
2 M re zus	2 Maschen rechts zusammenstricken (1 M abgen)
2 M re verschr zus	2 Maschen rechts verschränkt zusammenstricken (1 M abgenommen)
2 M li zus	2 Maschen links zusammenstricken (1 M abgenommen)
3 M re zus	3 Maschen rechts zusammenstricken (2 M abgenommen)
4/4 Ripp lvkr	4 über 4 M im Rippenmuster nach links verkreuzen. Folg. 4 M auf Zndl vor die Arbeit legen, 1 M re, 2 M li, 1 M re; dann 1 M re, 2 M li, 1 M re von Zndl (siehe Foto-Tutorial S. 55)
4/4 Ripp rvkr	4 über 4 Maschen im Rippenmuster nach rechts verkreuzen. Folg. 4 M auf Zndl hinter die Arbeit legen, 1 M re, 2 M li, 1 M re; dann 1 M re, 2 M li, 1 M re von Zndl (siehe Foto-Tutorial S. 55)
AAZ	das englische SSK: 1 M re abh, 1 M li (oder re) abh, beide M ohne Verdrehen zurück auf die li Nadel heben und re verschr zus str (1 M abgenommen)
abgeh	abgehoben(e)
abgeh M überz	die abgehobene Masche überziehen
abgen	abgenommen
abh	links abheben, wenn nicht anders angegeben
Abn/abn	Abnahme/abnehmen
abstr	abstricken

ABKÜRZUNGEN

arb	arbeiten
aufn	aufnehmen
entf	entfernen
folg	folgende(n)
fortl.	fortlaufend
gestr	gestrickt(e)
Hin-R	Hinreihe(n)
LGZL	Links geneigte gehobene Zunahme (linke Masche) aus der Vorreihe; mit der li Nadel das linke Glied der Masche 2 R unter der zuletzt gestr M aufn und li verschr abstr (1 M zugenommen)
li	links
LL	Lauflänge
lvkr	nach links verkreuzen
M	Masche(n)
mFh	mit Faden hinten; Arbeitsfaden hinter der Arbeit
mFv	mit Faden vorn; Arbeitsfaden vor der Arbeit
MM	Maschenmarkierer
MMs	Maschenmarkierer setzen
R	Reihe(n)
Raff-M 1x4	Mit der rechten Nadel den Balken 4 Reihen unter der folg. M auf der rechten Nadel von unten aufnehmen. Die folg. M auf der linken Nadel rechts abheben. Mit der linken Nadel in die Raff-M und die abgehobene Masche (in dieser Reihenfolge) auf der rechten Nadel einstechen und beide abheben. Damit liegen sie korrekt ausgerichtet auf der linken Nadel. Diese beiden M zusammenstricken (siehe Foto-Tutorial S. 96)
Raff-M 4x6	Mit der rechten Nadel den Balken 6 Reihen unter der folg. M auf der rechten Nadel von unten aufnehmen. Die folg. M auf der linken Nadel rechts abheben. Mit der linken Nadel in die Raff-M und die abgehobene Masche (in dieser Reihenfolge) auf der rechten Nadel einstechen und beide abheben. Damit liegen sie korrekt ausgerichtet auf der linken Nadel. Diese beiden M zusammenstricken. Diesen Vorgang noch 3-mal wiederholen (siehe Foto-Tutorial S. 97)
Rd	Runde(n)
re	rechts
RGZL	Rechts geneigte gehobene Zunahme (linke Masche) aus der Vorreihe; mit der li Nadel das rechte Glied der Masche 1 R unter der folg. M aufn und li abstr (1 M zugenommen)
RGVA	Rechts geneigte verschränkte Abnahme: 1 M li abh, die folg. M abh und um 180° gedreht wieder auf die li Nadel heben, die abgeh M zurück auf die li Nadel heben, diese beiden M re zus str (1 M abgenommen)
Rück-R	Rückreihe(n)
rvkr	nach rechts verkreuzen
str	stricken
U	Umschlag
überz	überziehen
Wh / wh	Wiederholung, wiederholen
w&w	wickeln und wenden; Faden zwischen den Nadeln auf die andere Seite der Arbeit legen, folg. Masche li abh, Faden zurück in ursprüngliche Position legen, abgehobene Masche zurück auf linke Nadel heben, Arbeit wenden (siehe Foto-Tutorial S. 63)
verbl.	verbleiben, verblieben(e)
verschr	verschränkt
Zndl	Zopfnadel
zugen	zugenommen
Zun/zun	Zunahme/zunehmen

Liebe Leser:innen,
wir freuen uns, dass wir Sie mit diesem Buch inspirieren und Teil Ihrer kreativen Reise sein dürfen. Noch mehr Inspiration, originelle Ideen und besondere Themen finden Sie auf unserer Verlagsseite www.stiebner.com.

Lassen Sie uns zusammen kreativ werden!
Wir sind immer offen für Ihre Anregungen, Wünsche und Kritik – schreiben Sie uns gerne unter verlag@stiebner.com.

Da geteilte Freude bekanntlich doppelte Freude ist: Zeigen Sie uns Ihre kreativen Ideen und fertigen Projekte auf Social Media! Markieren Sie uns mit @stiebnerverlag oder nutzen Sie die folgenden Hashtags:

#StiebnerVerlag, #StiebnerKreativ, #MasterclassStricken

Erstmals erschienen unter dem Titel »Confident Knitting« bei Arnall-Culliford Knitwear Ltd.

Layout: Nic Blackmore
Fotografie: Jesse Wild
Models: Jen Arnall-Culliford, Tabitha Clayson
Übersetzung aus dem Englischen: Katrin Marburger
Projektleitung und Lektorat: Stefanie Klapetek
Covergestaltung: Danai Afrati
Gedruckt bei Polygraf print, Slowakei

Bibliografische Information der Deutschen Nationalbibliothek:
Die Deutsche Nationalbibliothek verzeichnet diese Publikation in der Deutschen Nationalbibliografie; detaillierte bibliografische Daten sind im Internet über http://dnb.dnb.de abrufbar.

ISBN 978-3-8307-2133-8

Wir produzieren unsere Bücher mit großer Sorgfalt und Genauigkeit. Trotzdem lässt es sich nicht ausschließen, dass uns in Einzelfällen Fehler passieren. Auf unserer Webseite finden Sie bei dem jeweiligen Titel eventuelle Hinweise und Korrekturen. Sollten Sie in diesem Buch einen Fehler finden, so bitten wir um einen Hinweis an verlag@stiebner.com. Für solche Hinweise sind wir sehr dankbar, denn sie helfen uns, besser zu werden.

Dieses Buch liegt auch als ebook vor, mit der ISBN 978-3-8307-3074-3.

www.stiebner.com